编委会

名誉主编　刘伯根

主　　编　庞国伟

副 主 编　杜小军　曾元祥　张建全

编　　委　（按姓氏音序排序）

　　　　　陈　薇　姜　晓　李　韵

　　　　　张　杰　张帅奇

韬奋基金会、四川省普通高等学校图书情报工作指导委员会指导
四川大学出版社、四川大学出版学院、四川大学图书馆等联合组织编写

2024

阅读理解中国

名誉主编 刘伯根

主编 庞国伟

图书在版编目（CIP）数据

阅读理解中国．2024 / 庞国伟主编．-- 成都：四川大学出版社，2025.4. -- ISBN 978-7-5690-7741-4

Ⅰ．G236

中国国家版本馆CIP数据核字第202520XJ14号

书　　名：阅读理解中国2024
　　　　　Yuedu Lijie Zhongguo 2024
名誉主编：刘伯根
主　　编：庞国伟

出 版 人：侯宏虹
总 策 划：张宏辉
选题策划：侯宏虹　陈　爽　欧风偎
责任编辑：刘柳序
责任校对：陈小雨
装帧设计：墨创文化
责任印制：李金兰

出版发行：四川大学出版社有限责任公司
　　　　　地址：成都市一环路南一段24号（610065）
　　　　　电话：（028）85408311（发行部）、85400276（总编室）
　　　　　电子邮箱：scupress@vip.163.com
　　　　　网址：https://press.scu.edu.cn
印前制作：四川胜翔数码印务设计有限公司
印刷装订：成都金龙印务有限责任公司

成品尺寸：148 mm×210 mm
印　　张：14
字　　数：301千字

版　　次：2025年4月 第1版
印　　次：2025年4月 第1次印刷
定　　价：78.00元

本社图书如有印装质量问题，请联系发行部调换

版权所有 ◆ 侵权必究

扫码获取数字资源

四川大学出版社
微信公众号

读懂中国　成就伟业

"阅读理解中国"书评大赛已成功举办三届，产生了广泛而深远的影响。这种影响主要体现在众多读者积极响应号召投身阅读，并踊跃提交书评参与评比。第二届大赛共收到书评600余篇。经过三轮严格评审，优中选优，最终确定了49篇获奖作品。这些作品被分为"经典流传""承古论今""魅力巴蜀""文化寻踪"四个篇章，汇集成册，集中展现了大赛的丰硕成果，令人欣喜不已！《阅读理解中国2024》所收录的书评，内容丰富，纵览古今、吸纳中外，既有青年学子对传统文化的创新诠释，也有海外读者对东方智慧的独到解读，而更多作品则是将阅读经典与回应信息时代的新课题紧密结合，把蜀道文化、非遗技艺的传承与拓宽世界眼光、弘扬人类共同智慧相融合，具有很强的启示意义。正所谓，"不读书，眼前就是世界；读书，世界就在眼前。"大赛和这本书评集，让我们真切感受到读书带来的丰厚收获和无限希望。

中国自古崇尚读书，将其视为"第一等好事"。然而，过去这个好事大多是少数人的个人行为，仅供他们自己享受。

100多年前，随着现代出版业和现代学校的出现，读书才在社会上逐渐普及起来，成为一种群体行为。不过，将读书作为全社会、全民族的事，加以大力倡导和推动，其时间并不长。从世界范围来看，联合国教科文组织在1972年发出了"走向阅读社会"的倡导，1995年进一步把每年的4月23日确定为"世界读书日"。而在中国，改革开放带来的一个重要成果，就是全社会在崇尚改革与发展、追求富裕与文明的进程中，深刻认识到了知识的重要性、读书的重要性，因此才逐步兴起了读书工程、知识工程、全民读书、国民阅读、读书节、读书日、全民阅读等概念和行为，这一进程始于20世纪90年代，至今也仅有30年左右。在中央领导人的关怀下，在中宣部、文化和旅游部等部门的大力倡导下，在各级政府和组织的积极推动下，读书活动逐步从个人行为、群体行为发展为全民践行的社会行为，全民阅读成为社会风尚和强国行动。

在各种如火如荼的全民阅读活动中，由韬奋基金会、四川省普通高等学校图书情报工作指导委员会指导，四川大学出版社、四川大学图书馆、四川大学出版学院等单位联合主办的"阅读理解中国"书评大赛独具特色。我们从《阅读理解中国2024》这本书中，可以清晰地看到这个特色，深切地感受到大赛所蕴含的活力与吸引力。

在我看来，读书至少有以下几个好处：一是可以去除愚昧、健全人格，所谓"悟处皆出于思，思处皆缘于学"；二是可以治穷兴富、安身立命，所谓"鸟欲高飞先振翅，人求上进多读书"；三是可以脱俗向雅、性天澄澈，所谓"粗缯大布裹生涯，腹有诗书气自华"；四是可以明德增智、治世兴邦，只有"风声雨声读书声声声入耳"才能"家事国事天下事事事关心"，才能成为一个关心国家民族命运，以丰富的才智积极参与建设现代化强国的真正的人。获得第二届书评大赛一等奖的作品中有一篇是关于《人间词话》的书评。人们常引用王国维《人间词话》中的"读书三境界"论。其实，王国维先生所说的"古今之成大事业、大学问者，必经过三种之境界……"，这三境界，不仅适用于读书，更指向做大学问，乃至成就大事业。让我们"好读书、读好书、善读书"，从而在百年未有之大变局下成就一番伟业吧！

我坚信，"阅读理解中国"书评大赛定能越办越好，持续发挥其应有的作用。是为序。

韬奋基金会理事长

2025年4月

目 录

经典流传

人间词话 .... 雒方远 / 003

梦之中又占其梦:《宋词三百首笺注》吴文英词赏析
.... 季旭 / 009

古韵远响:《诗经》书评 .... 高俊欣 / 015

《毛诗诂训传》:历史审度与论诗传统 .... 孙雯诺 / 021

最是人间留不住,朱颜辞镜花辞树
　　——读王国维《人间词话》 .... 李逸菲 / 024

评《人间词话》,悟人生之谛 .... 张孝琴 / 033

蓦然回首,《诗经》风雅传古今 .... 杨梦婷 / 043

学宋词
　　——读《宋词三百首》之感 .... 李宇潇 / 050

《唐宋词十七讲》
　　——品味诗词的芬芳 .... 李俞菲 / 058

人生如逆旅,诗酒趁年华 .... 王韩玮璇 / 066

承古论今

一骑红尘妃子笑,有人知是荔枝来
　　——读《长安的荔枝》有感 ………………… 曾山晋 / 079
《叶嘉莹说汉魏六朝诗》书评 ………………… 秦鑫怡 / 088
由器物到文明:世界文明背景下的中国青铜时代
　　——试评张光直著《中国青铜时代》 ………… 刘英杰 / 097
穿越时光的田野记忆,探寻根脉里的文化密码
　　——书评解读《乡土中国》 ………………… 李永琦 / 111
此生何地是归途
　　——立足《乡土中国》,现代中国的我们该何去何从?
　　………………………………………………… 郭苏洋 / 118
探寻乡土,感悟中国 ………………… 方威威　祝林林 / 130
此心安处是乡土
　　——评《乡土中国》 ………………………… 廖欣悦 / 135
谈古论今
　　——读《孙子兵法》有感 …………………… 郑梦瑶 / 145
走进汉魏六朝诗,倾听书页间诗人的心跳
　　——读《叶嘉莹说汉魏六朝诗》有感 ………… 吴云 / 155
扫眉才子薛洪度,唐代第一女校书
　　——评谢天开《薛涛传》 …………………… 相晓冬 / 162
舌尖上的宋朝
　　——读《宋宴》 ……………………………… 兰梦婷 / 176

中国传统造物思想之自然观承变
　　——结合刘敦愿《文物中的鸟兽草木》释读
.... 黄祥科 / 181

魅力巴蜀

东坡三味
　　——评林语堂《苏东坡传》.......................... 何思嘉 / 199
无法归去的桃源
　　——评杨治宜《"自然"之辩：苏轼的有限与不朽》
.... 莫了了 / 206
成都印象与文化寻根
　　——评流沙河《老成都·芙蓉秋梦》.................. 沈芳 / 218
芙蓉秋梦般的城市记忆：论流沙河对老成都的文学书写
　　——《老成都·芙蓉秋梦》书评 .... 宋雨霜 / 229
凡人书
　　——《苏东坡新传》书评 .... 李娜 / 239
漫漫东坡路
　　——读《苏东坡传》有感 .... 任靖渝 / 251
《苏东坡传》书评
　　——林语堂笔下的旷世奇才 .... 江晨宇 / 260
出走与救赎
　　——浅评林语堂著《苏东坡传》.................. 王麒婷 / 267

载生载育，以迄于今
　　——评《遇见三苏祠》 ················· 王新蓉 / 276
一片冰心在玉壶
　　——读《苏东坡新传》有感 ············· 曾利 / 284
半岭松风回涧壑，一林云气满衣裳 ············· 李欣芮 / 290
观文化昌盛，擎传承火炬
　　——《三峡文物与中华文明》书评 ········ 周奕妤 / 297
此生无悔入华夏
　　——寻访长江流域青铜时代最美三星堆 ····· 彭奭 / 307

文化印记

熨平起伏的记忆，赐予生活的勇气
　　——《我与地坛》书评 ················· 罗文欣 / 319
Let the Dust Settle ······························· 杨文 / 330
回顾与前瞻：文论教材的风格化写法及其意义
　　——评王一川《文学理论九讲》··········· 高懿 / 342
用心观照世间
　　——《万物相爱》读后感 ················ 尹子仪 / 352
给岁月以文明
　　——《文化苦旅》中的浮华与沉寂 ········ 李晗喆 / 364
被埋葬的童年回忆与永恒的情感回响
　　——《在细雨中呼喊》书评 ············ 陈李颐旖 / 371

Love，Death and Faith

——Book Review of *The Last Quarter of the Moon*

....刘奕霏 / 379

《青春之歌》与启蒙叙事的血缘谱系........汤畅飞　刘燕燕 / 387

问渠哪得清如许，为有源头活水来

——《花花朵朵　坛坛罐罐：沈从文谈艺术与文物》

书评...周无忧 / 393

人生满是苦难，活着即最大的幸福..........................龙月 / 401

忘不了的声音，回不去的乡关

——读《巨流河》有感..............................陈珍珍 / 408

"立言"无以"立命"：守望乡土

——评《一个人的村庄》...........................周宇航 / 416

无从驯服的艺术、文学与生活

——读《花花朵朵　坛坛罐罐：沈从文谈艺术与文物》

....刘涵 / 422

从西方，看中国

——读《中国人的德行》有感.....（格鲁吉亚）王丽洛 / 429

经典流传

JINGDIAN LIUCHUAN

经 典 流 传

JINGDIAN LIUCHUAN

人间词话

◎雒方远

诗词之道,自古以来便是中华文化最为绚烂璀璨的一部分。近来拜读王国维先生之《人间词话》,略有感悟,遂以文记之。

诗词,乃以言抒情、以文寓理之物。然诗词自有诗词之境,情理亦分高低之格。作词者,求有无之境,融情于景。有我之境者,以我观物,故物皆着我之色彩。万物本无情,词人之词何以使人感受到不同的情感?只因词中万物,非单纯的自然万物,而是词人于万物之中融入了自身的思辨。至此,无情无感的自然事物,便以一种尤为娇俏可爱的方式,同词人一起在诗词中引吭高歌。无我之境,以物观物,故不知何者为我,何者为物。入此境者,以理驭万物,更显天道昭昭,是以词人写物不加着己色,超然物外,更为飘逸灵俊,宏壮美观。

《人间词话》当然不只能从一种角度来看,若以诗词写作的指导来讲,书中便为文人墨客提供了一条抽象出来的道路:

"古今之成大事业者、大学问者，罔不经过三种之境界：'昨夜西风凋碧树。独上高楼，望尽天涯路。'（晏殊）此第一境界也。'衣带渐宽终不悔，为伊消得人憔悴。'（柳永）此第二境界也。'众里寻他千百度，蓦然回首，那人却在，灯火阑珊处。'（辛弃疾）此第三境界也。"此等非大词人不能道。然遽以此意解释诸词，恐为晏、欧诸公所不许也。解此意者，或以词之境解，或以人之境解。词境解之，便得三境。其一者，初学未竟，入此境者，词赋合乎格律，然作品尚未成熟，词作技巧和表现手法仍如学步之稚子。虽说难入正堂，却也有着一种天真和纯粹的美感，给人以温柔情切之感。其二者，已有成就，得此境者，在上一步的基础上开始有了对美的规范要求，词作形式与内容更加完善和精致，从中可体会到词人较高的艺术造诣和审美水平，审美趣味逐渐从体悟自然美转向追求人工美，但此时尚未脱胎换骨，所以不免会经常落入俗套。其三者，已臻化境，触此境者，已游走在艺术创作的最高境界，技巧和形式已然不能再束缚词人，超脱于这一切后，词作更多是在追寻那种幽远的意境和深邃的思想情感，至此大成，返璞归真。

回顾，再以人境解之，便复得三者。

此其一者，曰："立"。立者，住也。从大立一之上。凡立之属皆从立。作诗亦如做人，立志为首，好的词作从立意上即要"高雅"，然此处高雅非是辞藻堆砌，矫揉造作之意。格调才情，精气神韵，需入世与出世两相结合，方可谓之高雅。

人有皮肉血骨，词需合辙押韵，人美显于皮相，如词作秀于字句，虽美甚，然不足于筋骨，故人美在骨不在皮，词丽在意不在句，如是而已。立意者，需知入世与出世之分，不可取此而弃他。入世可知世间百态，人情冷暖，出世方晓博文约礼，超然物外。出世而不入世，则多作云雾之言，飘渺玄幻，所述之理不切实际；入世而不出世，则常书淫词，终是鄙陋，不得正道。故人需立高志，词需立雅意，此为"立"。

再言其二者，曰："守"。守者，守官也。从"宀"（mián）从"寸"。"宀"，象房屋之形；"寸"，法度也。寺府之事者，需依规矩而形。从寸。寸，法度也。自古成事者，无规矩不成方圆，文有规章，如国有大臣，家有长子，诗词几千年的演变，终究难背离其大道。文人墨客所求之无限之意，不可尽寻于诗词歌赋之中，于是乃另辟蹊径，求得弦外之音，以有限写无限，从而达到言有尽而意无穷的境界，然事物自来具有两面性，无限的韵味除了带给人绝妙的审美愉快之外，却也使得词人笔下的骏马开始脱缰，自此一些词作开始剑走偏锋，将原本的格式打破。这种改变并不意味着绝对的好或坏，所以需要辩证地对其进行采纳和批判。王阳明，一代圣人，亦曾效仿"格竹"之举，七日无果，只大病一场，可见格物致知，亦需合理，纯粹的幻想和一味地实践只会让事物偏离最基础的逻辑。早年间观得一句"山峦叠嶂重千钧"，思量不久，只觉可笑：千钧何重？岂可用于山峦之上？故词人作词，应实事求是，不可随意而行，做人亦当如此，此为"守"。

末言其三者，曰："得"。得者，行有所得也。诗词歌赋在科举制盛行后，便开始向功名利禄逐渐靠拢。歌以咏志，诗以抒情的初衷，也慢慢开始转变为形式主义的"为了作词而作词"的可悲局面。多数时候当某事的象征意义大于其自身意义，或沉没成本过高，行为便逐渐偏离其发展规律，为了作词而作词，其神韵全无，肌骨疲软，人如此，是为病体，词如此，当为淫词。字句尽管秀美，难入大雅之堂，语调虽有顿挫，终是靡靡之音。自此而视之，人无力，词无神，又怎称得上佳作？

万物发展如登山，一步一重天，然渺渺如蜉蝣，朝生暮死亦为自然所限。以有限之境抒无穷之意，也如人生之行，盲人摸象矣。世间万般情感，有惆怅、悲壮、欣喜、愤懑种种，今日观《人间词话》，能与明日观之同乎？胜却人间无数者，难求；入世与之同乐者，亦难求。"会挽雕弓如满月，西北望，射天狼。"壮志雄心今日有，安能确乎明朝存？待明日山高水远，怎能不起"问君能有几多愁？恰似一江春水向东流"之心？寻心问道，问得存世之理，诗词也好，其他也罢，不外乎寻得本心，寻得存世之处欤？今日作诗赋词者，求得音乐、建筑、绘画三美，古之骚客文人，亦欲求其大成。文学批评，文学鉴赏，难道同根同源吗？文史哲不分家之理，亦是如此。翻来覆去，唯有一个"心"字。王国维先生重"真"，这"真"，亦是心之所想，心之所愿，也正因为"真"，《人间词话》才能具有它古典文学批评里程碑的地位。人之貌，可从其言、其行观之，读《人间词话》，某种程度上也是在读王国维先生本身。傅雷曾评《人间词话》："青年读得懂的太少了；肚子里要不是先有上百首诗，几十首词，读此书也就无用。"由此可知王国维先生对于诗词一道具有多么厚实的基底。

词自南北朝时期萌芽，后经唐代发展，最终大成于宋。词的一生可谓"颠沛流离"。再加之历代美学的发展，词的"盛宴"可谓空前绝后。午后茶盏飘香，手捧书籍细品诗词之韵味，至今依旧是无数人之向往。窃以为诗词之兴盛衰亡，是与每个活在当下的普通人息息相关的。中华民族历史悠久，但这绝不是任何人恃才傲物的资本。这巨大财富给每个中国人带来自豪的同时，也使得每个人背上了相应的责任。义务和权利是呈正相关的，今日若耻于维护文化自信，他日若遭他人窃取，则何人来为我摇旗呐喊？时局风云变幻，又有谁人能确乎未来形势轨迹？如此，便涉及词的传承与创新。王国维先生用经过西方美学开阔过的眼界来写下了这本《人间词话》，创新之路，除了结合前文所述，更是需要与当下的时代背景相互结合。如何写出属于中国人自己的好诗词，需要当代人去深思。华夏美学的发展脉络，便是一条很好的参考之道。传承与创新是文化前行的两个轮子，二者缺一不可，不可偏废。无论是一个民族还是一个人，其前行中都有"显性"和"隐性"两个标识性的文化维度：显性的文化维度是"创新"，而隐性的文化维度则是"传统"。"创新"为文化成长注入了不竭的动力，并表征着文化主体的存在价值，印证着主体的生命与自由。"传统"则匡正着我们前行的脚步，让我们对于"为什么上路"有一种自觉意识，不至于"离经叛道"。在此意义上我们可以说，建构人的文化世界需要"瞻前顾后"："顾后"为的是守住"初心"，心系人的精神家园；"瞻前"为的是拓展人类文化"新世界"，增辉生活的意义。因此，置身于当代生活的每个人，面对已有的文化都是"一身兼二任"——既要"传承"又需"创新"。如果说"传承"是一种历史责任的话，那么"创新"更是一种时代责任。唯有不断创新前行，方不辜负先辈的重托，让民族的文化不断发扬光大。

人间千树桃花，应配万般词话。明日茶水飘香，思来有两三句诗、四五句词，其中之乐，读者自觉之！

（作者单位：四川国际标榜职业学院，指导教师：蒲钰萍）

梦之中又占其梦：
《宋词三百首笺注》吴文英词赏析

◎季旭

朱祖谋选两宋词三百首，经唐圭璋笺注，成《宋词三百首笺注》。本书由人民文学出版社于2005年出版。

编者朱祖谋（原名朱孝臧）精通音律，被王国维誉为"学人之词"的典范。所选三百首词在形式之规范、内容之真实、情感之深切上均属宋词中的上乘。三百首词的风格以婉约为主，表达生动新颖而富有生命感染力。其题材亦广，囊括羁旅、闺怨、爱情、离别、家国、身世之感等。其中选吴文英（号梦窗）词25首，可见吴文英词在编者心中的地位。早在南宋末年，吴文英词就已引起词家争议。张炎评吴梦窗词："如七宝楼台，眩人眼目，碎拆下来，不成片段。"王国维亦评其词"映梦窗，零乱碧"。另外，尹焕云"前有清真，后有梦窗"，把吴文英看作与北宋词学集大成者、"词中老杜"周邦彦同等。朱祖谋选如此多的梦窗词，又有何蕴意？

知其人论其世。吴文英是南宋后期词人，其一生漂泊坎坷，曾为幕僚，晚年"困踬以死"。他目睹南宋衰落，家国忧患深而身为布衣无可奈何，只能把诸多情感寄诸词中。吴文英多作长调,后世对其词评价争议颇多,褒贬不一。当代有人认为他的词已展现出现代主义的"意识流"手法。笔者以《渡江云·西湖清明》与《八声甘州·灵岩陪庾幕诸公游》为例,尝试探究梦窗词的特点。

渡江云·西湖清明

吴文英

羞红鬓浅恨,晚风未落,片绣点重茵。旧堤分燕尾,桂棹轻鸥,宝勒倚残云。千丝怨碧,渐路入、仙坞迷津。肠漫回、隔花时见,背面楚腰身。

逡巡。题门恫怅,堕履牵萦,数幽期难准。还始觉、留情缘眼,宽带因春。明朝事与孤烟冷,做满湖、风雨愁人。山黛暝,尘波澹绿无痕。

吴文英一生无妻,布衣漂泊,曾娶妾但妾后病逝。这首词描写了一次在清明时节去西湖寻访爱人不遇的经历。此词题材虽不新颖,吴文英却以真情描绘出一个梦幻而美丽的世界。

他以实景起笔,却不浅白直叙,而是虚实结合,把红花比作有遗恨的美人,点缀在草地上,奠定了本词朦胧而忧伤的情感基调。本是静态的古旧堤坝,"分"这个动词与"燕尾"这个比喻的运用使之有了灵动鲜活之感。"桂棹"和"宝勒"两句交待了词人的交通工具,"轻鸥"和"倚残云"更消弭了虚实的界限,烘托出梦幻优美的向晚风光。"千丝怨碧"寓情于景,既写柳丝之碧绿,亦暗含词人寻人未遇的哀怨与急切的心情。"渐路入仙坞迷津"则以如梦似幻的笔法写出词人的迷惘,在思念中不知不觉就已抵达目的地。"肠漫回,隔花时见,背面楚腰身"则虚写自己想象与幻觉中见到了心上人,为下文终究不遇埋下伏笔。

转到下阕,"逡巡"二字一下打破了美好的幻想,"题门惆怅,堕履牵萦"连用两典,写出自己寻访失败的忧伤与失落。自己历历数尽了幽期,却终究不遇,于是回省往事、感喟万千——历历在目的欢愉与爱恋令人难忘,而人青春美好的时光像春天那样脆弱易逝,使人消瘦。至此,词人炽热的痛苦的心也逐渐冷却下来,他深知时光一去不返,到了明日,今天就会"事如春梦了无痕"。"做满湖、风雨愁人"的"做"字看似刻意,实则化虚为实,将情感投射于风雨之景,感发了读者,"满"字触目惊心,使虚写的风雨飘摇激荡,造境如此逼真。那大风大雨仿佛还在眼前时,忽然以"山黛暝,尘波澹绿无痕"的宁静消散收笔,真真"千古事,云飞烟灭"的大转身!一强一弱、一虚一实的对比使词境虚实相生,余韵悠长。

此词虚写多、实写少,却丝毫不缺感染力、生命力,不纤弱单薄,反而给人梦幻的如临其境的感受。要之,是因为词的结构巧妙、转合自然,读者仿佛乘上梦幻的轻舟,随作者思绪漂流。庄子曰"方其梦也,不知其梦也,梦之中又占其梦焉",此之谓乎!

八声甘州·灵岩陪庾幕诸公游

吴文英

渺空烟、四远是何年,青天坠长星?幻苍崖云树,名娃金屋,残霸宫城。箭径酸风射眼,腻水染花腥。时靸双鸳响,廊叶秋声。

宫里吴王沉醉,倩五湖倦客,独钓醒醒。问苍波无语,华发奈山青。水涵空、阑干高处,送乱鸦斜日落渔汀。连呼酒、上琴台去,秋与云平。

　　此词字字恰切,殊不可易,而无雕琢痕迹,浑然一体。起笔先写词人望着天空的渺渺烟气直向远处垂去,引出虚景"坠长星"。起句缥渺不定,奠定了此词空灵奇幻的境界。"是何年"三字模糊了时间界限,进而联想起古代的苍崖云树,又想起在此地吴王夫差曾为美女西施建造馆娃宫,那时夫差还不知国脉衰微,一如南宋此时歌舞升平安于享乐的统治者不理会那巨大的危机。吴文英将笔锋转回现实,因心怀家国之忧,山风亦似酸风刺目,清澈的水与花香也触目惊心起来,变得"腻""腥",使读者仿佛身临其境。但是他无可奈何,思绪又回到古时,幻想西施走在长廊上,木屐发出响声,落叶也簌簌而下,泛起秋声。刚才刺眼刺鼻的一切又突然归于平淡,归于秋天与国势衰败的愁思。

　　南宋统治者如吴王一样在宴会歌舞中沉醉着,词人如范蠡归隐五湖那样清醒地独自钓鱼。"独钓"意象向来象征着孤独、清醒。他身为布衣，无力回天，只能眼睁睁看着国事日下，更何况他已老去。此处由虚转实。之后，"水涵空"起奇绝之笔，描写傍晚残阳下的实景，与他的忧思无奈交融。最后的激昂也归于沉寂了。词人又上了高台，"秋与云平"十分传神恰切，"秋"可以是秋色，可以是秋气。往昔、今朝与万千情思，皆融入弥漫天地的秋气之中。

结合上文分析，可见吴文英词有以下特点：

（1）虚实与造境的自如运用，乃至虚实界限的消弭，营造出如梦似幻的飘渺感。

（2）辞藻清丽新颖，用典准确独特，形式与格律严谨。

（3）融入真挚情感与丰富的身世经历，具有强烈的感染力。

（4）连续的思绪流动使得表面看似凌乱的词暗具逻辑。

吴文英词既非"碎拆七宝楼台"之浮华，亦非堆砌辞藻之作，而是内心情感流露与高超艺术手法等有机结合得到的佳作。朱祖谋选梦窗词二十五首，可能既受当时梦窗热的影响，又有注重音律的考虑，也有赞赏其词作的缘故。或许，还寄托了身世之感？

今笔者作《八声甘州》一首，纪念梦窗。

八声甘州

一布衣、漂泊在东南，萧瑟伫秋风。念残山剩水，茫茫身世，如转征蓬。几度琴台对酒，邀怪侣狂朋。落魄江海去，又是清明。　孤影独行困踬，怅千丝柳碧，万丈山青。奈衰年白发，客路度残生。日西坠、舟行无已，历千帆、灯火望高城。留词句，后人凭吊，夜雨声声。

（作者单位：四川大学，指导教师：王兆鹏）

古韵远响：《诗经》书评

◎高俊欣

古韵流芳

自古以来，诗歌便是情感和智慧的流露之地，是文化和历史的见证。当我走入《诗经》，仿佛正踏着远古歌谣的节拍，与素未谋面的古人踩着相同的生命韵律。这部文学瑰宝如泉源般，滋养着古代中国的文明与智慧，以其真挚的情感和独特的叙事触动了我的心灵。文字是灵魂的奏鸣曲，同时离不开文学的滋养。《诗经》作为古代中国文学的典范之作，以其古韵悠扬、文化内涵和艺术表达深深打动了无数读者。

《诗经》为周代民间歌谣与宫廷乐歌的合集，作者多为无名氏，然而他们的诗歌却被永远珍藏。这些伟大的诗人鲜活地展现了古代人们的智慧、热情和创造力。他们将自己的思想和情感融入诗歌之中，以精准的语言和卓越的艺术表达，留下了永恒的诗篇。

《诗经》是中国古代文学的瑰宝，它记录了从西周初期到春秋中叶歌颂、赞美和描绘人民生活的305篇诗歌，按内容分为"风""雅""颂"三类。这部作品在中国文学史上占据着举足轻重的地位，不仅在诗歌创作、韵律表达方面有着深远影响，更体现了古代社会的风俗文化和人民精神世界。通过深入研读《诗经》，我们能够洞察古代先贤们的智慧与情感，感受古人对于处世、生活和人情的深刻思考，同时也能够从中汲取对于美好生活和人性的启示。

《诗经》之美

　　《诗经》凝聚了自然风光的描绘、社会矛盾的折射、个体情绪的流露……它的视角全面而真切，既有如《关雎》般的田园牧歌，也不乏《硕鼠》之类的政治讽刺。作为阅读者，我试图穿越时光之河，沉浸在那个遥远时代，感受先民们的情感与智慧。

　　《诗经》之美在于其真挚的情感和卓越的艺术表达。古人将心中的情愫含蓄表达，所以有了"青青子衿，悠悠我心"；古人融合自然人文来描绘大自然的美景，所以有了"今我来思，雨雪霏霏"。通过各类题材的诗歌，我们得以领略古代人民的智慧与情感，感受到他们对于生活的热爱和对未来的期许。《诗经》以其朴实无华的语言描绘了古代人们的生活、爱情、友情以及对家国的思念，呈现出古代人民的坚韧与力量。

读《诗经》，仿佛漫步在历史中，聆听着他们的呐喊与歌颂，感悟着那份古早而真挚的情感，使人不由得沉浸其中，欲罢不能。

《诗经》之美在于其对于人性、道德及社会伦理的深刻探讨。在这些古老的篇章中，我们看到了古人对于善恶、忠孝、礼仪和社会正义的深入思考和追求。《诗经》以其细腻的笔触勾画了古代人的道德伦理观念与生活态度，反映出古代社会的道德风貌和人民的审美情趣。"关关雎鸠，在河之洲"展现了古人对于爱情和责任的思考；"南有樛木，甘瓠累之"透露着古人对于美好生活的向往，呈现了对幸福和安宁的追求；"以介眉寿，永言保之，思皇多祜"表达着古人对于生命的尊重以及长寿的期盼。诗歌中表达着他们对于美好生活的向往与追求，同时也在行文之间揭示出对于社会治理和人际关系方面的思考。这些思想和情感，穿越千年依然震撼人心，给当下的我们带来启示和思考。

《诗经》之美在于它对古代社会文化的全面展现。通过《诗经》，我们得以窥见古代社会的礼乐风俗、生活百态、祭祀仪式和政治风貌。从"载戢干戈，载櫜弓矢"中，可见周王偃武修文的治国理念；从"我任我辇，我车我牛"中，可窥见古代农耕与运输的日常场景；从"岂弟君子，民之攸塈"中，我们得以重温古人的伦理观念和道德标准。这些诗歌作品，记录了古代社会的风土人情，展现了古人民族精神和文化底蕴。它承载着古代先民对于家国情怀的深切眷恋，以及对生活、自然和社会的敬畏和热爱。通过这些诗歌，我们得以领略古代社会的多样与丰富，更可以从中汲取对于文化传承和文明发展的重要启示。

文学瑰宝

《诗经》堪称艺术的典型，它运用了平行、对偶、节奏及韵律，将口头传说与乐歌文化融为一炉，书写了先民的心声。它所描绘的画面，不仅是个体心绪的映射，更是社会面貌的缩影。

《诗经》中的语言质朴自然，十分注重节奏感和韵律美。诗篇通常采用四言或六言的格式，形成了韵律的对称和鲜明的节奏感。语言的简洁性使得《诗经》即使在今天读来依然能够感受到其生动和易于感知的艺术韵味。

《诗经》大量使用了排比与对偶的修辞技巧来增强诗歌的音韵美和表达力。通过对称的句式和意象的重复，使得诗歌既易于记忆，也在朗读时更具音乐性。例如，在《蒹葭》中，"蒹葭苍苍，白露为霜。所谓伊人，在水一方。" 这种句式既营造了意境，也强化了诗歌的情感表达。

《诗经》中，诗人们运用丰富的象征和隐喻来传达更深层次的含义，通过具体的自然景物或生活场景指涉更抽象的概念。例如，"桃之夭夭，灼灼其华"不仅描述了桃花的生机勃勃，也暗示了女性的青春美丽，甚至可以联想到对生命的赞美。

在《诗经》的众多篇章中，叙述方式多样，有的直接表现，有的借物言志。这些篇章常常通过讲故事的方式反映社会现实，表达情感或抒发志向。"关关雎鸠，在河之洲。窈窕淑女，君子好逑"就是将鸟类的配偶行为拟人化，巧妙地表现了对美好爱情的向往。

《诗经》有许多篇章带有浓郁的民歌风格，语言朴实，情感真挚。这些作品常常以乡土语言和生活情景表达人们的情感和愿望，如"采薇采薇，薇亦作止。曰归曰归，岁亦莫止"清晰地传达了对家园的眷恋和对战事的厌倦。

当下启示

读完《诗经》，我被它对人性的深刻洞见所打动。书中有对工作的歌颂、对爱情的赞美、对生活的肯定……这些主题仿佛跨越时空，直面我们的内心。书中的价值观如忠诚、孝悌、礼义，至今仍具现实意义，指引我们成为更好的自己。而性别角色的描写，亦为我们提供了反思性别平等及当代相应议题的视角。

在当今社会，我们仍然能够从《诗经》中找到无限的启示与力量。这些古老的篇章，不仅是文学的瑰宝，更是智慧的宝库。通过研读《诗经》，我们可以汲取古人的智慧，感悟古人对于美好生活的追求和对于道德伦理的坚守。在当下瞬息万变的社会中,《诗经》教导着我们如何认真对待生活,如何坚守内心的正义,如何欣赏身边的美好与真情。

《诗经》作为中国古代文学的典范,其智慧、情感与文化内涵,至今仍为读者提供深邃的启迪。读《诗经》,我们似乎能走进古人的内心世界,感受他们对于生活的热爱与追求。在《诗经》的古韵之中,我们可以深切感悟到古人对于生命、情感、道德和价值的深刻探索,得以从中获得关于生活的智慧和对于人性的领悟。愿我们能够在读完《诗经》之后,对古代文化有更深入的认识与理解,同时也能够从中获取更多的人生感悟和心灵的滋养。

(作者单位:四川大学)

《毛诗诂训传》：
历史审度与论诗传统

◎孙雯诺

"诗者，志之所之也，在心为志，发言为诗。"作为中国古代文学批评早期的关键著作，《毛诗诂训传》（简称《毛传》）于汉世思想不可或缺，于《诗经》体系更兼备"辨章学术，考镜源流"的核心价值。

2002年，"中华再造善本"丛书影印国家图书馆藏宋刻巾箱本《毛诗诂训传》二十卷。此书为现存完整的《诗经》注本，东汉毛苌传、东汉郑玄为之作笺，唐孔颖达进一步疏解，陆德明博采汉魏六朝诸家音义，撰《经典释文》。《毛诗诂训传》勾连着千百年漫长的研究史，著作自身及其阐释共同编织出诸多历史样态与意义空间，蕴藏着中国古典文学、经学及传统文化最深沉的面貌。

据郑玄《毛诗笺》载，毛公分拆独立成卷的《诗序》，置于各篇之首，以此编成《毛诗诂训传》，《序》和经传文字才合为一体。《诗序》原本是独立的一篇,不出意外的话放在全书卷末,《太史公自序》的体例或受《诗序》影响。有关《毛传》的研究遵循着不同家法、师法。既有"疏不破注"对传统的承袭,也有"自通其意""自咏其情"的突破,更涉及版本、体例、真伪、作者等基础性文献考证问题:如大序、小序的论断之别,作者的争论和尊废问题。

《毛传》作为儒家诗教的典型形态,亦为《诗经》元典最早的完整阐释,必然会受到对儒家诗教根基的质疑与挑战,"疑序""反序"甚至"废序"的声浪接连不断。发难的原因在于,《毛传》在阐释、传播《诗经》的过程中,遮蔽了诗篇原义,导向附会性解读,尤其是使"国风"整体"寓言化"。我们清楚,《毛传》是春秋学背景下的产物,特别是《国风》的序,有意识地将各篇纳入一个完整的历史叙事体系来理解。当每一首诗皆被关联于具体历史事件,其意义的确定性也就出现了。这既避免了诗无达诂的问题,又增强了诗的政教属性,为政治语境内的诠释敞开了大门,譬如后妃八篇。在"美刺""比兴"这样的诗教理论下,注释和勾连的背后大都是对历史的穿凿附会,试图通过嫁接历史上升到整体教化。对于诗学史和经学史来说,这实质上是两条悖反的道路,经可以正、可以整、可以规范,但也设置了一个强制阐释的圈套。

在这样的背景下,《毛传》的阐释在宋明之际发生深刻转向,开始从"被使用的文本"变成了"被理解的文本"。《毛传》为我们提供了一个有着复杂地质层叠加的理论场域,是错综复杂、不断变化且持续生长的。通过《毛传》的批评理论、历史语境与接受史，我们才能观察到它的因袭、嬗变和价值意义。

（作者单位：四川大学文学与新闻学院，指导教师：吕东）

最是人间留不住，朱颜辞镜花辞树

——读王国维《人间词话》

◎李逸菲

"词以有境界为最上。有境界则自成高格，自有名句。"近来读王国维的《人间词话》，其开篇便提到什么样的词称得上好词，以及词与境界之间的关系。在阅读中，除王国维先生最著名的"境界说"外，书中还多次提到"真切"二字——即有境界必有真景物、真情感。就像叶嘉莹先生说的，中国历代诗人中最能以认真的态度与世人相见的，一个是陶渊明，另一个是李后主。他们俩都有一颗赤子之真心，王国维先生在书中也非常推崇李后主，正是因为李后主有这样一颗赤子之心。叶先生亦评价李煜："不管他写什么，不管他所经历的是什么，他都把他最真纯、最敏锐、最深挚的心灵与感情全心全意地投注进去。"我想，当我读这本书的时候，它不仅会让我看到一个关于诗词的世界，让我领略诗词之美，而且会让我知道在这个世界里的美学究竟是什么。词与诗不同，一词可诉万绪。

读王国维先生的《人间词话》，可见他是以词评的视角向我们叙述关于境界的含义，可以说，《人间词话》是王国维对于历史上大家们所创作的经典之作进行的点评。通过阅读这本书，我有了很多感悟，相比于唐诗的豪迈，词显得更加清丽婉约，我对于美与境界也有了更深层次的理解。

一、关于作者

王国维，初名国桢，字静安，又字伯隅。初号礼堂，晚号观堂，又号永观。汉族，浙江省海宁州（今海宁市）人。王国维是中国近代与现代相交时期享有国际声誉的著名学者。王国维早年追求新学，接受资产阶级改良主义思想的影响，把西方哲学、美学思想与中国古典哲学、美学相融合，形成了独特的美学思想体系，继而攻词曲戏剧，后又治史学、古文字学、考古学。郭沫若称其为"新史学的开山"，其成就远不止于此，他一生学无专师，成就卓越，贡献突出，在教育、哲学、文学、戏曲、美学、史学、古文字学等方面均有精深造诣和创新，为中华民族文化宝库留下了广博精深的学术遗产。1927年6月2日，王国维于颐和园中昆明湖鱼藻轩自沉。

《人间词话》是王国维所著的一部文学批评著作，创作于1908—1909年，最初发表于《国粹学报》。该作是作者吸收西洋美学思想后，以崭新的眼光对中国旧文学所作的评论。表面上看，《人间词话》与中国相袭已久之诗话、词话一类作品之体例格式并无显著的差别。实际上，它已初具理论体系，在旧日诗词论著中，称得上一部屈指可数的作品。词论界多奉其为圭臬，把它的论点作为词学和美学的根据。王国维的《人间词话》是晚清以来最有影响的著作之一。王国维以"温飞卿之词，句秀也；韦端己之词，骨秀也；李重光之词，神秀也"高度评价了李煜的词，说其"神秀"。《人间词话》作为中国近代最负盛名的一部词话著作，以传统的词话形式及传统的概念、术语和思维逻辑，较为自然地融进了一些新的观念和方法，其总结的理论问题又具有相当普遍的意义，这就使它在当时新旧两代的读者中产生了重大反响，在中国近代文学批评史上具有崇高的地位。

二、王国维先生的"境界说"

如果你对诗词感兴趣，对美感兴趣，那么你一定会读王国维的《人间词话》。读了这本书，你一定会对诗词的美和美学有很多新的感悟。你也一定会知道，王国维先生对于词的品味更重于境界。王国维引晏殊、柳永、辛弃疾词句，喻人生三境。"昨夜西风凋碧树，独上高楼，望尽天涯路"，此为第一种境界。词表面上是写四季变化，长林落叶，西风飘零的时候，偶尔登高远望会有一种苍茫寂寥之感，会使人有种无助的感觉。在我们的人生中也会经历这样的阶段，当我们所熟悉的、依赖的一些事物逐渐离我们而去，不免有一种失落之感。

但同时又会觉得这消逝的一切原来早就已经不能使我们感到满足了，开始寻求一些更真实、更美善的事物，所以一种追求的需要之感油然而生。对于更美好、更广阔的世界有着期待和向往，但却不知所追寻之处到底在何方。如果我们在这种虚无飘渺的感觉之中，也无须伤感，无须困惑。一个人要追求更高远的理想，就一定要打碎眼前的繁华世界，要学会孤独，因为这正是成大事业、大学问者所要经历的第一种境界。

"衣带渐宽终不悔，为伊消得人憔悴"，此为第二种境界。这句词的原作者柳永原本写的是恋爱中的相思之苦，但其对爱情执着不悔的精神却让人动容。若为实践真理而追求，即使人瘦了、憔悴了，但仍然"终不悔"，锲而不舍的坚毅性格和执着的态度令人敬佩。叶嘉莹先生所说的"所善"与"所爱"是感性与理性的统一，既然择定之后，便当生死以之。在漫长的追求的路途中，成与败、得与失的结果往往是不可知之数，就像追求事业学问的道路一样，总有知难而退的人。但如果有艰苦的固执追寻的精神和殉身不悔的情操，那么到了"衣带渐宽"和"人憔悴"的地步，也终有"终不悔"的精神和意义。这难道不是成大事业、大学问者的第二种境界？

"众里寻他千百度，蓦然回首，那人却在灯火阑珊处"，此为第三种境界。如果说第一种境界是对追求理想的向往，第二种是写追求理想的艰苦经历，那么第三种境界所写的则是实现理想后的满足与喜悦。做很多事情跟谈恋爱一样，要付出真情深情。走了一段时间之后也要回头看，不忘初心。付出之后的收获才能带来价值和意义，这句词写的并不是浅薄的欲望，而是一种无缺憾的真切的满足之情。"蓦然回首"是艰苦奋斗的人成功的惊喜；"那人"不是别人，而是不可撼动的理想。但愿每个追求理想的人，在经过"众里寻他千百度"之后，都能有"蓦然回首，那人却在灯火阑珊处"的一天。这也是最真实、最美好、最没有遗憾的第三种境界。王国维先生的人生三大境界说，深刻影响了我：成功的共性必然是高瞻远瞩，不怕艰苦，意志坚忍，也会经历反反复复的失败和挫折，但最终会有让人满足的收获。

　　从全书来看，《人间词话》一直围绕着"境界"展开。"有我之境，以我观物，故皆著我之色彩。无我之境，以物观物，故不知何者为我，何者为物。"王国维先生的这段话阐明了物、人和境界的关系，哲学意义非常丰富。有我之境，是将自己的情感与思绪融入大千世界，仿佛天地万物都以我为中心。有我之境，也是一个人有着极度表达的欲望，却又以一种极度平静的方式呈现出来。书中写道"由动到静"，这便是这种转变。简单来说，从激动到平静，是对同一件事的态度与心境的变化，也是境界的成长与坦然。王国维先生推崇的实为"无我之境"，不论世间的纷扰，自然万物景色的纷扰，都保持一颗纯粹的心。"采菊东篱下，悠然见南山"，便是陶渊明的无我之境，真正的天人合一，"物"与"我"融为一体，这种境界给人以心灵上的平静。

三、词句感悟

1. 自然中之物，互相关系，相互限制。然其写之于文学及美术中也，必遗其关系、限制之处。故虽写实家，亦理想家也。境非独谓景物也，喜怒哀乐，亦人心中之一境界。故能写真景物、真感情者，谓之有境界。否则谓之无境界。

感悟：这句话与马克思的唯物主义理论中的联系观有一点相似。王国维先生认为物与物、物与世界都是相互联系的，并且在一定条件下相互限制。因此，在艺术和文学表达中，所谓的写实和理想手法，归结在实质上，其实都是写实。尽管自己主观进行过处理和加工，但来源于自然是毋庸置疑的。在境界的创设上，如果没有情感注入和别出心裁的构思，是不可能实现的。他提出的"真景物"和"真情感"命题，直白来说，就是追求情景交融的艺术风貌。只有把"真"贯穿在文学创作之中，才能够创造出有境界、有内涵的作品。

2. 境界有大小，不以是而分优劣。"细雨鱼儿出，微风燕子斜"，何遽不若"落日照大旗，马鸣风萧萧"！"宝帘闲挂小银钩"，何遽不若"雾失楼台，月迷津渡"也！

感悟：境界有大小，是指诗词中所描写的具体意象、场面、氛围有大小之别。从上文列举的诗句中，能够清晰读出这种差别。从全书透露出来的观点看：在王国维的"境界"论中，主体能否成为一个纯粹的创作主体，能否摆脱欲望的控制而进入审美直观，是"境界"的关键。因此，"境界"之有无和优劣，并不受外物决定，而是由主体的精神和心态决定的。

3. 词至李后主而眼界始大，感慨遂深，遂变伶工之词而为士大夫之词。周介存置诸温、韦之下，可谓颠倒黑白矣。"自是人生长恨水长东""流水落花春去也，天上人间"，《金荃》《浣花》，能有此气象耶？

感悟：这里分别提到了李煜、温庭筠和韦庄的词作。在王国维看来，这两句词中爆发出来的内涵张力已经与他所主张的"无我之境"接近。词的境界从唐后主李煜这里开始宽阔起来，从原来的小家之词逐渐演变成为后来为大众所熟知的士大夫言大志、抒豪情的大家之词。他认为这种更宏大的境界，词人必须是在强烈情感的动态作用下，保持一种平静的心态去抒发才能得到。

4. 咏物之词，自以东坡《水龙吟》为最工。邦卿《双双燕》次之。白石《暗香》《疏影》格调虽高，然无一语道着，视古人"江边一树垂垂发"等句何如耶？

感悟：王国维先生对三人词作的评价，也恰恰体现了他的词学观点。他认为，在这当中，姜夔的《暗香》和《疏影》虽然写出了格调，但如果从咏物的角度来看，几乎脱离了情景中梅花的真实特征，变成了一种抽象意义上的梅花。因此，他认为这些咏物词的底蕴明显不足。这也正是他的评价方式，为我们后人对古诗词的研究提供了重要的、有价值的方向。

在阅读《人间词话》这本书之后，我明白了一个道理：像诗仙李白这样胸怀大志却未能得志、难以释怀的人，他的作品并非只是简单的直抒胸臆。现在我才逐渐意识到，古人所写词，其学问是相当深厚的。

四、总结

自古以来，对诗词进行评价的人很多，但大多是从品味辞藻运用和其中蕴含的感情出发，像王国维先生这样从境界的角度进行分析的却不多。可以说，王国维先生的词评不仅仅是谈论诗词的境界，更是将这些词结合起来，向我们展示了境界的真谛。正如他在书中反复提到的"真切"二字，只有真切地感受、真切地表达、真切地共鸣，才能达到诗词的境界。王国维先生这般诗情画意的词评，语句朦胧而优美，看似在评词，实则通过词作来比喻人生境界，体现了一种独特的美学与哲学意蕴，值得我们学习。

参考文献

[1]王国维.人间词话[M].叶嘉莹,讲评.沈阳:万卷出版公司,2021.

[2]秦菁怡.论王国维《人间词话》中的"境界"说[J].参花,2017(10):92.

(作者单位:西华师范大学)

评《人间词话》,悟人生之谛

◎张孝琴

谈及境界之说,就不得不提到国学大师王国维的《人间词话》。它是中国近代最负盛名的词话著作之一,在中国近代文学批评史上具有崇高的地位。

王国维先生的《人间词话》是中国古典文艺美学史上的扛鼎之作,具有里程碑式的意义。他像一位纯粹的艺术家,对文学的感情更像是对待毕生的爱物,对文字的精雕细琢,恰似他与生俱来的秉性。他的气质纯粹高雅,仿佛为文学而生,他仿佛不属于人间,人间烟火之熏染,会使他的容颜黯淡;俗世的生活,会折损他的灵性自然。同时他又是静的,他敏锐的思想恰似一条宽阔却默默流动的河流,具备了狂风暴雨的能力。他笔下的文字如莲花般纯净,恰似思想如嫩荷之抽枝。

在《人间词话》中,可以看到一个纯净且可视为人生寄托与信仰的文学世界。该书的重点在于探讨诗词的艺术特质和审美价值,包括诗词的格律、意境以及创作技巧等。书中还分析了诗词在结构布局、意象表达等方面的特点,强调了诗词作为一种语言艺术的独特性。其次,《人间词话》首次提出了"造境"与"写境"、"理想"与"写实"的概念,为后来的文学批评提供了新的视角和分析工具,全书主要通过讨论72首诗词,讲述诗词的文学之美。

在文章的前言"思静心安"中,讲述了王国维的步步退让,这种选择使他完全站在利益纷争之外,他的学术研究成为他精神的栖息地,他的坚持,正是他脱离苦海的方式。然而,殊不知,他的方式也恰是他的苦海,其纯粹性成为自沉的深层动因。他生活在我们周围,却又似乎与很多人撇清了关系,但他这撇清的关系也是建立在众人的基础之上的。周围明明成就了他,却硬生生地成为他特殊的背景。他的纯粹,他的坦然,体现在他的遗书中:"五十之年,只欠一死,经此世变,义无再辱。我死后,当草草棺殓,即行稿葬于清华茔地,汝等不能南归,亦可暂于城内居住。汝兄亦不必奔丧,因道路不通,渠又不能出门故也。书籍可托陈、吴二先生处理。家人自有人料理,必不致不能南归。我虽无财产分文遗汝等,然苟谨慎勤俭……"他的语气沉着冷静,并无悲戚之意。他的死,死于心死,似乎这死对他来说是顺其自然、心安理得之事。他的遗书中有一句"真正拥有了纯粹人生的人,对俗世从不低头;成就了自身作为的人,有了不凡的人生,才能在存活的岁月中有不凡的人生经验",引起了我的共鸣。在人生的旅途中,要学会时刻保持清醒与冷静,不骄不躁,不断追求自己的理想。正如电影《热辣滚烫》所说，我们终其一生，就是要摆脱别人的期待，找到真正的自己，学会去爱自己，不断突破自我，因为只活一次，所以要活得热辣滚烫。

在"有境格自高"章节中，王国维认为，真正有人生境界的人才能写出震撼人心的作品。俗话说"见字如见人"，在平时的生活中，和一个人接触久了，会渐渐摸清他的性格，而一个人的文字也恰似他性格的流露。不管你如何改变，文字都如影随形，如同一面时时反照你的镜子。王国维先生早就明白了文字与人的关系。所谓文学即人学。他所提出的"境界"之说比"意境"之说更开阔、更准确，"意境"仅仅是词所营造的氛围、所表达的情感，而"境界"则是从词里铺展开来的人生中的大智慧，是无处不在，且深藏、潜行于作品之中的个人精神境界，袒露作者的性情世界与内心独白。有境界是人生中的一种纯粹。纯粹指的是精神世界里的干净，这样的干净才能够散发出真正的智慧，成就博大之境界。真正好的作品可以和人的心灵对话，能够提升人的精神境界。这种作品是在生活中获得了大智慧，自我获得了救赎，才能够影响他人，先自救才能够救人。有境格自高，有境乃是文字中真正的高贵之气。

在"真假无须"章节里王国维说过，不管是现实的"写境"还是浪漫的"造境"，都是虚构和幻想的。不过它的本质是我们现实人生的表达和述说。这样的表达和述说都是真诚的，我们觉得其实是我们心灵的再现。王国维提出"有我之境"与"无我之境"，推崇物我两忘。"泪眼问花花不语，乱红飞过秋千去""可堪孤馆闭春寒,杜鹃声里斜阳暮",这是有我之境也。"采菊东篱下,悠然见南山""寒波澹澹起,白鸟悠悠下",这是无我之境也。有我之境,以我观物,故物皆著我之色彩。无我之境,以物观物,故不知何者为我,何者为物。"古人为词,写有我之境者为多,然未始不能写无我之境,此在豪杰之士能自树立耳。"物我两忘的境界暗含人生大智慧,这样的人才能够真实地享受、把握生活。一个悟透生活的人才能够真正融入生活,真正懂得生活的人,是珍惜自己、珍惜他人、珍惜时光的人,他的生活,少了功名利禄的计较,多了清心寡欲的悠闲。

"无我之境,人惟于静中得之。有我之境,于由动之静时得之。故一优美,一宏壮也。"这句话主要讲求的就是一个"静"字。人生若是挣扎于欲望,必定是动的,虽说宏壮,却也揪心折磨,有着人生悲欢离合的复杂;而静就是一种优美了,超越了欲望折磨之后的平静,这样的静不是麻木,而是成熟与超脱。自由静穆的面容,不管那容颜有多苍老,都充满着典雅和高贵。他认为道法缘于自然,自然中之物,互相关系,互相限制。作品中最自然的情感便是最真实的情感,这样发自内心的情感不需要强势的诉说。出于自然的虚实之美,美的创作构筑于真实与虚构之上,将理想与写实融为一体,源于生活,出于自然。虚实之间既富于情理,又渲染了极致的美,方能引人入胜、产生共鸣。作为当代大学生的我们,应该在面对生活琐事和人际关系时,表达最真挚的情感,也能收获更多的益处。王国维认为境界没有高低之分，因为只要是美，就没有贵贱，美只是一种境界，很多时候，只是个人的感受，来自人的心灵。王国维的境界之说将诗词融合为一个整体，需要从整体去感知，将具体与虚幻两者相结合。

在"人正不易得"这一章节中，王国维认为某句词"大有众芳芜秽，美人迟暮之感"，道出了对美好事物消逝的无限哀愁与惋惜，也从侧面反映了王国维自身的怀才不遇与生不逢时。但我很喜欢王国维先生，喜欢他面对逆境时，思想上能够超越俗世的利害关系，专心致志地完成自己的学术研究，也喜欢他看透世事之后能够果断做出选择。因此，越是超越，越是悲悯。越是超越俗世，对人间美好的消逝就越是悲悯。王国维先生分析和评论了《蒹葭》和晏殊的《蝶恋花》。《蒹葭》中的深情厚谊已消尽于盈盈秋水之间，是无我之境的表达；而《蝶恋花》中所见之物皆为悲苦之色，恰是有我之境的展现。两者相对比，更觉"洒落"之风乃为思人之道。

王国维既忧个体生命，亦忧家国天下："万千世界，始终是自己一人兀自站立，空旷若海；芸芸众生，造就的却是只身寂寞；千万人之中的千万人，好似漫天黄沙，自己只剩走投无路的孤独；生命不知道向何一条淤积的河流；人生漫长似又短暂，活在当下，却又总是担忧于未知之未来。莫名忧郁之于莫名之时光；人生荏苒，我独惘之……"这是他的忧生。他的忧世是对人世的忧患，对众多人苦难的体察，写人情世态，展人间百相。然而，虽说忧患皆源自内心，但忧虑民生和忧世毕竟还是有区别的,似乎类似于"小我"和"大我"的区别。以小我为根基,方能成就大我的才能。作为当代大学生,要时刻培养小我的才能,方能成就大我的奉献,既要注重培养自身的才能,也要肩负起国家伟大复兴的使命。

在"灯火阑珊"中王国维提到,古今之成大事业、大学问者,必经过三种境界:"昨夜西风凋碧树。独上高楼,望尽天涯路",此为第一境;"衣带渐宽终不悔,为伊消得人憔悴",此为第二境;"众里寻他千百度,蓦然回首,那人却在,灯火阑珊处",此为第三境。

词之境界若人生,第一种境界,"昨夜西风凋碧树"象征着生活中的烦躁与压力,是入门前茫无头绪、求索无门的疑惑与痛苦。独上高楼,是一种自视颇高却又局限于生活牢笼的心态,希望从周围大多数生活平凡的人中剥离出来。在生活中要想成就大事,首先要立大志,学会享受孤独。刚上大学的我感觉与高中的合群生活有所不同,在大学里,每个人都有自己想要做的事情,并不是每次都有伙伴在身边,内心充满了不适应与迷茫。最开始也许是孤独的,但我后来慢慢发现,虽然是孤独的,但可以利用空闲的时间,做很多自己觉得有意义的事情,不断磨炼自己,朝着自己的目标前进。的确就像王国维先生所说,不论是做学问还是生活,都要学会享受孤独。

第二种境界,王国维将其理解为一个人的成长与奋斗的艰辛,叩门时以苦作舟、以勤为径、上下求索的执着与忍耐。古往今来的大师无不经历过此阶段,不执着,无以成。为着一个目标，逐渐从第一境界的脆弱迷茫中坚强、坚定起来，衣带渐宽都不后悔。在生活中要想有大成就，首先要学会磨炼自己，付出常人所不能。《孟子·告天下》有云："故天将降大任于是人也，必先苦其心志，劳其筋骨，饿其体肤，空乏其身，行拂乱其所为，所以动心忍性，曾益其所不能。"古今中外，成大事者，无不是经过万千磨难。作为当今的大学生，我们在面对生活中的困难时，要有决心与毅力，不断去克服困难，争做担当民族复兴大任的新人。

第三种境界，则是功夫到处，领悟道理、已入门中的喜悦与释然。以勤为径，很多人都如此，但要攀上顶峰，就不是一般人能做得到了。那种灵犀一点参透真谛的大智慧、大喜悦，也只有古今中外各个领域中的天才们能感悟到。"众里寻他千百度"，是寻找快乐，是寻找寄托，是实现目标。"蓦然回首，那人却在，灯火阑珊处"，则是得的快乐，是人生的大彻大悟，是通体的愉悦，是物质的解脱，也是功名利禄的解脱。这告诉我们：在生活中，有所得之后，一定不要忘了初心，不要过度骄傲。我高中时是一个很胆小、不善于表达的人，不敢公众演讲。进入大学后，我参加活动是为了培养自信心和演讲能力。后面参加的活动多了，我也有勇气当众讲话了。但之后我开始注重名次，忘记了初心。读了王国维的《人间词话》后，我意识到自己忘记了初心，过于注重名利的追求，而忽略了精神的满足。

谈及"隔"与"不隔"，"隔"并非朦胧，朦胧是一种美丽的意境。"隔"也并非含蓄，含蓄是一种内在的谦虚。"不隔"也不是毫无修饰的赤裸裸，毫无修饰是拙劣的。"不隔"更不是一眼望穿，表面纯洁如水，能一眼望穿的，或许藏着更多的险恶。王国维在《人间词话》中，总是强调词要"不隔"。王国维所指的"不隔"，是通过景物描写生动地传达词人的情感。他认为，无论作者采用什么方法，只要将文字编织在一起，使这些文字能够将情感最真实、自然、真诚地呈现在读者面前，让读者读后如临其境，感同身受，便是"不隔"。这为诗歌写作提供了更好的借鉴。

  读到年命如朝露，王国维引用陶渊明的诗句以及他自己写的"最是人间留不住，朱颜辞镜花辞树"，告诉了我们一个道理：应把握当下，珍惜时间，珍惜青春的美好时光，及时行乐，不要过度焦虑，要以率真之心享受快乐的生活。鲁迅在《故乡》中写道："其实地上本没有路，走的人多了，也便成了路。"这句话强调要注重实践。俗话说"尝试未必成功，但停滞注定失败"，不论有多困难，只要去实践，就有实现的可能。在第五十四章中，格局变得更加开放："世上原本无路，最先尝试着走的人发现了路，吸引来更多人通行，而后拥挤不堪堵成烂路，人气渐落又再归荒芜。文体的进化犹如行路，有才情之人独辟蹊径，引领他人寻找新路。"这给我的启迪是，在生活中，要不断提升自己，要勇敢地探索，不断去尝试，机会常常留给最先开始的人。在面对一些问题时，一味地跟着别人走，是很难成功的。最好是自己开拓一条新的道路，形成自己独特的体系,争做引领他人找到这条路的人,从而获得价值最大化。

书中提道:"人生不如意之事十之八九,人的一生中的不平太多了,所以文人们总是很容易就不平则鸣了。人总是在乎自己的失去,对自己的获得总是缺乏珍惜。人总是特别在乎自己个人情感的满足,所以总是觉得受到了伤害。"确实,我们都是一样的,人生没有一帆风顺的时候,人都是有欲望的,我们总是不满足,对自己的收获没有发现和珍惜,我们应该学会及时总结,总结出自己的不足与收获,及时去解决不足,学会珍惜自己的收获。要有"长风破浪会有时,直挂云帆济沧海"的信心;要有"宝剑锋从磨砺出,梅花香自苦寒来"的毅力;要有"黄金百战穿金甲,不破楼兰终不还"的决心。

初读《人间词话》时难以理解,但读得越久,品得越深,便能发现全书以王国维的视角去赏析他眼中的诗词,运用情景交融的观点,对思想进行了深刻的解答与阐述,开拓了"将浪漫主义与现实主义相结合"的新创作思路。在评价中可以看出,王国维是一个纯粹高洁的文人。在诗词的世界里,他力推北宋词,而对南宋词有所批评,认为其沦为羔羊之作。他喜爱高风亮节的辛弃疾,特别注重赤子情怀与内心深处自然情感的流露。

在品读中渐渐可以感觉到,其评价有一定的局限性,主观性较强。我认为,处于不同环境的人各有其独特之处,写出来的诗词也各具特色。它还具有时代局限性,对初学者创作的影响较小，存在中心不明确、写作风格不统一、变换风格快等问题。但是，王国维对诗词的独到见解，刷新了我对诗词的认知，更有利于我对诗词的理解与记忆。其次，它阐述了王国维对文学的品鉴和点评，对后世具有巨大影响，提供了多种视角，对人生有推动作用，可以提供对创作诗词以及写作的新维度，适合诗词爱好者细细阅读与领略。

（作者单位：四川工业科技学院，指导教师：赵璐蓉）

蓦然回首，《诗经》风雅传古今

◎杨梦婷

现在说到《诗经》，我们会想到它的浪漫和灿烂。孔子对《诗经》有很高的评价，他说，"《诗》三百，一言以蔽之，曰：'思无邪'。""温柔敦厚，《诗》教也"则是其特点。2015年，中华书局出版了由王秀梅译注的《诗经》，收入"中华经典藏书"书系中。在此书中，作者首先呈现独特的题解，再展示诗词正文，注释插入正文之间，译文依附在正文旁边。我们能看到不同寻常的主题探索、韵味无穷的辞藻翻译、细致周到的字句注释。所谓花香自引蝴蝶飞来，花如此，经典著书亦如此。在王秀梅的译注里，我闻到了花香。

此书上册为"国风"，十五国风源自周代各地民间歌谣。我曾想象，真的存在每天看着远处，等待丈夫归来的妻子吗？我便看到了《王风·君子于役》；我曾疑惑，真的有得他人微雨，就投桃报李的君子吗？我便看到了《卫风·木瓜》。国风中我印象深刻的是周南的开篇之声《关雎》和邶风的《静女》。在书中，作者首先展示了《关雎》的全文内容，引入《毛诗序》的解读，让我们看到了汉代文人对诗经的理解。我们知道《毛诗序》以政教视角诠释《诗经》，将诗篇与伦理纲常相勾连，凡是有背离朝廷政治之肃风的都是不德的，因此王秀梅还分享了自己内心的思绪。她说："我们反复吟唱，并未找到一点儿后妃的影子，只看到一位谦谦君子在追求一位美丽贤淑的姑娘。"其次，此书的注释贴合诗的求爱主题，《关雎》选用"关关"之声作为"兴"，引出"窈窕淑女，君子好逑"。注释将"关关"二字解释得情意相符，让我们身临其境，仿佛我们便是男子或女子中的一人。最后是此书译文："美丽贤淑的姑娘，真是君子好配偶。"译文朗朗上口，富有音韵美。《诗经》本就是群体口头传唱的歌词哼调，此书的译文也体现出了音乐性，并且《诗经》的特点是以四言为主，间有杂言。山不在高，有仙则名；水不在深，有龙则灵。译注不在冗长，贵在精当，如蓝田玉生烟，含蓄而隽永。译文中的句式遵循《诗经》类似的特点，比如："长长短短的荇菜，左边右边不停采，美丽贤淑的姑娘，梦中醒来难忘怀。"以七言为主，有强烈的节奏感。此诗以"窈窕淑女，君子好逑"为主题，然后用赋平铺直叙描绘出青年男子在追求心上人时焦急的心情，译文中也让人体悟颇深："难忘怀、思不断、难入眠。"而我在一些网络资料中，看到的翻译是："思念她，睡不着。"与此书译文一对比，便能知晓哪个巧，哪个妙。古诗一个字便能改变整体诗风，决定诗的完美与否，不然炼字的意义何在？不就是炼出巧妙和精华吗？

大家耳熟能详的是"求之不得，寤寐思服。悠哉悠哉，辗转反侧"所表达的热烈情感，但很少有人知晓《静女》中炽热的热恋。邶风的《静女》，此书题解中："《静女》，刺时也。卫君无道，夫人无德。"清代学者方玉润在《诗经原始》中评曰："《静女》，刺卫宣公纳伋妻也。"但此书认为邶风的《静女》的主题从起初的男追女，发展为了男女情投意合，两情相悦的浪漫幽会爱情主题。起初我并不了解彤管是何物，看了注释后知道是一种植物，叫红管草。《诗经》中有很多赠物，不仅仅有植物，还有动物和玉器等，这些都体现了感情的以礼相待和以德相勉。《静女》的译文，更是通俗易懂，把男主人公等待的焦躁深情表现得淋漓尽致，还将女主人公的俏皮可爱展现得生动形象。

下册写雅颂，我远远就观赏到了《鹿鸣》和《采薇》这两朵繁花。读到小雅开篇以麋鹿之声开始，我曾感慨真的有君子之交淡如水的来往场面吗？我便看到了《鹿鸣》题解中提到，此诗是燕飨聚会诗，以主人宾客以礼相待为主题。《鹿鸣》以四言为体，重章叠句，"呦呦鹿鸣"之句复沓回环。此书以七言为译，描绘了一场鹿鸣宴。我不禁想象主客之间一问一答的场面和一应一和的画面。《鹿鸣》还包含了燕礼时所表演的舞蹈，《燕礼·记》记载："君若与四方之宾燕，宾主献酢之时，升歌《鹿鸣》，下管《新宫》，笙入三成，遂合乡乐。若舞，则《勺》。"这印证了在行旅酬之礼时，除了雅乐助兴，燕饮上也有相应的舞蹈。言笑晏晏、觥筹交错的酒席和侃侃而谈、以礼为好的交往原则,这些礼仪文化的观念和精神已经深深融入了古人的主观世界。

从以礼为宗旨和核心的政治礼乐文明的宗周时期,到承载着文明、和谐、友善等社会主义核心价值观的新时代,我们不难看出礼的源远流长和博大精深。礼一直驻扎在每一个中国人的心田,生生不息。如果说礼的表达是家与国的同构,那么思乡怀人和羁旅之悲便是个体共同的生存体验。《采薇》为千古厌战名篇,道尽了征人漂泊思乡之苦。诗的最后可以说是全诗流传最久远的四句话:"昔我往矣,杨柳依依。今我来思,雨雪霏霏。行道迟迟,载饥载渴。我心伤悲,莫知我哀。"时光飞快流逝,面对逝者安息、生者相离的现实,映入眼帘的只有心存思乡之情的士兵孤单的身影。人从家里去,情从远处来,相去万余里,只道长相思。长相思啊,长相思,蓦然回首,原来古今竟然唱的是同一首相思曲。

赏读《诗经》,使浮躁的人在物欲横流的世界中获得淡然,让人感知来自中华大地上的无穷魅力。人间最美不止是阑珊处的那人,还有《诗经》。诗中的千万繁华、人间乐事,宛若一朵落花,一缕春风,一叶扁舟,从远方飘荡而来,向宇宙尽头奔去。当然了,一千个读者就有一千个哈姆雷特,《诗经》的一首诗可能有多个主题,比如《蒹葭》,有说是政治讽喻诗,有说是招隐诗,有说是爱情诗。此书既吸收了古人正确合理的见解,又参考了今人的研究成果,经过反复解读,选定一个比较合适的主题。确实，不同的译注者或者读者面对同一首诗可能会发出不同的声音，我认为，此书发出的声音是有特别韵味的。

《诗经》是一棵永恒的繁花之树，结出了关切现实的热情、针砭时局的庄严、真诚积极的人生态度的果实，这些被赏花人概括为"风雅"精神。风雅精神的核心是真诚积极的人生态度，关注现实、批判黑暗的热情和强烈的政治道德意识，而这种精神更是被大诗人屈原继承。司马迁在《史记·屈原贾生列传》中写道："《国风》好色而不淫，《小雅》怨诽而不乱，若《离骚》者，可谓兼之矣。"《离骚》表达了屈原为实现理想而九死不悔的坚韧品格，塑造了一个独立不屈、正视现实的爱国者形象。那句"众女嫉余之蛾眉兮，谣诼谓余以善淫"，道出了朝堂的昏暗无道。那句"虽体解吾犹未变兮，岂余心之可惩"，喊出了敢于和黑暗现实抗衡的最强音。

经历了南朝柔婉艳丽宫体诗的打压之后，风雅精神终于在群星璀璨的大唐重放异彩。安史之乱后唐朝由盛转衰，这样的时代培育了现实主义的诗人，而杜甫尤为突出。令我印象深刻的是他的《同元使君春陵行》，诗中描绘出了一位白发苍苍的老人看着山河破碎、百姓哭喊，任由他多么心痛，也无法改变现实。这首诗体现了杜甫关心政治、体恤百姓、忧国忧民，也是对风雅核心精神的接受和传承。我们看到了望盛唐哀痛的杜甫，自然也会想到望长安惆怅的辛弃疾。我想郁孤台下那赣江的水，水里流的都是爱国人的眼泪吧。苦望长安，但也不要忘记大将军辛弃疾的豪迈气概和积极勇敢，他在《南乡子·登京口北固亭有怀》中渴望像古代英雄豪杰那样金戈铁马，收复旧山河，显示出抗金复国的精神与直面现实的勇气。回望历史，反观现在，风雅精神早已不仅仅存在于诗词曲赋里，现实生活中已经有了许多"风雅英雄"。少年负壮气，奋烈自有时，魏金龙坚持奋斗理想，最终成为"全国青年岗位能手"；"梦到江南赶上春"，江梦南少时因药物导致失聪，凭借自身的顽强毅力和不懈努力，她成功考入理想大学，奏响生命的强音。从历史到现实，在现实中揭示真相，天风海雨，纷至沓来。不变的是中华儿女真诚积极的人生态度和敢于与黑暗势力作斗争的热血精神。

诗是属于我们中华民族的独特文化瑰宝，藏着一代代先民对人生和自然的感悟和情感，含蓄而独特的风韵充斥其中。译注诗歌是一件仁者见仁智者见智的事，那些恰如其分的注释和译文，让诗本身更加出彩，有些甚至起到了锦上添花的作用，有着化腐朽为神奇的力量，让人禁不住击节称赞。精彩的译注可以看作是二次创作，是不同作者对于同一事物的隔空唱和，共同完成的跨越时空合奏。罗丹说过："生活中不是缺少美，只是缺少发现美的眼睛"。王秀梅译注的《诗经》让我看到了一双发现美的眼睛，还有一张会表达情感的嘴。读了此书，你便能想象《静女》中男女幽会的美好场景了，能想象生活给《谷风》女主人公爱情画上巨大的问号时，她的哀而不发的绝望。《诗经》的语言微言大义，温婉蕴藉，而此书译文的语言风格通俗易懂。《诗经》不仅是诗,也是经。它既是王公贵族的称颂歌,也是布衣平民的真实生活写照。它如同一颗有着深厚历史渊源的东方明珠,又似一朵万众瞩目的鲜花。此书留下一味芳香,让我们寻觅踪迹,感悟《诗经》的百味。

(作者单位:成都文理学院,指导教师:田友蓝)

学宋词

——读《宋词三百首》之感

◎李宇潇

通过阅读和学习《宋词三百首》，我了解到，"词"是一种文体的名称，或谓之文学的格式。词体萌发于南朝，形成于唐，盛行于宋。对于词的创作，一般不称写词，而称之为"填词"，这是因为创作词作要按照"词谱"来填。所谓"词谱"，就是指约定俗成的词牌规定。每个词牌都有固定的名称，词牌中的句子数以及每句的字数都是固定的。比如《清平乐》，共有八句，每句的字数分别是：4、5、7、6、6、6、6。"填词"需按规定顺序往"词谱"里填字，并符合平仄音韵的要求，不符合规定的，不能称之为"词"。

"词"这种文体的发生和发展与音乐的发展有着密切关系，因为"词"本来是满足音乐需要，配合着乐曲进行传唱的。隋唐时开始流行西域音乐，这是一种西北民族刚健风格的新音乐形式，和中国原有的音乐即清乐有所不同。这两种体系和性质不同的音乐,须有不同的歌词形式与之配合。为配合音乐曲子的词,在唐代首先盛行于民间。至于文人写词,那是后事。相传以《菩萨蛮》《忆秦娥》为最早。现流传下来的还有白居易的词二十六首,刘禹锡的词三十八首,此外还有韦应物、张志和、王建等文人的作品。到了晚唐和五代,文人词有了进一步的发展,首先是致力于词作的人逐渐增多了,采用的词调即"词牌"越来越多,不再局限于几个简短的"小令","长调"也开始出现,形式格律更为复杂。一些著名的词人,如温庭筠、韦庄、李煜,都有了自己独特的风格,留下了不少好的作品。

另外,这种文体自唐以来发展很快,一个重要原因是其"容量"比格律诗大。虽也讲究平仄音韵,但"词"更适应社会发展在文娱活动方面的要求,在情感的表达、形象的刻画、景物的描写、事件的叙述,以及气氛的渲染上更适合文人的需要。

据悉,现存辑录的两宋词人共一千三百三十余家,流传下来的词作计有一万九千九百余首。宋词作为和唐诗、元曲、章回小说、杂文等并驾齐驱的文体,它的发生、发展和成熟绝非一蹴而就,在思想性、艺术的多样性上也是曲折多变、派别林立的。北宋前期的词坛,首先应该提到的是上层文人的词,以晏殊、欧阳修等为代表的文人词,主要是反映贵族士大夫闲适生活及其对时光流转的感慨。如晏殊的《浣溪沙》:"一向年光有限身,等闲离别易销魂。酒筵歌席莫辞频。满目山河空念远,落花风雨更伤春。不如怜取眼前人。"再如欧阳修的《生查子·元夕》:"去年元夜时,花市灯如昼。月上柳梢头,人约黄昏后。今年元夜时,月与灯依旧。不见去年人,泪湿春衫袖。"他们这一派的词完全承袭了晚唐五代的词风,局限于描绘离别、相思之情,风格依旧柔靡无力。晏欧的词在艺术上的成就主要表现为即景抒情的小词,善于用清丽而不浓艳的词语,构成情景相符的画面,表达较为含蓄而有韵致。

北宋词至柳永而一变。柳永发展了"长调"文体,善于用民间俚语和铺陈的手法组织较为复杂的内容,用来反映中下层市民的生活面貌。柳词具有浓厚的市民气息,这也是其受到广泛欢迎的主要原因。北宋词人用的词调比较简短,晏殊也好,欧阳修也好,用得最多的词调是《浣溪沙》《玉楼春》《渔家傲》《蝶恋花》《采桑子》等。因为"词"和"曲"在宋朝总是紧密结合在一起的,或者说当时写"词"主要是为了谱曲而唱。随着社会发展,在民间流传的新乐曲越来越多,越来越繁杂。而柳永精通音律,爱好民间音乐,于是他和乐工们合作,创作了大量以篇幅较长、错综不齐为特色的慢词。比如《女冠子》,字数多达一百一十四字,从而可以看出,词体也是在不断发展中。

北宋文人词里还有俚、雅之分,这也始于柳永。他完全不顾士大夫的排斥,而使用生动的俚俗语言来反映中下层人们的生活,一手建立了俚词阵地,和传统雅词分庭抗礼。加之柳永的写作技巧纯熟,因而受到大众喜爱。同时必须看到,当时

"柳词"虽风靡一时，但绝非所写主题具有很深的思想内容和教育意义。他所写的妓女和浪子，即使在社会底层里也只是病态的一角，没有多少积极的社会意义。在学习"柳词"时应该对此加以注意。

北宋前期的词，不论是晏殊、欧阳修或柳永，不论是雅词还是俚词，也不论反映的是士大夫还是市民的精神面貌，都没有突破"词为艳科"的藩篱，内容仍旧为男女离别之情，风格依然是柔靡无力，极少例外。

苏轼的贡献在于打破了宋词狭隘的传统观念，拓展了词的内容，提升了词的意境。南宋胡寅曾评价苏轼"一洗绮罗香泽之态，摆脱绸缪宛转之度，使人登高望远，举首高歌，而逸怀浩气，超然乎尘垢之外"。建立这样一种新的豪放风格，绝不是一个简单的形式问题，也不是一件简单的事情。他"以诗作词"，不仅以诗的某些手法作词，也将词看作和诗具有同样言志咏怀功能的文学形式。这样一来，词在内容和形式上得到解放，拥有了较为宽广的社会功能。这是一个根本性的问题。

在苏词中，有建功立业的豪情壮志，有富于幻想的浪漫精神，有雄浑博大的意境，表现出豪迈奔放的个人风格及其乐观处世的生活态度。他在词的历史发展上所起的作用和影响是前无古人的。说他"指出向上一路，新天下耳目"，是豪放派创始人实不为过。当然，苏词的思想内容也有虚无成分和相当部分的消极思想，在现今还是必须加以批判对待的。

苏轼致力于诗词合流以提升词的意义和风格，他尽到了自己的责任。他的巨大成就震撼了当时的词坛，可惜这一改革没有得到充分发展并成为风气。

词至南宋发展到了高峰。人们常常认为宋朝是词的黄金时代，而实际上，南宋前期才是词的辉煌时期。这个时期，爱国主义的词作突出反映了时代的主要矛盾，即复杂的民族矛盾。此时的词才真正放射出了无限的光芒。中原沦陷和南宋偏安的历史巨变，激起了南渡词人的普遍觉醒，整个词坛的精神面貌为之一新。他们的词风受到亡国巨浪的冲击而有所改变和提升也是很自然的事。比如李清照本是闺阁词人，工于写别恨离愁，但南渡之后，三年故国故乡之感，使她的词提高了社会意义。再如朱敦儒本以高士自许，一心一意唱他的"插梅花醉洛阳"。而南渡之后洛阳何在？于是发出了"回首妖氛未扫，问人间英雄何在？"的感叹。南渡之后，就是在当时的士大夫阶层也涌现出一群和人民思想感情相通的词作家。如岳飞、李纲、张元幹等人都致力于爱国主义词作的新传统，这对于豪放刚健词风的形成都作出了贡献。岳飞的《满江红》"怒发冲冠"表现了作者忠愤无比的爱国热情和抗击金兵收复失地的英雄气概，成为千古绝唱。

辛弃疾和陆游两个伟大的爱国主义词作家，以及团结在其周围的进步词人进一步发展了南宋词。辛弃疾将一生精力贯注在词方面，成就极为杰出。他继承了苏轼的革新精神，突出发扬了豪迈的风格，扩大了词体内涵，使其丰富多彩，把词推向了更高的阶段。他的词作汇聚成南宋词坛一股奔放豪迈的创作主流，这就是在文学史上著名的豪放派。

豪放派词的特征之一，在于作者具有坚定不移的、强烈的爱国主义思想，真实而深刻地反映了现实。无一例外，他们中的每一个作者都激烈地反对议和，力主恢复中原，对收复失地有着高度的胜利信心。贯穿辛弃疾、陆游一生的词，以及其词派的作品，都鲜明地标志着他们拯救祖国、消灭敌人的崇高志愿。辛派词气势磅礴的豪迈精神及其所表现的积极浪漫主义色彩正是植根于人民大众的爱国主义和胜利信心的基础之上的，不是故作豪语的无根幻想，也非单纯是形式和风格的独创，而是具有深厚的现实基础和思想内容的。

豪放派的另一特征，在于他们着重用词来反映广阔的社会生活，不顾传统的清规戒律，冲破一切词法和音律的严格限制。这一革新的倡导者是苏轼，辛弃疾发扬了苏轼"以诗为词"的精神，进一步"以文为词"。他以纵横驰骋的才气，自由放肆的散文化的笔调，发而为词，无不可运用的题材，无不可描述的事物，无不可表达的意境，使词的内容和范围更加扩大了。他并非不懂词法，而只是不去遵守那些一成不变的词法罢了。

辛弃疾高举爱国主义旗帜的词作，形成了一股波澜壮阔的创作主流。他一生贡献了大量的、丰富多彩的、杰出的爱国主义词作，雄视当代，成为词坛的权威和典范。

但在宋词中，与豪放派相对应的还有一派，即经常为评论家所称的婉约派。此派词作的特点是委婉细腻，工于遣词造句，但在内容上多数是男女情爱或离恨别愁或安于享乐。在思想上大都比较消极，无奋进向上积极进取之意。对此，需要分析批判，做到去其糟粕、取其精华。

宋朝灭亡了，但宋词却传承了下来。伟人毛泽东就是词作杰出的传承者，他的词在思想上和艺术上都是前无古人的。1945年8月至10月，毛泽东在重庆和国民党进行了长达43天的和平谈判，当时柳亚子向毛泽东索要诗稿，后者即手写了《沁园春·雪》相赠，后被重庆《新民晚报》在1945年11月14日发表。该词气魄雄伟、意境宏大、用典贴切、词语流畅，深受人们欢迎。由于当时正值国共谈判期间，此词的发表具有很大的政治影响力。据传，蒋介石见此词后坐立不安，曾组织一帮御用文人创作诗词，以期能拿出个像样的词作来抵消该词的影响。可惜这帮文人才疏学浅，闹腾了几个月也没拿出什么好东西，蒋介石只落得一声长叹，不了了之。另外，毛泽东词作中的一些妙语名句，如"踏遍青山人未老，这边风景独好""今日长缨在手，何时缚住苍龙""待到山花烂漫时，她在丛中笑""数风流人物，还看今朝"等，普遍被传唱引用。这当然是毛泽东诗词的高超之作，同时也说明了词这种文体是充满活力和可以流传的。

宋词这种文体传承到今天，迎来了发展的大好机会。特别是党中央提出要增强文化自信，中央广播电视总台还推出了《中国诗词大会》和《经典咏流传》等节目，这些节目很受国人欢迎。前者希望通过"赏诗词之美、寻文化之根、铸民族之魂",重温丰富灿烂的中国诗词文化,从中汲取智慧,涵养情操,滋润心灵。后者用"和诗以歌"的形式将传统诗词经典与现代流行相融合,在注重时代化表达的同时,深度挖掘诗词背后的内涵,讲述文化知识,阐释人文价值,解读思想观念,为现代文明追本溯源,树立文化自信。学习和研究宋词的人将会越来越多,相信在不久的将来词一定会有更好的传承和发展。

我学习宋词收获良多,真正感受到了中国古代文化的辉煌灿烂、博大精深,它是一个取之不尽、用之不竭的宝库。通过学习,自己站得高看得远了,提升了品位,增长了见识,开阔了心灵,也怡养了性情,丰富了文化素养。同时,我也是越学越觉得自己的知识太少。古人云:"学然后知不足",诚为真理。当然,将三百首词作完全学懂弄通对于我这个理工科学生来讲实属不易,但我非常热爱宋词,因为它能够使我从中不断地汲取文化营养。我深知,学习宋词我还在路上,将坚持不断地走下去和学下去。

(作者单位:四川大学)

《唐宋词十七讲》

——品味诗词的芬芳

◎李俞菲

花间有美酒，愿与君同享

《唐宋词十七讲》是叶嘉莹先生在国内各地讲授唐宋词时的讲稿，经整理后出版。该书以第一人称讲述，读来就如同坐在台下，听老师把诗词之美娓娓道来。以唐朝到宋朝词的演进和发展为线索，叶先生讲解了十六位词人及其作品，同时阐述了诗词评价的中西方法论；作者引导我们品味词中意境和作者思想的同时，也带领我们去触摸中华文明的脉搏。

我想说，在有幸翻开这本书、聆听叶嘉莹先生讲词之前，我是不会品读诗词的。那时候，我只懂得欣赏诗词的朗朗上口和华丽辞藻，喜欢"对潇潇暮雨洒江天，一番洗清秋"，因为读来豪放大气；喜欢"水面清圆，一一风荷举"，因为用词玲珑可爱；不喜欢"一缕萦帘翠影，依稀海天云气"，因为读不明白画面中的故事。我不懂得通过一个个意象符号和文化背景，去体会"诗之境阔，词之言长"的。读完此书才发现，原来诗词应该被这样细细地品味，那些我原本认为难懂的词句，居然蕴含着那么多"要眇宜修"之美，那么多具体生命的境遇和思绪。

如果说中国古人流传的诗词是一座大花园，那么《唐宋词十七讲》就是花间一壶美酒，酒之精妙，妙在它经过时光的酝酿，诠释了百花的芬芳。而叶嘉莹老师，正是茫茫时光里潜心于古典诗词的酿酒人。

愿把此盏香醪，与君同享。

达词之情境，悟中华之文脉

这本讲集的特点之一是，叶先生不仅讲词，还带给读者欣赏词的方法，带你去看到词，看到词中描写的生动画面和词人不自觉中流露的情绪、理想；老师不仅带你看到词，也带你领悟中国古代文人的思想与文化的传统。

讲冯延巳的时候，叶先生引用"语序轴"的概念，结合冯延巳作为南唐宰相的经历，让读者透过"日日花前常病酒，不辞镜里朱颜瘦"，看到词人面对家国苦难时盘旋沉郁却又执着不弃的心情；透过"独立小桥风满袖，平林新月人归后"，看到面对风雨飘零的时局，词人彷徨失落，不知所归。

讲李后主时，叶先生将李后主的词与宋徽宗的词进行了对比，说明了何为用真挚的心灵情感"以血书"之词——"林花谢了春红，太匆匆"；何为用思索雕琢修饰的词——"裁剪冰绡，堆叠数重"。让我们看到，以真性情写词的李后主，是如何在感慨个人生命遭遇的时候，无意中道出人间和宇宙的共同悲欢。

在讲苏轼的时候，叶先生分析了苏东坡身上所体现的两种精神画像——儒家的济世救民情怀与道家的旷达修养。一方面，苏东坡对个人经历的苦难是放达超脱的，他历经"乌台诗案"，一路被贬，从黄州，到杭州，再到惠州和儋州，但他是超脱释然的——"待闲看秋风，洛水清波"，"日啖荔枝三百颗"；另一方面，苏东坡又是细腻多情的，他在每个地方都结识了好友，尽力为民造福，他对生命中来往的朋友和百姓是念念不忘的，"算诗人相得，如我与君稀"，"仍传语，江南父老，时与晒渔蓑"。

……

如此种种，无论曾经陌生还是熟悉，在叶先生的讲述下，我再一次认识了这些词人：作为一个个鲜活的个体，他们有着各自独特的生命体验；作为中国传统文人，他们身上也带着中华文明的鲜明记号——君与臣，家与国，儒与道。

敢破旧语，畅游中西古今

敢于质疑前人的诗词评价观点，尝试采用中西结合的方法对诗词进行评价和分析，是叶先生在这本讲集中体现的又一个特点。

比如，之前一些老辈诗词评论家认为，像温庭筠那样写美人闺事的小词，其中含有风骚比兴的手法。叶先生利用西方语言学"语序轴"和"联想轴"的概念，说明这种观点的合理之处，但同时也批评这种说法是"深文罗织"，不应以教条的规范去揣度词人的动机，鼓励读者从感官美、声音美去品味词本就具备的美感。

叶先生还认为，中国过去的古典文学批评，过于概念化，抽象化了，所谓"风骨""清奇"，都是不易被理解的，所以她尝试借助西方的方法，对诗词进行科学的逻辑化解释。老师年少时师从国学大家顾随先生，自幼阅读和学习的，也都是中国的古典诗词和经典，她能够跳出过去的知识框架，尝试使用创新的方法促进古典知识的传播，我认为这是难能可贵的。

值得一提的是，叶先生有着一套中西结合、文化创新的原则。她认为，只有深刻地热爱和理解中国的古典文化，才可以真正地将西方的方法与中国古典诗词评价相结合，而不是生搬硬套。"一定要合乎我们自己原有的传统，不能把它扭曲，错误地加以解释。"这与我们如今常常说的，"立足传统，推陈出新"，有着类似的道理。

同时，叶先生讲词总能旁征博引，不仅说词，也说历史，说中西方的文化，可谓是带着读者畅游古今中西。

在讲中国诗词比兴的传统时，老师引用孔子和子贡的对话，"如切如磋，如琢如磨"，来说明"诗可以兴"的道理。

在讲解欧阳修词句"直须看尽洛城花，始共春风容易别"其中的情感境界与深意时，老师引用《圣经》中保罗书信里的话，"当跑的路，我已经跑尽了。所信的道，我已经守住了"，让我更加深刻地理解了这句词中蕴含的哲理——看尽了美丽的花，于是可以从容地告别春天；全心享受了当下的时光，尽力去做了当下的事业，所以是不后悔的。

讲辛弃疾的伟大之处在于用生命写诗，用生活践行他的诗篇时，叶先生讲了辛弃疾生平的许多故事：勇闯敌营捉拿奸细；被贬官后修身养性，造福当地百姓；饥荒时拿出公家财物救济灾民……一个心系家国百姓、有勇有谋的英雄形象跃然纸上，我再一次认识了辛弃疾，重新理解了那些脍炙人口的词句，里面其实蕴含了许多因报国无门、饱受压抑而产生的盘旋激荡之情。所谓"盘旋激荡"具体是怎么样的，还需要读者翻开书，切身地品味了。

修吾辈之"初服"

这本书让人着迷和感动的一点是，叶先生不仅讲词，而且坚持"诗书育人"——叶先生不仅带读者欣赏诗词，畅游古今中外的世界，还时常在讲解古人思想与生活态度的同时，强调个人修养的重要性，引导读者领悟人生在世的智慧。

叶先生这样解释屈原"退将复修吾初服"中的"初服"——人美好芬芳的本质，就像新生儿穿的洁白衣裳。我认为，在繁乱的尘世中翻开此书，听听叶先生讲解经典中的人生哲理，也算是一种修养身心，修吾辈之"初服"的好办法。

叶先生时常强调的第一种修养，是珍惜自己的美好品格，不因别人的评价而改变。在讲解温庭筠词的时候，叶先生特地介绍了中国古人爱用"美人和爱情"托寓志向的传统：臣子期待君主的赏识，女子期待别人的欣赏。但是在说到"懒起画蛾眉，弄妆梳洗迟。照花前后镜，花面交相映"这个地方的时候，老师让我们仔细地品味：虽然因为没有人欣赏，女子有些失落，她"懒起画蛾眉，弄妆梳洗迟"，但是她终究还是画了，并且快乐地欣赏自己的美丽容颜——不因为没有人欣赏，就不画自己的长眉；就像古代文人提倡的修养，不因为没有人赏识，就生活堕落，败坏品德。

之后，无论是引用"兰生幽谷，不因无人而不芳"，还是"种竹交加翠，栽桃烂漫红"，老师都向我们强调了这一点，要让自己的精神芬芳美丽，即使无人观赏，也要为自己栽种一片竹林、一亩桃园，修养品德，涵养才华。

叶先生时常强调的第二种修养，就是要有历史的达观，不要过多计较小我的利害，也不要把个人的忧患看得过于沉重。"大江东去，浪淘尽，千古风流人物"，苏东坡之所以能活得自在洒脱，是因为他能够通古今而观之，将个人的坎坷放在宏大的历史浪潮中去看待。

叶先生时常强调的第三种修养，是要学会与自己相处，从自己的内心中获得满足，做到"有待于内，无求于外"。这与第一点有些相似，但我认为二者的核心还是不一样的：第一点强调的是对个人品德和才能，应该去自觉地爱护珍惜，不因外界而转移；所谓"有待于内，无求于外"则是获得人生长久快乐的密码。为了说明"有待于内"，叶先生结合作品和生平，把柳永和苏东坡二人进行了对比——柳永一直是向外追求的，前期追求功名，但是社会不给他机会，他便落空了，后面他试图从歌舞中追求快乐，但也落空了，"狎兴生疏，酒徒萧索"。相比之下，苏东坡的政治抱负虽然也没有实现，但他的生活态度、精神基调，是积极、快乐的，因为他总能在苦难中找到自己内心的声音，觅得生活的快乐滋味。"夜饮东坡醒复醉，归来仿佛三更""此心安处是吾乡""日啖荔枝三百颗，不辞长作岭南人"……苏东坡总是这样潇洒快乐，秘诀便在于，他不因为等不来外界的回应便消沉自己的内心，他能够保持自己的志趣，把乐趣带给自己。

我认为第三种修养，对于现代人来说，是具有很大启发意义的。生活在信息爆炸、自媒体无比发达的时代，很多人感到焦虑和烦恼。他们期待"小红点"上别人的点赞和好评，也因他人的光彩照人而失落。道理是相似的，与其"有待于外"，追求他人的回应，不如多花些时间在自己身上，"有待于内"。真正的快乐源于内在有趣的灵魂，源于内心的从容与安定。

千言万语，道不尽美酒之香醇。更多的感悟和箴言，还是要由读者亲自打开此书,与叶嘉莹老师一起,细细品味诗词的芬芳,慢慢发掘。

(作者单位:四川大学,指导教师:丁莎)

人生如逆旅,诗酒趁年华

◎王韩玮璇

一、传记人物介绍

苏轼(1037—1101),字子瞻,号东坡居士。悠悠荡荡的岁月长河,他经历了缥渺之旅64年。苏东坡在文学上的成就非常显著,他的作品题材广泛,风格豪迈清新,更开创了豪放派。林语堂眼中的苏东坡,超然物外、旷世无匹。林语堂先生仿佛能够走进词人的世界,将苏东坡的经历向读者娓娓道来。他用细腻详尽的笔触,将苏东坡的超凡脱俗刻画得淋漓尽致,让身为读者的我不由得认为:"若是觉得人生苦,也只是因为未读苏东坡。"

二、作品介绍

《苏东坡传》是林语堂所著传记作品,最初以英文写成,于1947年首次出版，全书共4卷28章。第1卷写苏东坡的童年和青年时代，第2卷写他的壮年时期，第3卷写他的成熟阶段，第4卷写他的流放生涯。林语堂先生针对苏东坡的才能及其政治生活、文学生活等方面作出了生动的描述和深刻评价。《苏东坡传》是林语堂最得意的作品，被誉为中国现代长篇传记的开标立范之作。这本传记的魅力在于能够将读者带入苏东坡的世界，深入了解他的思想和人生旅程。林语堂以精湛的文笔和独特的观察力，将苏东坡塑造得栩栩如生。在我眼中，这不仅仅是一部传记，更是一部关于人性和人生智慧的启示录。有学者称："《苏东坡传》对于中国文化史和中国文学史都有着重要的意义。"此书与《约翰逊博士传》《维多利亚女王传》《甘地自传》并称"20世纪四大传记"。

三、创作背景

林语堂于1945年抗日战争胜利后开始创作《苏东坡传》，其实，林语堂有这个想法已经很久了。他崇拜苏东坡，不单单拘泥于喜欢他的诗词，他对东坡的为人处世更是尤为钦佩。苏东坡一生多次被贬，却始终乐观。他自问平生功绩，答曰："黄州、惠州、儋州而已。"当历史的风云变幻与个人的命运跌宕交织在一起，会迸发出怎样的火花？林语堂先生用《苏东坡传》为我们描绘了一幅生动的历史画卷。苏东坡豁达乐观的精神深深地吸引着他，使他一心扑在这上面，写下了这本传记，并希望以此来表达自己的敬佩之意。林语堂为苏东坡写本传记的念头已经存在于心中许多年。他在全家赴美时，身边除去若干中文基本参考书外，还带了苏东坡的一些珍贵古籍。他觉得能够专心致志地写苏东坡传记，自然已是一大乐事，有他的作品摆在书架上时，就有了精神食粮。因此他用心创作了此书，尽可能地忠于史实，并尽力突出苏东坡的个性特点。

四、林语堂眼中的苏东坡

林语堂先生的字里行间无不流露出对苏轼的喜爱。他用生动的文字记录下苏轼传奇而跌宕起伏的一生。他总能细致地捕捉到苏轼的每一面，而这些面往往是我们所忽略的，且是常人所缺乏的品质。

（一）苏轼与众不同的高洁傲岸、安贫乐道的人生态度

林语堂评苏轼为"天赐全才，诗文书画皆精"，不出意外乃是宋仁宗钦点的宰相候选人。苏轼弱冠之年参加科举，文采恣意、学识丰沛，令主考官欧阳修叹为观止。但苏轼偏偏不走寻常路，他的弟弟子由官运亨通，一路做官到宰相，而苏轼自己却屡遭贬谪。一生都在被贬的他博学多才，又是性情中人，曾将万言书送给神宗，又将论文写成贡举状送给学校，这些都让林语堂先生赞许不已。但就是这样才华横溢的苏轼，却在朝堂上被排挤压迫，只因他字字珠玑，正气凛然。他的潇洒坦荡

和无所畏惧，与"腐鼠"们格格不入，展现出"高鸿"般难能可贵的高洁傲岸。因反对新法，苏轼被贬为杭州通判，路过七里濑写下"但远山长，云山乱，晓山青……"的名句。后因乌台诗案险遭处决，终贬黄州，这是他一生中三个最重要的地方之一，这一去就是四年。虽然保住了性命，但这件事势必会给其漫长曲折的政治生涯无情的打击。而苏轼即便如此，仍然秉持着自己的原则，不与世俗同流合污，哪怕会因此被贬甚至有丧命的可能，他仍然毅然决然地坚持自己的想法，不与"腐鼠"共事。

在贬谪期间，他更加为人民着想、为人民献身。当洪水到徐州时，苏东坡奋不顾身，带领当地军民抵御洪水、抢救城池，甚至几十天不回家过夜，住在城墙上的棚子里。由于人数不够，他又去恳求禁卫军协助。洪水退去后，他又重建城墙，以防患于未然。后来当他听到黄州、鄂州有因贪念而溺杀女婴的陋习时，就立即写信给当地太守，向他陈情，恳请他出面帮忙救助，革除陋习。此外，他自己也成立了一个救济会，每年自行捐出十缗钱，用来帮助当地人民。有关他忧国忧民的事件还有很多，甚至连一本厚重的《苏东坡传》，都写不尽他那辉煌绚丽的一生。

在林语堂的笔下，我们可以看到，对于前期的苏轼，他以史料为主，以自我对于苏东坡的见解与感受，通过全知视角细致全面概括了苏轼为何受到排挤以及官场中的混沌与黑暗，并以此视角凸显出苏轼高洁傲岸、安贫乐道的人生态度。为传记奠定了基础。

（二）苏轼超乎常人的豁达与乐观精神

读此书时，我很难想象，从春风得意、被文坛领袖欧阳修推崇的科场奇才，到初出茅庐、踌躇满志、深得仁宗赏识的青年才俊，再到身处异乡、失意落寞的戴罪犯官，这般人生巨大的落差，会让苏轼经历怎样的煎熬与挣扎，这是多么令人唏嘘不已的人生。尽管他不被理解、不被看好、不被重用，但他的家国情怀并没有因此消散，反而愈发浓厚。苏东坡甚至认为，人生正是因贬谪才有了价值。

林语堂先生在书结尾写道："苏东坡已死，他的名字只是一个记忆。但是他留给我们的，是他那心灵的喜悦，是他那思想的快乐，这才是万古不朽的。"是的！苏东坡虽然已经逝去，但是他给我们留下了更宝贵的东西。林语堂先生独特的现代视角以及他为苏东坡增添的内心独白，使苏东坡的人物形象更加丰润、立体。

（三）苏轼的文化意义

在苏轼的豁达和坚韧里面，在这份精神的传承里面，我们汲取着度过每一个寒冬的勇气和力量。就如同我们经历的三年抗疫历程，回头想想这段全民相守、共克时艰的岁月，是否也会有"也无风雨也无晴"的感悟，是否也会有"莫听穿林打叶声，何妨吟啸且徐行"的感悟呢？作为学子，在未来诸多的挑战面前，在我们中国独有的东坡文化面前，唯有策马扬鞭再奋蹄地追逐光阴，不想风雨，不惧风雨，奋力前行通向山顶，才是对这份文化最好的诠释和传承。我们不妨大胆学习东坡的性情，习得他的才情，在人生如逆旅的境况之中，依旧要有"诗酒趁年华"的豪迈和豁达之情。不惧艰难险阻，深信道阻且长，我们仍需努力。

五、写作方法

首先，林语堂在《苏东坡传》中采用了时间分格的写作手法。他将苏东坡的一生按照时间顺序进行分隔，清晰地呈现了苏东坡的人生历程。从苏东坡的幼年时期开始，林语堂描写了他的成长经历，逐步展示了他的才华和聪明才智。接着，书中描述了苏东坡的官场生涯和政治斗争，展现了他的为官之道和坚持原则的一面。最后，写了他的晚年岁月和退隐山居，表达了他对自由和理想的向往。通过时间分格的写作手法，林语堂让读者可以清晰地看到苏东坡从少年到老年的成长和变化。

其次，林语堂在《苏东坡传》中运用了空间分格的手法。他将苏东坡的生活场景分为家庭、书房、官场、山居等几个空间，通过细致入微地描绘每一个空间中的细节，逼真地展示了苏东坡的生活状态和内心世界。例如，当苏东坡在家中读书时，林语堂描绘了他的书斋与书房灯烛的映衬，展示了他对学问的追求和热爱；当他在山间隐居时，林语堂描写了他与自然的融合，表现了他对自由和宁静的追求。通过空间分格的写作手法，林语堂让读者可以更加直观地感受到苏东坡在不同空间中的不同情感和心境。而这些，都为这本传记增添了别样的韵味，让读者沉醉其中。

林语堂先生在本书中使用正叙和插叙相结合的写作手法。他从苏东坡的呱呱坠地到撒手人寰，全景式地展现苏东坡一生的波澜起伏。聪敏过人、无忧无虑的童年，意气勃发、致君尧舜的有志青年，辗转外放、颠沛流离的壮年，流放天涯、大喜北归的暮年。从为国为民、恪尽职守的苏太守到潦倒落魄、苦中作乐的苏儋州，林语堂将苏东坡的人生抉择和身上的浩然正气作了全面而详尽的介绍。

六、金句摘抄

1. 苏东坡已死，他的名字只是一个记忆。但是他留给我们的，是他那心灵的喜悦，是他那思想的快乐，这才是万古不朽的。

2. 他的肉体虽然会死，他的精神在下一辈子，则可成为天空的星、地上的河，可以闪亮照明、可以滋润营养，因而维持众生万物。

3. 他恨邪恶之事，对身为邪恶之人，他并不记挂于心中，只是不喜爱此等人而已，因为恨别人，是自己无能的表现，苏东坡并非不才之人，因而他从不恨人。

4. 历史家在一片焦瓦废墟中漫步之时，不禁放目观望，胸头沉思，以历史家的眼光，先知者的身份，思索原因。

5. 他挥动如椽之笔，如同儿戏一般。他能狂妄怪癖，也能庄重严肃，能轻松玩笑，也能郑重庄严。从他的笔端，我们能听到人类情感之弦的振动，有喜悦、有愉快、有梦幻的觉醒，有顺从的忍受。

6. 仁义大捷径，诗书一旅亭。相夸绶若若，犹诵麦青青。腐鼠何劳吓，高鸿本自冥。颠狂不用唤，酒尽渐须醒。

七、读后感受

纵观古今，在所有文人墨客里，我最喜欢的还是苏东坡。"人生缘何不快乐，只因未读苏东坡"，读完林语堂先生的《苏东坡传》后，我对这句结又有了更深刻的理解。林语堂先生在《苏东坡传》里说，苏轼的前半生是苏轼，后半生才是苏东坡。如果生命的轴线以四十岁作为分水岭的话，那么苏轼的前半生应该说是顺遂，他出生在书香世家，和父亲苏洵、弟弟苏辙，并列"唐宋八大家"。20岁时，他参加科举考试，应试的文章得到了当时的主考官欧阳修的赏识。于是他一出场就惊艳了整个大宋，从此，苏轼的才气名扬天下。人生如茶，沉时坦然，浮时淡然。苏轼后半生先后被贬至黄州、惠州和海南儋州，当时的宋朝重文轻武，不杀文人，所以被贬到偏远的外地已经是最狠的处罚了。儋州时为偏远烟瘴之地，也是苏轼生命中最艰难的岁月。苏轼的一生在官海浮沉几十载,饱受了党争之苦。他在不同的贬谪之地,以"一蓑烟雨任平生"的旷达心志,践行了"人生如逆旅,我亦是行人"的人生态度;他生性自然,向往陶潜的归隐生活,却只能转身"归去,也无风雨也无晴",直到他看淡世争,在山水间修心,在诗词里疗养,最终领悟到"此心安处是吾乡"的人生真谛。林语堂先生说,一个人作品的魅力,就是让精神的自我流露,苏轼最大的魅力,不是让内心被环境吞噬,而是超出环境,以内心的光亮去照亮生活的路。苏东坡葆有赤子之心,天真烂漫,他留给我们的是他那心灵的喜悦、思想的快乐,这才是万古不朽的。苏东坡的豪迈豁达也同样展现了巴蜀文化的魅力,竹树茂密,江山环抱,八百年巴蜀尽出风流人物;天地不灭,天宇浩阔,五千年中华再展刚健雄风。而我们作为新一代的大学生,更应该传承这一份文化精神,把握精髓和要义,更好地做到将文化向后人薪火相传。

八、总结

我的总结道不尽苏先生的一生,表达不全对他的钟爱。他是一个妙人,一个伟大的诗人、道德家、工程师、美食家、百姓之友。称号是他的一个标记,但不是他的全部。浩然正气,不恃力而行,不随死而亡。苏东坡就是那个时代耀眼的光,而在如今的时代,我们青年也是希望之光,怀着赤诚之心，走向幸福之路！带着民族走向复兴之路！带着祖国走向富强之路！

（作者单位：西华师范大学，指导教师：李海蓉）

承古论今

CHENGGU LUNJIN

承 古 论 今

CHENGGU LUNJIN

一骑红尘妃子笑,有人知是荔枝来

——读《长安的荔枝》有感

◎曾山晋

一听到"长安的荔枝",便一定会想起杜牧的诗句"一骑红尘妃子笑,无人知是荔枝来。"仅仅是凭借这一诗句,脑中浮现的便是如"烽火戏诸侯"般,上位者为细枝末节的奢华所带来的不计后果的劳民伤财。所以,和那些故弄玄虚的作者不同,马伯庸在给这本书起名的时候,就已经把故事的背景和基调告诉我们,把他可能想表达的立意让读者猜到。但即便如此,这本薄薄的书仍然成为我这一年中最喜欢的一本。

这是一个小人物的故事

马伯庸在解释写《长安的荔枝》的初衷时提到,历史的文字往往只在意记录宏大的事实,对事实牵涉的芸芸众生却关注甚微。史书上的一笔,背后往往是"一事功成万头秃"。因此，他开辟了一个"见微系列",从小人物的视角来讲述历史中的故事,《长安的荔枝》便是这一系列的第一部。书的封面有这样一句话:"就算失败,我也想知道,自己倒在距离终点多远的地方。"这是主人公李善德在荔枝转运正式开始第一次试验时说的话,这句话之前,他跟种植荔枝的阿僮说:"不,我是在害怕。我这辈子,从来没花过这么多钱在一件毫无胜算的事情上。"

李善德,开元二十五年(737年)明算科出身,从九品下古代公务员,如老犬疲骡,兢兢业业十八年,才终于在长安城购置了宅第。正琢磨如何赚取外快,便被上司和颜悦色地砸了个"馅饼"——酒半正酣,得了个"荔枝使"的差遣。同僚纷纷恭贺,李善德心飘飘然,全然未考虑个中蹊跷。待冷静下来才发现中了圈套,采购"荔枝鲜"而非"荔枝煎"。圣人之命,却是送命,恍恍惚惚,遇见韩洄和杜甫,一个头脑清晰、审时度势,给予理论方案,一个赤诚热烈、现身说法,提供勇气支持。就这样,李善德怀着破釜沉舟、背水一战、死也要死个明白的心态,开始了他的岭南之旅。

圣人之命,本以为是朝廷之事,但真正开始协调各方时,却处处碰壁。绝境之处,李善德得以遇见胡商苏谅和岭南女子阿僮。胡商与李善德虽以利相交,却也是鼎力相助,后因李善德为人忠厚而结为朋友。阿僮作为荔枝种植户,原十分讨厌"城人",却也因李善德为人敦厚而倾囊相授。就是在这样艰苦的条件下,李善德成功开展了他的三次荔枝转运试验。

荔枝转运渐有眉目，对于李善德这样一个并不深谙官场之道的人来说，只要事情能办成不就应该皆大欢喜了吗？然而，在返回长安的途中，他遭到了拦路追杀，在向上汇报、寻求朝廷支援的过程中仍然处处碰壁。在李善德头破血流之际，韩洄再次点破，做官之道无非三句话："和光同尘，雨露均沾，花花轿子众人抬。"经此点拨，又在"冯元一"的帮助下，得见时任御史中丞的杨国忠。李善德终于凭右相所赐令牌获得特权，荔枝转运正式开展。

万事俱备，正式开始的转运却远不如计划顺利。待成事在望时，手握权柄的李善德，首先成了一个背信弃义的人。他没能做到事先承诺的给苏谅转运承包权，没能记得给阿僮带长安的酒，没能守住让阿僮在荔枝园不受欺负的诺言。他从志得意满到心力交瘁，拖着如鬼魅般的身躯伤痕累累地到了长安附近的乱葬岗，看着最终入城的两坛荔枝，他的魂魄已在漫长的跋涉中磨蚀一空。

右相尝后，却轻描淡写道："新鲜荔枝的味道不过尔尔。"以后，荔枝便作为常贡由李善德负责。拼死一搏本可换来前程似锦，但李善德在得知荔枝转运所费钱粮的来源后，胸中正义使他对右相发出"取之于民，用之于上，又谈何不劳一分？"的质问。最终，李善德的一切又归于原点。与之前不同的，他多了一份坦然。

故事的最终，李善德携妻女长居岭南，化身荔枝农，向阿僮被砍的荔枝树赎罪。或许真是塞翁失马，焉知非福。安史之乱爆发后，长安最终沦陷。李善德终因善德而得善终。

这是一个小人物的故事，从小人物的视角将命运刻画得无奈而清晰。故事尾声在解开虚构人物"冯元一"的谜底时写道："生死与否，皆操于那些神仙，自己可是没有半点掌握，直如柳絮浮萍。"荔枝转运，或从高力士一句话起，为博贵妃一笑，各司推诿不及，终至李善德这一老实人头上。无所依仗时，凭借人品得友人襄助，倚仗算术走出一条生路。又因种种际遇，在大人物的手掌间经历生死转瞬，变幻莫测。李善德虽是一个有品级的官员，但职微权轻。如此推断，生活在那时候的真正底层的百姓，对自己的生命和生活又能有什么样的话语权？由此可见，作者对人物身份的塑造是有所选择的，能让读者在李善德的身上看到，不只李善德的身影。

小人物的故事虽然充满无力感，但小人物潜藏的力量却也具备着被无限挖掘的可能。鲜荔枝转运一事，人人都认为不可行，但偏偏被一个小人物办成。回望历史，又有多少大事是在一声声不可能中凭借着一个个小人物的力量去完成。他们或许没能在史书上留下姓名，但后人所见的奇迹皆是他们生命能量的凝聚。而那时的他们，是故事中的李善德，也是现实中的你我。

李善德逢绝境处，他所依仗的是他最为熟悉的数字，凭借数字和信念，他熬过了最艰难的时光。芸芸众生，普罗大众，我们都是平凡人。或许在很多时候都无所依仗，或许一生会走过好多段艰难的时光，但若身处黑暗处，哪怕孤立无援，仍然要记得，自己还有自己这个最忠实可靠的伙伴。

这是一场个人的修行

林清玄曾以"看山是山，看水是水"喻人生境界。用这句话来概括李善德在进行荔枝转运过程中的心态变化最为恰当。

作为一个在京沉寂十八年的冷衙门公务员，或许最初算学及第之时，李善德也有报国雄心。但随着年日持久，升迁无望，李善德认清现实，逐渐认命。突然某一天，机会落在他的头上，李善德大喜过望，被利益冲昏了头脑，欣然就跳进了这个送命的天坑。此时的他，惊惧、惶恐、后悔、无助。究其缘由，无非是看周遭人升官发财，自己也就生了这样的贪念。但官场诡道对于一个从未涉足的人来说真的是深不可测。出发岭南，李善德一定是悔恨的，恨自己不谨慎，恨自己有贪念，恨自己单纯愚钝，但此时又不能坐以待毙，李善德只能背水一战。

来到岭南，在同经略府何履光、赵辛民的交涉中，李善德揣着韩洄给的方案，却只能将将应付一个回合就被打发回府，直接被何履光暗讽为"清远笨鸡"。两相对比，李善德离"官员"的道路还差十万八千里。回到住处，偶得胡商苏谅重金求符的方案，但此时的李善德首先想到的却是法度。只是，在权衡了左右皆死的局面后，他还是无奈地接受了苏谅的建议。这就是此时的李善德，有贪念，胆小，死板，但有道德。

随着试验的推进，李善德逐渐有了变化：从第一次交易时的犹豫不决，到第二次的大笔一挥，再到第三次的欣然接受。从面对赵辛民时的呆若木鸡，到"舞出自己的旋律"，再到后来的强势而暴烈。李善德在心理上完成了第一个阶段的突破，他终于开始体会到"荔枝使"这种不在官序却有圣命特权的畅快通达，却也同时感受到不遵法纪获得投资的"害怕"。

回到长安，李善德几经辗转，处处碰壁，各部门推诿之词严丝合缝，处处皆是按章办事。此时，他才窥见大唐"比秦岭密林更加错综复杂，运转规律比道更为玄妙"的行政办公系统。因求功心切，他不慎又落入宦官鱼朝恩的陷阱。韩洄指点之后，李善德才能在右相面前说出"愿献与卫国公，乐见族亲和睦，足慰圣心"这样的谄媚之词，终得以施展拳脚。拥有特权之后，朝廷各部官员皆任其差遣，之前给他脸色的老吏也只能畏缩在一边。李善德在此时感到的是"荒谬"。

再去岭南，遇见赵辛民时，李善德终于有机会伸直腰板，但他更学会了虚与委蛇。为了推进转运工作，李善德先前便备好谢状，也懂得了面对对方的种种示好，做出最合适的反应。此时的李善德，已经逐渐有了上位者的从容。而更剧烈的变化是在李善德面对阿僮荔枝园被尽数砍伐时，他已经能够完全站在上位者的角度思考问题，虽心有不忍，却仍然将权贵的需求放在第一位，面对阿僮的痛苦惨状也只能狠心逃避。经此蜕变，李善德已经从一个小人物成长为一个真正的官员，他细致、严格、无情，而且绝无通融。沿路排查途中，面对下面的官员提出送冰困难时，他已经能够立即做出将银牌砸在对方脸上然后将其一脚踹翻在地的动作，为了解决运送保鲜荔枝的冰块，他能够毫不留情地拆解数艘大船。一路披荆斩棘、跌跌撞撞、伤痕累累，他或许已经麻木到感受不到身体的疼痛。直到他终于来到长安城外的乱葬岗，他才知道自己的灵魂已经死亡，所以肉体在此地才能感到安详。

靠在残碑上看着仅剩的一骑驮着两坛荔枝送进皇城，再翻看手中的账本，李善德对华丽皇城终于失去了全部想象。此刻，或许李善德还想再活一次。所以，后来，他在右相面前发出质问，比起最初面对右相的唯唯诺诺，他的背后站着的不再是古来谄媚之臣，而是天下黎民百姓，哪怕明知即将面对死亡，他仍然要为了胸中浩然正气大义凛然一把。他说："有些冲动是苟且不了的，有些心思是藏不住的。"至此，李善德才终于完成了他的修行。

这一场修行从其他为官者来看，是竹篮打水一场空，但对于李善德来讲，是找到了自己的本心。大众对权力总是趋之若鹜，但或许从未想过那是否自己真正想要的修行之途。局外人很难理解个中细节，所以只有经历过看山不是山的过程才能真正作出抉择。最后，李善德挽着裤腿一瘸一拐地在荔枝园挥汗如雨，他终于过上了"采菊东篱下，悠然见南山"的平静生活。而我们，又能否突破自己的心障，过上自己想要的生活？我们生活的当下，是一个忙碌的时代，每个年龄段好像都有急切要完成的考核指标，如果一直活在别人的评价体系中，又何尝不是把自己置于樊笼之中，不得放松。或许我们理应把"不循规蹈矩"纳入正常，不将社会的期望当作理想，不为跟随主流大众而泯灭梦想。或许我们经过挣扎也未能摆脱，但经历过就是至诚难得。"心远地自偏""复得返自然"，或许才是我们平凡人穷极一生都需要参悟的修行。

这是一个朝代的没落

开元盛世，作为大唐鼎盛时期，也是唐朝由盛至衰的转折点。马伯庸讲了一个小人物的故事，向读者解释盛极大唐为何顷刻崩塌。压死骆驼的从来不是最后那一根稻草。大唐，早在安史之乱之前便已经是一件爬满虱螨的蟒袍。

从荔枝转运的源头是宦官高力士随口一句，是圣上为博贵妃一笑就已经知道，"圣上与以往确实大不相同"；从朝堂中央到地方，同一事物可由多司负责，便可窥见大唐的行政机构有多冗余庞杂；从圣人为了办事方便就跳出官序随意任命使职，而右相一人便肩负多个职位就能知道大唐的律法规章此时已形同虚设；从各个官员在荔枝转运中的殷勤善变就能知道大唐的权力机关都是由那些媚上欺下的人主导；从阿僮对李善德说"你和其他城人不同"到后来说"你和他们都一样"可以看出此时的大唐早已群情激奋；从杨国忠得意扬扬地告诉李善德荔枝转运资费是靠强征民财得来，就能知道此时的大唐将天下黎民放在何等卑微的地方。由内到外，由上到下，此番种种，见微知著。整个大唐，已仿若一个脏腑器官皆向衰竭的垂垂老朽。

历史一次次告诉我们"水能载舟，亦能覆舟""民为贵，社稷次之，君为轻""得民心者得天下，失民心者失天下""天下顺治在民富，天下和静在民乐""先天下之忧而忧，后天下之乐而乐"。上位者不能遵循天道便一定会被天道反噬，而这天道即是民心向背的终极法则。我想，这就是马伯庸想要向我们解释的唐朝走向覆灭的根本原因。

一本好书，首先会让人共情，能看到自己，然后是能让人感悟深刻的道理，最终就是能够让人拓宽视野，拥有更大的格局。《长安的荔枝》作为马伯庸"见微系列"的第一部，这三点，它都做到了。如此，才能让人读时心潮澎湃，读后回味无穷。此时，不禁想起苏轼的诗句："日啖荔枝三百颗，不辞长作岭南人。"（《惠州一绝》）如今在应季时节，最多三天便能吃到新鲜的岭南荔枝，比之古人，我们真的是生活在了一个很幸福的时代了。

（作者单位：中国民用航空飞行学院图书馆）

《叶嘉莹说汉魏六朝诗》书评

◎秦鑫怡

诗词就像滋养万物的阳光和水一样，随着时间的流逝和岁月的积累，悄悄地丰富着我们的生命，滋养着我们的心灵。然而，在功利主义大行其道的今天，人们越来越倾向于强调一个东西的有用性。对古典诗词，有人可能就会问，古典诗词确实很好很美，但是我们学了它之后有什么用呢？能帮我求职吗？能让我发财吗？这种现实的考虑，听起来好像很有道理。但是能否由此断定，学习古典诗词没有什么用处吗？庄子曾说："哀莫大于心死，而人死亦次之。"如果一个人完全沉溺于物欲当中，那他的心其实早已经死了，这才是一生当中最悲哀的事情。所以作者叶嘉莹先生告诉我们，学习古典诗词最大的好处，就是能够让我们的心灵不死。诗有一种独特的生命力量，它可以让心灵保持对一切事物的关怀和好奇。这样我们的内心就能够一直活泼，永不衰亡。

"掬水月在手，蕴玉抱清辉。谁似先生高举，一行白鹭青天。擎灯使者，迦陵妙音。"这是《感动中国》给予叶嘉莹先生的评价。这位出生于1924年的学者、诗人，凭借其对古典文学深厚的学养和独到的见解，赢得了广大读者的尊敬和赞誉。她站在那里，就是一首诗，劫波历尽，一片冰心。她一开口，宛如飞天展袖，古今悲喜，荡气回肠。七十载滋兰树蕙，融贯中西；集驼庵之诗话而别开生面，启桃李之芳园而香远益清。她最大的心愿，一是把自己对于诗歌中之生命的体会，告诉下一代的年轻人；二是接续中国吟诵的传统，把真正的吟诵传给后世！她曾说："我们行走在人生旅途上，或多或少承受着生命赋予的重负。然而诗歌如同一个精神的庇护所，为我们提供了一个感知他人、理解自身的起点，使人有所坚持，有所担负，而不被苦难裹挟着迷失了方向。"而当她将目光投向汉魏六朝时期的诗歌时，这一时期原本模糊的诗歌风貌在她笔下变得清晰而动人。

不过，中国古典诗词那么多，从《诗经》到《楚辞》，到汉代的乐府诗，再到后来的唐诗和宋词，她为什么要选择比较冷门的汉魏六朝诗歌来讲？这是因为汉魏六朝是古代中国从秦朝和汉朝的统一后，逐渐走向分裂割据的混乱时期。这段时期，中原屡遭北方游牧民族侵扰，同时佛教文化自东汉传入后逐渐本土化，可以说是天下大乱，纲纪不存，军阀混战残酷。同时，文化多元，充满个性风雅。这个时期的诗歌形式和风格也经历了一连串的变迁，诞生了很多极具个性的诗人，比如曹操及其子曹丕和曹植，以阮籍和嵇康为代表的竹林七贤，以及田园诗人陶渊明等。这些诗人和他们的诗歌作品不仅承接了先秦以来的诗歌传统，启发了后来的唐诗，而且开创了一个独属于他们的诗歌时代。汉魏六朝的独特性在于，这一时期的诗人身处动荡不安的时代，随时可能遭遇死亡的威胁。相较于其他时代的诗人，他们的内心世界更多了一份独特的感情：对时空的思考和追问，以及对生命转瞬即逝的生死体验。比如曹操会在诗歌里感叹："对酒当歌，人生几何？"如果我们能走进这一时期的诗人们的内心世界，相信我们可以获得更多关于生命的感悟，从而更好地理解我们自己和生命之间的关系，处理好我们在当下所遇到的问题和困惑。

对于汉魏六朝的诗歌之美与时代之痛，叶嘉莹先生有着深入的研究和独到的见解。她以女性特有的细腻和感性，跨越时空的阻隔，带领我们走进那个波澜壮阔的时代，感受那一颗颗激昂、痛苦、迷茫或平静的心。

读完叶先生的解读，我仿佛穿越到了那个时代，与那些诗人一同感受他们的喜怒哀乐。叶先生的文字如同一把钥匙，打开了我对汉魏六朝诗歌的理解之门。她让我明白，那一时期的诗歌不仅仅是文字的堆砌，更是心灵的真实写照。

她对汉魏六朝诗歌的解读是深入骨髓的。她不仅为我们呈现了一个丰富多彩的艺术世界，更为我们揭示了那一时期人们的心灵世界。在她的笔下，那些遥远的诗人仿佛重新活了过来，他们的作品也焕发出新的生命力。我对能读到这样的解读深感、荣幸，也希望有更多的人能够通过叶先生的文字走进那个美好的时代。

叶先生对这一时期的诗人有着深厚的情感,她将曹操、曹丕、曹植等视为心灵的挚友,理解他们的苦楚,欣赏他们的才华。这些诗人们生活在混乱而残酷的时代,他们身世坎坷,经历重重磨难,却以笔墨为刀剑,用诗歌诉说痛苦,抒发内心的不平。

叶嘉莹先生提到,这些诗人对"情"的诠释尤为深刻。在他们的笔下,友情、亲情、爱情都得到了淋漓尽致的展现。他们以真挚的情感打动人心,让读者仿佛置身于那个时代,与他们一同经历那些喜怒哀乐。

同时,叶先生也强调了这一时期诗歌的"气韵生动"。这些诗人的作品不仅有形式之美,更有内涵之深。他们通过诗歌表达对生命、自然的思考,展现出一种超脱世俗的境界。

汉魏六朝时期,可以说是中国文学史上一个极为特殊的阶段。这一时期的诗歌,上承先秦两汉的古朴淳厚,下启唐宋的华丽多姿,其间的过渡与变迁,既标志着文学的成熟,也是思想、文化等多方面发展的集中体现。《叶嘉莹说汉魏六朝诗》正是对这一关键时期诗歌的一次全面而深入的解读。中原大地遭受外族入侵,天下大乱。然而,也是在这一时期,文化、艺术、哲学都得到了前所未有的发展。诗人阮籍、嵇康等人引领了一代风潮,他们的诗歌不再是单纯的模仿或矫情,而是深入骨髓的感悟与自我表达。

本书最大的特色,便是从具体的个体诗人入手,通过对他们代表作品的讲解评析，展现了历史时代、社会现实和诗人个体的身份地位、品性才情对其作品的深刻影响。叶先生并没有简单地停留在对诗歌表面的解读上，而是深入挖掘了那一特定历史时期诗人复杂敏感的内心世界。她对汉魏六朝时期的诗人及其作品有着深入的剖析，这一时期的诗歌在她笔下如同一幅幅细腻的画卷，展现出历史的波澜壮阔与诗人内心的挣扎与感悟。她用生动优美的语言，跨越时空的阻隔，带领我们与古代诗人进行了一次心灵层面的交流之旅。

叶嘉莹先生对汉魏六朝时期的诗人如数家珍，从曹操、曹植到陶渊明、谢朓等，每一位诗人都有其独特的性格、才情和经历。通过叶先生的讲解，我们可以更加清晰地看到这些诗人的真实面貌。他们的作品不仅是对时代、社会和人生的感慨，更是内心世界的真实写照。无论是曹操的壮志凌云，还是曹植的才华横溢，抑或是阮籍的苦闷彷徨，都在她的笔下生动呈现。叶嘉莹让我们看到，这些诗人的作品不仅仅是文字的堆砌，更是他们心灵的真实写照，是他们对历史、对人生、对自我的深沉思考。

叶嘉莹的语言优美而富有感染力，她通过独特的兴发感动，深入体察那一特定历史时期诗人复杂敏感的内心世界。她不仅为我们展现了汉魏六朝时期文学的整体风貌，更是让我们深入理解了这一时期诗歌在中国文学史上所占的地位和其承前启后的过渡作用。

而叶先生对诗歌的鉴赏更是独具匠心。她不仅从文学的角度分析了诗歌的艺术特色，更从历史、哲学、心理等多方面进行了深入探讨。这种跨学科的研究方法，使得本书不仅具有很高的学术价值，同时也非常适合普通读者阅读。

同时她对诗人的评价也是独树一帜。她不仅关注他们的作品，更关心他们的生平、品性和才情。在她看来，诗人的个人命运与时代背景紧密相连，他们的作品不仅是其才华的体现，更是其人生经历的映射。这种对诗人的全面理解，使得我们对他们的作品有了更为深入的认识。

在阅读过程中，我深感叶先生的学识和才情。她对汉魏六朝诗歌的解读，不仅仅是对一个个作品的解析，更是对整个时代背景、文化氛围和社会现实的全面把握。这样的解读方式，使得我们能够更加深入地理解那一时期诗歌的真实内涵和价值。读完《叶嘉莹说汉魏六朝诗》，我深感震撼。叶嘉莹的解读让我看到了那一时期诗人们的真实面貌，他们的喜怒哀乐、他们的痛苦与挣扎、他们的才华与梦想。这些诗人的生活和情感经历仿佛就在眼前，让我仿佛置身于那个时代，与他们一同感受历史的波澜壮阔与人生的酸甜苦辣。

以她独特的视角和敏锐的洞察力，为我们揭示了那一时期诗歌的真正魅力。这部作品不仅是对汉魏六朝诗歌的赏析，更是对历史与个体命运的深刻洞察。我深感荣幸能够读到这样的解读，也希望更多的人能够通过叶嘉莹的笔触走进那个美好的时代。

总体而言，《说汉魏六朝诗》是一部极具学术性和文学价值的作品。它不仅为我们提供了对汉、魏、六朝诗歌的深入了解,也向我们展示了伟大的诗人和评论家叶先生的知识和才华。对于古典文学爱好者来说,这本书无疑是必读之作;对于对古代诗歌感兴趣的读者,阅读这本书将是一场难忘的文学之旅。《人民日报》曾评价叶先生:"至今,她已成为人们心中关于中国诗歌之美的诗篇。"九十载岁月流转,叶先生的初心未曾磨灭。诗歌陶冶人性,叶先生的学术实践便是明证。

在这个浮躁繁忙的时代,我们或许会遇到困难,但不应放弃追求"水中捞月"的清澈心境,也不应停止追寻叶先生前辈们那份深沉且持久的爱。

在叶嘉莹先生的引领下,我们走进了汉魏六朝诗歌的瑰丽世界,感受到了那个时代诗人们的激情与痛苦。然而,诗歌的魅力远不止于此。汉魏六朝诗歌不仅蕴含着丰富的哲学思考,更深刻探讨了人生价值的命题。

在那个动荡的年代,诗人们饱受战乱之苦,他们对生命和社会的观察更加深刻。如陶渊明的《桃花源记》,寄托了他对理想社会的向往和对世俗的超脱。这种对人生哲理的思考,成了汉魏六朝诗歌的一大特色。

叶嘉莹先生通过对这一时期诗歌的深入解读,让我们明白了生命的真谛。她告诉我们,无论身处何种境地,都要珍惜当下,积极面对生活的挑战。同时,她也让我们看到了那些伟大诗人的高尚品质,他们用自己的诗歌传递着对世界的热爱和对生活的执着。

在这个快节奏的时代，我们更应该学会欣赏汉魏六朝诗歌中的美好，让它带给我们更多的精神力量。正如叶嘉莹先生所说："诗歌是心灵的良药，它可以治愈我们的痛苦，也可以让我们更好地面对生活。"

《叶嘉莹说汉魏六朝诗》一书，不仅是叶嘉莹先生个人学术成就的体现，更是她对汉魏六朝诗歌的热爱和传承。她以深厚的学养与敏锐的洞察力，引领我们重新认识了这一伟大的时代。

在这个喧嚣的世界里，让我们跟随叶嘉莹先生的脚步，一起去探寻汉魏六朝诗歌的魅力，寻找那份清澈心境和深沉的爱。让我们从诗歌中汲取智慧，在纷繁世事中葆有前行的勇气。

汉魏六朝诗歌是中华文化宝库中的一颗璀璨明珠，它蕴含着丰富的文化内涵和人生哲理。通过叶嘉莹先生的解读，我们可以更好地领略这一时期诗歌的魅力，感受到那个时代的风貌。

愿我们都能在汉魏六朝诗歌的瑰丽世界里，找到心灵的归宿，获得前行的力量。在这个浮躁的年代，让我们与伟大的诗人一同感受生命的美好，追寻内心的宁静。

最后，让我们感谢叶嘉莹先生为我们带来的这场文学盛宴，为传承和弘扬中华优秀传统文化贡献更多的力量。

汉魏六朝诗歌的研究和传承，离不开叶嘉莹先生这样的杰出人物。她的贡献将永远镌刻在中华文学史册上，成为后世的楷模。

让我们一同致敬叶嘉莹先生，致敬她为汉魏六朝诗歌研究做出的卓越贡献！

作为时代青年，纵使千般荒凉，也要以此为梦，万里踕躞，以此为归。汉字纵贯千年岁月，横纳四海乡音。风云吐于行间，珠玉生于字里，承载着厚重历史的汉字，在当下熠熠生辉，也必将在未来闪耀寰宇！

（作者单位：成都文理学院）

由器物到文明：
世界文明背景下的中国青铜时代

——试评张光直著《中国青铜时代》[①]

◎刘英杰

张光直被公认为20世纪后半叶少数"既精通中国历史学和考古学，又深谙世界文明史与考古学的学者"之一。其在历史学界、考古学界乃至人类学界的影响不可谓不巨。《中国青铜时代》收录了他于20世纪60年代至80年代所写的关于夏商周三代的二十二篇论文。此书甫一出版，好评如潮；时至今日，已成为历史学、考古学研究的经典之作。由于是论文集，许多观点和材料在多篇论文中重复出现；但整体观之，其主题是一致的，即"对中国青铜时代文化与社会的若干主要特征作整体性

---

① 谨以此文怀念张光直先生与四川大学史学前辈童恩正教授（1935—1997）的深厚情谊。关于张、童两位先生的交往，参见张光直：《哭童恩正先生》，载《考古人类学随笔》，生活·读书·新知三联书店，2013，第174-178页。

的讨论"。论文讨论的对象"包括城市、王制、经济、贸易、饮食、神话、美术以及青铜器本身和它上面的纹饰",既"讨论它们个别的特征,也讨论它们彼此之间的关系"。作者讨论这些的旨趣,绝不只是用考古材料来重建中国上古史,而是要"把中国的材料与中国的研究成果与世界其他各地的情形作比较",进一步探讨"所谓人类社会发展的一般法则在中国的史实中,至少在青铜时代的史实中,是不是得到进一步的证实?中国青铜时代史实所表现的因果关系对人类社会发展的一般法则有什么新颖的贡献"。换言之,张光直先生通过对器物的研究透视中国青铜时代文明的特征,并将其置于世界文明背景下探讨。这种深切的学术关怀,既源自其跨文化学术背景,也与其重建中国文明主体性的学术追求密切相关。

本文拟先梳理本书的主要观点;在此基础上,进一步探讨这些观点背后的人类学的学术背景,并就其中一些观点进行评述;最后试图评价此书对中国上古史以及世界早期文明研究做出的贡献。

一、本书观点的梳理

(一)世界文明视域下的中国初期国家、城市形成

文明、国家、城市起源问题一直是上古史研究关注的一个重点。张光直教授的恩师李济先生对此亦多有探讨。张光

直先生根据史料，吸收西方人类学、民族学相关研究成果。西方学者认为国家形成有两个必要条件，即血缘关系在国家组织上为地缘关系所取代、合法的武力。以商代文明为代表的三代文明不符合前者，但从其他方面看（合法武力、分级统治、阶级分代）商代社会显然符合国家的形态。张光直先生不同意把中国这种古代国家归入特殊的一类，即乔纳森·弗里德曼（Jonathan Friedman）所说的"亚细亚式国家"（Asiatic State），而是主张"给国家下定义时把中国古代社会的事实考虑为分类基础的一部分，亦即把血缘地缘关系的相对重要性作重新的安排"。

在探讨"城市"的定义时，张光直如对待国家的定义一样，没有削足适履，而是根据三代考古材料对其有所修正。不同于西方城市由于生产技术进步和贸易活动发达而产生，中国初期的城市，不是经济发展的产物，而是获取政治权力的工具。"中国初期城市并不代表社会进化史上的一个比近东初期城市所代表的阶段较早的阶段"，而正说明中国城市初期形式有它自己的特征，中国历史社会的演进有自己的特点。

中国初期国家与城市的特点源于与西方截然不同的发展动力。文明产生的条件是剩余财富（surplus）的产生。古代中国剩余财富的产生靠的不是生产贸易，而是政治程序。和玛雅文明等众多文明一样，中国文明的发展是渐进的。而苏美尔文明以及后来的巴比伦、希腊、罗马都是突破性的文明。这种文明产生的财富积累依靠的是技术和贸易程序。它们发展的历史经验是西方现代社会科学所依据的。在此我们看到了张光直先生深层次的学术关怀："既然西方社会科学是西方文明历史经验的总结,中国的历史经验也可用来作为新旧社会科学法则讨论的基础。"

(二)三代关系及其萨满教文化

历史上长期存在着一个对三代关系的认识误区。《论语·为政》言,"殷因于夏礼""周因于殷礼",似乎三代如后世的元明清一样是前仆后继的继承关系。张光直先生系统地梳理了新旧文字史料,认为:"夏、商、周三代的关系,不仅是前仆后继的朝代继承关系,而且一直是同时的列国之间的关系。从全华北地形势来看,后者是三国之间的主要关系,而朝代的更替只代表三国之间势力强弱的沉浮而已。"三代作为政治集团并立的观点纠正了以往对三代关系的片面认识,现已被学界广泛接受。三代政治集团虽长期对立,但是从考古学材料来看,其文化是大同小异的,他们属于同一类民族。

张光直教授提出三代政制文化中存在"圣都"与"俗都"之分,认为三代国号多源自地名。三代虽都屡次迁都,但其最早的都城却一直保持着祭祀上的最高地位,张先生称之为"圣都"。"圣都"是先祖宗庙所在,而"俗都"虽是举行日常祭祀的场所,但主要是政治、经济、军事中心。三代屡次迁都则是为了追寻代表政治权力的青铜矿源。三代制度中,尤其是商代为何屡次迁都一直是学术界热烈讨论的一个话题。张光直的新说其本质在于揭示了青铜矿源分布与三代都城地域的重叠性，并强调青铜器的政治属性。

张光直认为古籍中的"九鼎"是神巫通天的法器，其在三代取代了之前作为"通天地绝"媒介的"琮"（即玉琮）。上古美术中经常出现的动物形象事实上是萨满通天的动物助手，而屡屡出现的人兽母题则是巫觋关系的符号。巫师可通过山、树、鸟等自然媒介，或借助占卜、仪式、法器、酒、药物及饮食乐舞与神灵沟通。三代尤其是商代中国是巫政合一的。这一系列主张构成了张光直的中国上古萨满文明说，他认为萨满式"是中国古代文明最主要的特征"。这在学界引起了极大的反响，有认可此说并将此说作为自己研究的理论基础的，亦有批驳此说的。张光直关于中国存在萨满教的观点，明显受到西方人类学萨满理论的影响，且与其主张的"连续性文明"具有内在一致性。

（三）商代起源及其政制、艺术与巫术

探寻早商文化是张光直毕生的坚持。他晚年患有帕金森症，但仍坚持到商丘考古工地上考察。张光直始终主张，商人起源于豫东鲁西南地区，早商文化应集中于以今商丘为核心，北至山东曹县，南达安徽亳州的区域内。

商代是巫政合一的文明。商人的世界可以分为上下两层，即生人的世界和神鬼的世界，这两者可以通过巫觋沟通。这就是上文所提到的萨满教理论。

张光直对商代政制的最重要的贡献可以说是他的商王继承方式乙丁说。张光直的老友、考古学家俞伟超说：

> 当时（笔者注：俞伟超先生1984—1985学年在哈佛燕京学社访学期间）我认为他对中国古史、古文化研究的最大贡献有三点：一是60年代提出的商王庙号中的乙丁制……

通过对商王庙号细致的研究，张光直指出：商王室属子姓氏族，其内部存在乙、丁两大支派轮流执政的现象；具体的方式为王位传甥，亲子娶姊妹之女。商王庙号的分组传统与周代的昭穆制相互关联，是殷礼二分现象的重要证据。

综上可知，在张光直笔下青铜器不只是器物，它已经脱离了实际用途（即作为饮食具，当然张光直未曾忽视从饮食的角度研究青铜器），成为艺术的载体、宗教的凭借、政治的手段，乃至成为中国上古文明的标志。"王权、巫术和美术的密切联系是中国古代文明发展上的一项重要特征，也是中国文明形成的一个主要基础。"张光直在论述中国文明特征的时候，时刻注意将中国文明放在世界文明的大背景下进行考察，探讨中国文明提供的历史经验对于人类社会发展的一般法则的贡献。

二、中国上古萨满信仰说的学术依傍与得失探讨

张光直认为中国古代的信仰重视天地贯通,而信仰仪式体系的核心就是中国古代的萨满教。这是华人学者第一次对中国上古存在萨满教的论说。(有论者指出,从世界范围内看,加拿大汉学家约旦·帕佩尔于1978年首次提出商周青铜器饕餮纹源自萨满教实践的观点。)张光直提出此观点之时,正是萨满教理论在西方学术界被广泛运用到考古学研究之中的时候。张光直先生关于"亚美式萨满教(Circumpontic Shamanism)"的框架主要来自弗尔斯(Peter T. Furst)的理论。弗尔斯认为,萨满式的宇宙是巫术性的分层的宇宙,以中间的一层以下的下层世界和以上的上层世界为主要的区分,宇宙诸层之间为中央之柱(或称"世界之轴")所贯通。萨满凭借此柱以及世界之树往来于上下诸层。萨满又依靠"动物助手"(动物皮、动物面具)向动物转形;萨满世界灵魂常驻于骨骼之中,而和肉体可以分离;萨满可以通过灵魂脱离肉体的方式沟通天地。对应地,张光直指出,《山海经》所记载的高山神树正符合萨满世界中的中央之柱和世界之树,而铸有兽面纹的青铜器以及各种动物造型的雕刻品正是"动物助手"。为了证明新石器时代晚期以及三代人们已将动物作为通天地的助手或伙伴,张光直引证了原始道教中"蹻"的概念。东晋时期葛洪《抱朴子·内篇》载:"若能乘蹻者,可以周流天下,不拘山河。

凡乘跻道有三法，一曰龙跻，二曰虎跻，三曰鹿跻"。张光直认为"跻"就是道士上天入地，与鬼神来往的凭借。以此为据（当然还有《左传》《楚辞》等先秦典籍中相关记载），他认为五六千年前中国即有萨满式的信仰。又据陈梦家商王为"群巫之长"的结论，指出萨满教是商人的主体价值观，而商王本身既是国家的政治首领，又兼任萨满之王（shaman king），垄断与神界沟通的权力。

暂且不论结论，张光直先生的论证存在一些不尽人意的地方，即运用的文献史料时代过于晚了。《抱朴子》《三跻经》离商代都有近两千年，就算是《左传》《楚辞》《山海经》，其中固然保留了一些很久远的观念，但本质上仍是春秋战国时期的思想产物。能否用后出的材料解读之前的现象？如果可以，研究限度在哪里？这在学界本来就有很大的争议。在考古学界，王煜教授曾撰文批评"以明确晚出的文献材料去论证早期的考古材料"的不严谨之处。在道教史研究中，刘屹教授亦指出：

研究时使用的材料，应该尽可能用最早的出处。这是因为越是时代后出的材料，对于早期历史阶段的记述越详细，但也往往就越不可靠。古代史研究中，一般不能使用晚出的材料来作为论证早期史事的主要证据，顶多作为一个旁证参考而已。但道教史研究中，经常看到不注意区分某种材料的作成时代和它自称所记述的时代之间存在的差异，导致不少道教史的基本论述，建立在诸多未加甄别的材料记述之上。

张光直先生亦注意到了这一点。对此他解释道：

> 从考古学和美术史的资料来看，仰韶到魏晋这5000年间一直不断地有巫蹻的符号存在，只是在过去我们没有把它的意思把握清楚，没有把这一类材料集在一起研究就是了。

张先生这段自我辩白还是没有解决核心问题：虽然"符号"相似，但是"符号"背后的观念是否仍然一致呢？时隔千年，人们的观念没有一丝流变吗？一些欧美学者如吉德玮（David Keighetley）也因张先生使用较晚材料，忽视了文化现象的流变，而质疑张光直的结论。

客观来说，张光直先生使用晚出的材料确实有失严谨，但也应注意到这是三代文献材料匮乏导致的无奈之举。此外，虽然用弗尔斯的萨满教理论来解释中国上古若干文化现象有合理之处，但若将全部的文化现象都视为萨满信仰，这就有牵强附会之嫌了。以器物上的动物纹饰为例，动物是上古先民最常接触的自然界的对象，他们可以作为家禽家畜、食物、狩猎时的助手，甚至是一种"近似饲养宠物"出现在上古"绘画"中。这样一来，不同的器物上摹画的动物以及人与动物的内涵就应该不同。同一动物，不同时期的形象亦有所差异。不应该笼统地都归为萨满动物助手。

总的来说，作为系统受过考古学以及西方人类学训练并有着深厚的文献功底的学者，张光直先生用人类学的视野来看待中国上古文明，为上古文明研究引进了很多新的研究方向，此处萨满教信仰便是一例。但是正是由于"新"，就稍显不成熟，在具体论证上存在着一些不足："张光直先生的萨满教考古学理论框架建立在对萨满教普遍原则与中国考古发现的比较上，因而普遍论的缺陷同样存在于他的研究中。受普遍论研究方法的局限，他的比较分析显得简单、粗犷，缺乏细致、缜密的推理过程。"

三、"连续性文明"背后的深切关怀

上文我们已初步考察张光直先生有关萨满信仰的学说，当将其置于张先生更广阔的学术主张来考察时，就不难发现这学说背后的深意所在。在张光直看来，中国文明所体现的整体性和联系性宇宙观与亚洲和美洲大陆的土著萨满教宇宙观是吻合的。根据这一思考，张光直先生集中运用萨满教的研究成果来分析总结中国古代文明特点，从而论证了中国文明的连续性、整体性与动力性。这样一种发展模式恰恰与以玛雅文化为代表的中美洲文明类似。据此，张光直认为中国的型态很可能是全世界向文明转进的主要型态，而西方的型态实属例外。前者称为"连续性"文明，后者称为"突破性文明"。所谓的"突破"是指西方文明的出现、阶级的出现是由于生产、贸易发展带来的突破。

张先生指出："西方的社会科学所演绎出来的许多原则、

法则、法理，是根据苏美尔文明以来的西方文明的历史经验综合归纳出来的"，其中"有一部分不能适用（于全世界）"。这种观点是对近代社会科学中西方中心观的批判与颠覆。此观点的提出与张光直先生的学术经历与学术关怀密不可分。

张光直先生1950年考入台湾大学考古人类学系学习，师从李济、凌纯声、芮逸夫、董同龢。在李济先生的影响下，他一直从事通过考古学成果来重建中国上古史的研究；在凌纯声先生的影响下，他重视民族学材料（这亦可看作是民国时期史语所的学术传统，曾在史语所工作过的徐中舒先生亦非常重视民族学材料的使用）。后负笈美国，于哈佛大学师从旧石器时代考古学家Hallam L. Movius学习欧洲考古学的田野考古方法；又师从Gordon R. Willey学习聚落形态研究理论。以题名《中国史前聚落：考古学理论与方法研究》的博士学位论文毕业后，张光直长期在耶鲁、哈佛任教和从事研究工作。中西学习背景决定了张光直从事中国考古学研究的特色以及学术关怀。他一方面继承了中西考古学的学术传统，又能汲取人类学、社会学和民族学研究成果，充分利用自然科学手段，打破学科壁垒，进行"通业"的研究。

宽广的学科视域以及扎实的学术功底使得张光直能够着眼于世界文明的大格局，对中国文明做出他人难以企及的解读。

此外，他对中国学术的深切关怀决定了他对中国社会科学研究的极高希望。张光直先生虽然常年居美，但时刻关注着中国的学术发展。他多次回中国授课、参加学术会议与田野发掘，希望能和中国学者一起进行田野发掘，一同研究。20世纪80年代，童恩正先生赴哈佛进行学术研究。两位先生想乘此机会推动哈佛大学与四川大学合作，帮助四川大学设立五个当时中国还没有的考古实验室，并联合开展西南民族植物学与农业起源问题的研究。但是由于北京的一些前辈考古学者不支持，这次合作没有达成。数年后，俞伟超先生赴美与张光直先生谈及此事，安慰先生说："看来还需要再过五年，到那个时候，我们那里就会有合作的思想基础了。"张先生当即叹气道："五年！到那时我就老了，只要我退（休）下去后，恐怕没有别人来办这种事情了。"九十年代，张光直先生终于如愿以偿，联合社科院考古所对商丘地区进行发掘。年逾花甲且患帕金森症的张先生，屡次往返考古工地、医院与学校，奔波劳累，为中国现代考古学的建设鞠躬尽瘁。正是这种学术关怀使得张光直站在中华民族本位的基础上，广泛吸纳社会科学成果，提出反西方中心主义的宏阔的学术主张。

四、结语

《中国青铜时代》是张光直先生基于考古以及文献材料，从人类学视域出发，综合民族学、古文字学、美术史多学科研究中国上古史的典范之作。该书虽从对考古器物的研究出发，但不局限于对器物的讨论，而能透视中国上古文明的特征。结合人类学成果，对商代王室继承制度的新发现颇给学界以方法论的启迪。所提出的中国古代萨满教理论以及"连续性文明"更是将中国青铜时代放置于世界文明的宏观背景下进行考察。中国国家、城市乃至整个文明的发展都有它自己的特征，中国的历史经验亦可用来作为新旧社会科学法则讨论的基础。这就是张光直先生相信"社会科学的21世纪应该是中国的世纪"的原因。

参考文献

［1］张光直.中国青铜时代［M］.北京：生活·读书·新知三联书店，2013.

［2］张光直.考古学专题六讲［M］.增订本.北京：生活·读书·新知三联书店，2013.

［3］张光直.番薯人的故事：张光直早年生活自述［M］.北京：生活·读书·新知三联书店，2013.

［4］刘屹.中国道教史研究入门［M］.上海：复旦大学出版社，2017.

［5］生活·读书·新知三联书店.四海为家——追念考古学家张光直［M］.北京：生活·读书·新知三联书店，2002.

［6］LAMBERG-KARLOVSKY M. The Breakout: The Origins of Civilization［M］.Cambridge, Mass: Harvard University Press, 2000.

［7］萧兵.中国上古文物中人与动物的关系——评张光直教授"动物伙伴"之泛萨满理论［J］.社会科学，2006（1）：172-179.

[8]张光直.古代中国及其在人类学上的意义[J].史前研究,1985（2）：41-46.

[9]曲枫.张光直萨满教考古学理论的人类学思想来源述评[J].民族研究,2014（5）：111-120.

[10]袁靖,董宁宁.中国家养动物起源的再思考[J].考古,2018（9）：113-120.

[11]吾淳."连续"与"突破"：张光直历史理论的要义、贡献及问题[J].人文杂志,2017（5）：31-37.

[12]王煜.新瓶还是旧酒：汉墓中的蝉蜕成仙之道[N].文汇报,2018-11-23（14）.

（作者单位：复旦大学历史学系）

穿越时光的田野记忆，探寻根脉里的文化密码

——书评解读《乡土中国》

◎李永琦

> 从基层上看去，中国社会是乡土性的。
>
> ——费孝通《乡土中国》

《乡土中国》这部作品，是费孝通先生在20世纪40年代末期对中国农村社会进行深入研究的结晶，同时也是一部社会学经典作品，它不仅深刻剖析了中国的农村社会，也对中国传统文化和社会结构进行了系统的理论研究。通过这部作品，我们可以深入地了解中国农村社会的传统与变迁，以及在这个复杂社会结构中，人与人之间的关系和互动模式。费孝通先生也是中国社会学和人类学的奠基人之一，其研究对于理解中国社会具有重要意义。

在开始撰写这部作品之前，费孝通先生就已明确，他的

研究目标是深入探索"乡土中国"的特性。究其根源来说，到底何为"乡土"？这是一个很微妙的概念，其所涉及的方面广而深刻，具有社会学和文学的重要意义。因为在很多人看来，"乡土"往往与落后、传统、封建等词汇联系在一起。这种印象似乎已经深入地刻进了大部分人的脑海，好像蒙上了一层薄薄的、却难以揭下的纱。但费孝通先生却通过深入的田野调查和丰富的社会学理论，亲力亲为，走进一个个不同的村庄，在茫茫黄土地上留下一个又一个的脚印，面见张张不同的面孔，在这片土地上书写一个个独特的故事，拿回无数宝贵的数据和案例，为我们展现了一个真实而复杂的农村社会，赋予了整本书以人的灵动性。

在《乡土中国》中，费先生从"社会结构的探讨""经济制度的分析""差序格局的探讨""社会道德探究""社会变迁考察"等角度展开叙述与描写。以丰富的乡土素材、深入浅出的语言风格与独特的写作角度，加之情感真挚，打磨而成。《乡土中国》共有14篇文章，这些文章深入探讨了乡土社会的人文环境、传统社会结构、权力分配、道德体系、法礼以及血缘和地缘关系多个方面展现了乡土社会中的道德观念和行为规范以及在现代化的冲击下，乡土社会所经历的变迁。

作者还从多个角度探讨了农村社会的基本特征，他首先提到了"差序格局"这个概念，这是一个非常生动且形象的描述，旨在说明在农村社会中，人际关系是以个人为中心向外延伸的。每个人与其他人都有一定的距离和界限，这种界限在某种程度上决定了人与人之间的互动方式和权力分配。它是中国传统社会特有的一种社会结构模式。这一概念首次出现在书中的同名章节，描述了中国社会中人际关系的等级性和序列性特点。它所强调的是每个人都是自己社会关系网络的中心。这种关系网络如同石子投入水中产生的波纹一样，距离中心越近关系越亲密，距离越远则关系越疏远，使得人际关系逐渐"中心化"，形成一种独特的相处关系。而在这种格局中，儒家文化中的"礼"起到了重要的规范作用，它影响着人与人之间的相互行为和地位差异。人们通过遵守礼仪来表达对他人的尊重和社会关系的维护。同样的，在西方的团体格局中，个体是团体中的一部分的，权利和资格是明确的。与其不同的是，中国传统的农村社会中，个体是社会关系网络的中心，人际关系更注重人情冷热，攀关系、讲交情。此外，"差序格局"也同样有着地域差异性，不同地区的表现形式也存在着差异。例如，江南地区的人际关系差序格局最为典型，村庄、市镇、县城之间界限分明，而其他地区则可能没有这样明显的分层。

综上所述，"差序格局"揭示了中国传统社会中人际关系的复杂性和层次性，反映了中国社会的传统价值观和社会结构。

此外，费孝通先生还深入地探讨了农村社会中的家族、血缘、地缘等重要元素。他指出，家族在中国农村社会中扮演着极为重要的角色，它不仅是经济生产的基本单位，还是社会关系、权力结构和文化认同的重要载体。同时，家族也是血缘关系的集合体，是社会组织和经济生活的核心。血缘关系是基于生物学上的亲子关系而产生的社会关系。在乡土社会中，血缘关系是维持社会结构稳定的关键因素。血缘关系决定了个体在家族和社会中的地位，以及相应的权利和义务。家族成员通过血缘关系紧密联结，共同维护家族的利益与荣誉。同时，血缘和地缘也是塑造农村社会结构的重要因素。而地缘则决定了人们的生活空间和社区范围。地缘关系在乡土社会中通常依附于血缘关系。尽管表面上地缘似乎是由于地理位置而产生的社会关系，但在本质上，它仍然受到血缘关系的影响。例如，"客边"现象就是地缘关系受血缘关系影响的体现。

费先生在《乡土中国》中对家族、血缘和地缘的解读展示了这些元素如何深刻影响乡土社会的构成和运作。这些社会元素不仅塑造了个体的身份和角色，也构成了中国传统农村社会稳定与变迁的基础。

在《乡土中国》中，费孝通先生还对农村社会的道德体系进行了深入的分析。他认为，农村社会的道德体系是基于家族和血缘关系的，这种道德体系在一定程度上是与现代社会的道德观念相冲突的。在乡土社会中，人们的行为受到传统礼仪的规范，这些礼仪既是道德规范的体现，也是社会秩序的维护手段。法律并不是维护社会秩序的主要方式，人们更多依赖道德规范来调整人际关系和解决冲突。因此，在农村社会中，道德困境和道德冲突往往更为突出和复杂。往往这时家族的地位就逐渐凸显了出来。家族制度在乡土社会中占据核心地位，它不仅是血缘关系的集合体，也是道德规范传承的重要场所。家族内部的长幼尊卑和相互扶持体现了深厚的道德情感。当然，任何事物都不会是一成不变的，这种体系也受着地缘关系和社会变迁等两个主要方面的影响。例如，同一个地域的人们因共同的生活环境与经历，形成了一套相互认可的道德标准，这正是地缘关系对道德体系的影响。而随着社会的变迁，传统的道德体系也在发生变化。现代化的冲击使得一些传统道德观念逐渐淡化，新的道德观念正在形成。

通过对乡土社会中家族、地缘等元素的分析，《乡土中国》进一步展现了农村社会道德体系的复杂性和动态性。由此看来，《乡土中国》不仅是一部研究中国农村社会的经典著作，也为理解中国传统社会的道德体系提供了宝贵的视角和深刻的见解。

值得一提的是，《乡土中国》这部作品在语言表述上非常流畅、通俗易懂。这一特点使得无论是社会学专家还是普通读者都能够轻松地理解和欣赏这部作品。

费孝通先生在《乡土中国》中广泛引用了众多西方社会学理论，其中包括著名人类学家史禄国的理论。史禄国的研究为费孝通先生提供了关于社会结构和文化传承的深刻见解，使得他能够更好地分析和解释中国乡土社会的复杂性。

此外，费孝通先生还引用了德国著名社会学家斐迪南·滕尼斯（Ferdinand Tönnies）的理论。滕尼斯的研究对于理解社会变迁和社会发展具有重要意义，他的理论为费孝通先生提供了关于社会变革和现代化的有益启示。引用滕尼斯的理论，费孝通先生能够更加全面地分析中国乡土社会的发展和演变。

费孝通先生在《乡土中国》中引用这些西方社会学理论，为他的观点提供了坚实的理论基础，使得他的论证更加具有说服力和可信度。无论是社会学专家还是普通读者，这些理论援引都为其提供了丰富的思考与参考空间，使得他们能够更好地理解和欣赏这部作品。

作为费孝通先生的代表性作品，《乡土中国》对学术界及现代社会产生了深远的影响。书中提倡社会学研究的本土化，强调了在中国特定的社会文化背景下进行社会学研究的重要性。这一观点对后来的中国社会学研究产生了深远的影响，鼓励学者们从中国的实际出发，发展适合中国国情的理论和方法。并且提出了文化自觉的概念，即对本民族文化的认识和理解。这种文化自觉对于维护文化多样性和促进文化交流具有重要意义。就现实意义而言，《乡土中国》中描绘的社会结构与规律，可帮助人们理解传统与现代的连续性、断裂性及对当前社会的影响。书中的理论和思想为理解中国当代面临的挑战提供了启示，有助于形成符合国情的可持续发展理论。

在阅读《乡土中国》的过程中，有许多值得我们阅读、学习与反思之处，费孝通先生通过对乡土社会的深刻分析，展示了中国文化的起源和社会结构的特点。然而，有反思指出，无论是乡土社会还是现代社会，都有其存在的合理性，二者之间并无绝对的优劣之分。随着中国社会的快速发展和变迁，一些学者开始思考《乡土中国》在当代中国社会中的现实意义，以及它对于理解当前中国社会结构和文化现象的作用。他们在原有"乡土"社会的基础上进行深刻总结，并以此为基础对未来中国社会进行新的规划。

总体而言，《乡土中国》是一部非常值得一读的作品。它不仅为我们提供了一个全面、深入了解中国农村社会的窗口，还通过丰富的社会学理论为我们揭示了农村社会的深层结构和运行机制。随着中国快速发展和城市化进程加速，农村地区正面临巨大的变革与挑战。然而，乡土文化作为中国社会的重要组成部分，仍然在塑造着人们的价值观念、生活方式和社会结构。《乡土中国》通过对乡土文化的研究，帮助我们认识到乡土文化对于中国社会的深远影响，以及在现代化进程中所面临的问题和挑战，为我们理解中国乡土文化提供了宝贵的视角！

（作者单位：四川长江职业学院）

此生何地是归途

——立足《乡土中国》，现代中国的我们该何去何从？

◎郭苏洋

初读《乡土中国》的时候还在高中，是学校的推荐、老师的作业，毫不避讳地讲，其实我当时并不能领略其中的风采。城市、独生子女这两个简单的词仿若壁垒，让我难以窥探到乡土里的中国。再读时，我已离家千里。费孝通先生敏锐地找出了社会所存在的问题，却并没有明确提出解决办法，反而以一种开放的精神进行探究，其中的思想值得深究。而这本书的价值不仅于此，其所指向的社会发展走向更是一步一个脚印，有迹可循，既可以望见来路，又可以窥望归途。

随着城市化进程的推进，越来越多的人口涌进大城市，《乡土中国》这本经典著作不妨再读。名著之所以不朽，在于它的精神和价值，无论过了多久，依然可以引起后来人的思考与共鸣。如何从这本不朽的社会学名著，读出属于我们这个时代的思考与价值，正是我们这一代人应该去深思的。

乡土，是说一种中国式社会气质，而不是特指农村或是土地。本书主要采用了对比的手法，将中西方发展进行比照。费先生阐述了许多差别，如"差序格局"与"团体格局"。后世学者对此产生了分歧：这究竟是古今之别，还是中西之别？对于这个问题，梁漱溟和冯友兰两位先生曾对此提出不同的见解[1]。我作为新时代的读者，又惊奇地从其中读到了过去和现在的异同。《乡土中国》提供了把握中国发展、研读历史走向、追本溯源的机会和方向。不仅如此，如"我是谁？""我从哪里来？""我到哪里去？"这些人类的终极问题，就乡土中国而言，家庭概念、宗族意识、宗祠文化恰巧完美回答了这三个问题。绝大多数现代中国人需要一个稳定的处所栖居肉体，一个文化的巢穴抚育灵魂，乡土恰是这样的归宿。

中国家庭塑造文化特质

《乡土中国》作为一本社会科学的学术著作，无疑是客观且成功的。可惜我总要"画蛇添足"地思考，社会是人的社会，人的社会生活必然有柴米油盐、家长里短。本书不带有感情的评述，很可惜地隐去了乡土式社会一个很重要的东西——烟火气。无论是夏天的淄博烧烤，还是冬天的哈尔滨冰雪大世界，它们招徕游客的秘诀是什么？又或者说，纷纷涌去的人群去那里追寻什么？大概是来感受陌生的温暖，以及久违了的人情味。唢呐声里婚丧嫁娶，街头巷尾锣鼓喧天；中国人似乎总是这样明快鲜活，把生活过得热气腾腾。但是"家族"一章中又展现了充满割裂感的中国人。读书不能不考虑当时的环境，封建的人生价值导向、繁文缛节的生活追求，正如几乎同时代鲁迅先生的《野草》、巴金的《家》，该时期但凡涉及家庭生活的文学作品，莫不让人感到窒息，这也从侧面揭示了产生这种割裂感的原因。借用梁漱溟先生的两个名词，我愿意归纳为这是伦理本位和职业分途的矛盾。这里的伦理本位是指每个人在家庭中应当承担的职位，例如父母、子女。这里的职业分途是指社会生产的定位关系。费先生在这里一针见血地指出："在中国的家庭里有家法，在夫妇间得相敬；女子有着三从四德的标准，亲子间讲究负责和服从。这些都是事业社群里的特色。"[2]111 他很生动地描绘了在这样的家庭生活的情景："不但在大户人家，书香门第，男女有着阃内阃外的隔离，就是在乡村里，夫妇之间感情的淡漠也是日常可见的现象……茶馆、烟铺，甚至街头巷口，是男子们找感情上安慰的消遣场所。在那些地方，大家有说有笑，热热闹闹的……除了工作和生育事务上，性别和年龄组间保持着很大的距离。"[2]113 中国人的矜持和对待两性关系的保守正是在这种社会环境里养成的。

在我看来，作为传统思想下浸淫的中国父亲更甚。即"漠不关心"和"长老制"并行，说得诗意一些，这种亲子关系似乎是"爱你在心口难开"，父亲就好像是个沉默的影子，天气好的时候是透明的，天气不好的时候投在孩子头顶上一片阴云。也许也不能怪他，当我学会沉默，我才开始懂父亲。

血缘与地缘归于宗族宗祠

礼制产生了尊卑秩序，宗族让族人有了基本的社会定位。礼制在尊卑产生的过程中也促进了宗族有序的传承，也就是产生了族谱。宗族也因为地缘的影响而产生差异，例如山东曲阜和浙江衢州，北孔故居与南孔圣地。更生动的例子：中国宗族的"堂号"，多以故土的名字作为"堂号"，这来源于封建时期的郡望和世家豪门。如清河崔氏的"清河堂"、太原王氏的"太原堂"、弘农杨氏的"弘农堂"等，既展现了煊赫一时的家族荣光，又传承了一段历史至今流传。不同的姓氏带着各自的堂号在香火缭绕间追忆故土凝聚族人。

在自然经济体系中生活了千百年的中国人，其政治生活同样深受乡土影响。中国人用宗亲关系紧锣密鼓地织成一张牢不可破的网，而"乡土"正是联系这张大网的中心。"教化权力的扩大到成人之间的关系必须得假定个稳定的文化。稳定的文化传统是有效的保证。"[3]156在宗族传承有序的地方，宗祠似乎就是家族权力与荣誉的核心。宗族的作用也体现其他方面，在科举入仕的古代开设宗学，合全族之力为同一宗族的子弟提供读书机会。反过来，功名有成的子弟可以光耀门楣，使宗族更加昌盛。"为西方人集团生活开路的是基督教，同时不待说周孔教化便为中国人开来家族生活之路。"[3]156中国以宗族为单位，尽可能地保证本族的经济文化得以繁荣，通过这种无形的纽带串联起同一"乡土"中共同利益者，以谋求政治的统一，形成稳固、可观的力量，进一步参与社会的发展。

　　如果形容一个人颠沛流离，常会说"辗转若飘萍"；同样，在中国的书里，最悲苦的命运中亦有一个词叫"客死他乡"。写进宗谱、死后牌位摆在宗祠享受后代子孙的香火，这是传统文化下中国人最朴素、最理想的归宿。也并非每一个家族子孙昌隆、传承有序，当宗祠消失的时候，乡土就取代了它的位置。妈妈同我讲，从前送姥爷的骨灰盒回老家要坐好久好久的火车。后来我长大了，明白了，那叫落叶归根。这个时候才明白所谓的籍贯，那是祖祖辈辈生长、劳作的地方，死后他们的灵魂依旧栖居在那里。所谓历史要有所承载的器物，因而有了文物；所谓文明要有源远流长的文化用来叙述，因而扎根乡土赖以生长。火车呼啸着驶过禾苗青青的山野，田间地头上沉默矗立的坟墓中，安睡着曾经精心耕种这片土地的人。我不知死者是否宁静，但我明显看到了生者同样的希冀。小时候填写籍贯，长辈为我填上一个遥远而陌生的城市。我懵懵懂懂地随着长辈一起念诵它的名字，一字一字。那时我还不懂它的含义，感觉像是回忆上辈子的咒语，那是比家更朦胧的家。

乡土城市发展协调开放

　　"乡土社会"对于我们今天的中国人来说到底意味着什么？这个问题对于城市安家的孩子来说意义不同。不同于在不同城际迁居的城里孩子，乡下的孩子对于"乡土"的感知更加敏锐。正如熊寒易所说："我们可以将进城农民工子女称为'城市化的孩子'：首先，他们都是在当代中国高歌猛进的城市化浪潮中出生和成长的，如此多的'放牛娃'涌入城市在中国是史无前例的；其次，他们自身也在经历一个城市化的过程，乡土性逐渐从他们的心性中剥离，与此同时，城市以自己特定的方式塑造他们心智、观念、气质和认同，有学者称之为'日常生活的城市化'；最后，他们所经历的痛苦、彷徨、迷失是由城市化——更准确地说，是'半城市化'——带来的，最终也必须通过城市化来解决。"[4]

越来越多的年轻人走出农村，走出小城市，到大城市成为"北漂""沪漂"的大军。费先生很有前瞻性地指出："很多离开老家漂流到别的地方去的，并不能像种子落入土中一般长成新村落，他们只能在其他已经形成的社区中设法插进去。如果这些没有血缘关系的人能结成一个地方社群，他们之间的联系可以是纯粹的地缘，而不是血缘了。这样血缘和地缘才能分离。但是事实上这在中国乡土社会中却相当困难。"[2]189 同时他指出，想要融入新的环境，"大体上说有几个条件：第一是要生根在土里——在村子里有土地。第二是要从婚姻中进入当地的亲属圈子……但是已经住入了一个地方的'外客'却并不容易娶得本地人作妻子，使他的儿女有个进入当地社区的机会。事实上，大概先得有了土地，才能在血缘网中生根"。[2]191对于现在绝大多数人来说，房子是进入婚姻必不可少的条件，有了房子就意味着安定和归属。换言之，房子就是乡村土地在现代社会中的另一种存在形式。

吸引年轻人走向城市的原因是什么？子女教育、住房医疗、生活娱乐……不外乎这些因素。现实中，往往农村涌入城市的人群要比城市之间相互迁居的人群更难融入，他们受到土地和"乡土"的影响更大，而并非是能人人享有的社会保障，如养老、住房、医疗等，更加重了他们在异乡的焦虑感。诚然，现今中国发展越来越好，但是其中的隐忧仍需我们努力完善。

同质化的城市高楼，相比于植物，我们拥有能够行走的双脚，这使我们更加自由，离开了"乡土"的中国人却始终在漂泊。现代社会，听过有人抱怨："明明生活越来越好，可是为什么感觉越活越糟？"也许是离开了文化的滋养和温暖的牵绊，从心底产生一种无所适从的失序感；抑或是生活的艰辛让人在"去"与"留"的矛盾中焦虑徘徊。如今离开家乡的人们，大约总是一边奔向大城市，一边忍不住频频回望。

现实生活要靠"有为而治"

吕思勉先生犀利地指出所谓无为而治就是"放任主义"，同时针对传统中国他又无奈地说，"中国因地大，人多，交通不便，各地方风气不同，社会的情形也很复杂，中央政府控制的力量有限；而行政是依赖官僚，官僚是无人监督就要作弊的；与其率作兴事，多给他以舞弊的机会，还不如将所办的事，减至最小限度的好。这是事实如此，不能不承认的。所以中国的政治，在理论上，是只能行放任主义的；而在事实上，却亦以放任主义为常，干涉主义为变。"[5]费先生当时的社会情状是"乡土社会是个小农经济，在经济上每个农家，除了盐铁之外，必要时很可关门自给。于是我们很可以想象同意权力的范围也可以小到'关门'的程度。"[2]现在，我们已经把最主要的问题解决掉了！我们团结在党的周围，心往一处想。"小国寡民"的思路，也不适合互联互通的当今社会。

　　一味的"无为"的放任，无疑会导致不同地区间本来就悬殊的经济发展差异拉大，而盲目自大的"胡作非为"更是要不得。"'有为而治'既不是对传统简约治理模式的简单复刻，也不拘泥于制度化、规范化、技术化、法治化这些现代化的典型模板，而是超越传统国家的'无为而治'与现代国家的'过度治理'，试图建立延续简约主义治理传统的现代化治理体系。"[6]具有活力的现代化基层治理和不过度干涉的"无为"恰到好处的把握，正是当今不断努力的方向。根据实地情况，在价值观、经济社会大局统一的现在，城市和牧区同样可以借鉴"乡土"基层灵活有为而治的管理思路。不妨大胆地说，在思想、文化、经济全国一盘棋的今天，结合各地不同情况，"因地制宜、因时设政"的基层治理均可实行，而所幸当代社会已是向着这个方向稳步推进。恰如我所见，家乡的小城以出产钢材闻名，冶炼和军工支撑起一个个家庭的营生。城市中，工厂里迸溅的铁水与隆隆的机器轰鸣交织。若是乡野，那便是一望无尽的草原，鸿雁翱翔的苍茫四野，低垂的夜幕，沉默的牛羊……敦厚而孤独的牧人，与手握镰刀勤恳劳作的农人遥相呼应；南北对峙的草原与水田、交争千年的农耕与游牧，最终交融于中国。

精神世界凝聚"价值共识"

乡土中国对中国人的影响古已有之，周天子分封诸侯，诸侯再将土地分封给卿大夫及子孙。不同的地名形成了不同姓氏的来源，我们也知道民族认同感赖以生长的根基是文化。费先生对于文字发生的看法是："我的回答是中国社会从基层上看去是乡土性，中国的文字并不是在基层上发生。最早的文字就是庙堂性的，一直到目前还不是我们乡下人的东西。我们的文字另有它发生的背景，我在本文所需要指出的是在这基层上，有语言而无文字。"[2]63于此他又补充说："我同时也等于说，如果中国社会乡土性的基层发生了变化，也只有在发生了变化之后，文字才能下乡。"[2]64真实的困境，就是我们远离乡土太久了。城市庇佑了我的童年，一路扶持我完成了少年时代的学业。当我偶尔置身山水，总会对陌生的草木张口结舌，对简单的农活一窍不通，甚至显得笨手笨脚。伸出我的手掌，白皙细腻。唯一粗糙的地方是经年累月写字磨出的字茧。"今我何功德，曾不事农桑"，为此我感到羞赧。城市驯化了栖居其间的人们，头脑在虚拟世界中飞驰，身体却已许久未曾在现实中畅快奔跑了。土地是万物生长的起源，是中华文明诞生的摇篮，"乡土"是中国文化魂牵梦萦的远方。只有俯下身去亲近泥土，感受"乡土"，才能真正地走到人民中间去，才能真正产生引起时代共鸣的文化产物。

费先生在《乡土本色》一文曾经描述："在云南，我看见过这类种子所长成的小村落，还不过是两三代的事；我在那里也看见过找不着地的那些'孤魂'，以及死了给狗吃的路毙尸体。"[2]25而"乡土"文化的影响不仅体现在满足温饱这样现实的生存问题上，更体现在中国社会的归属感与幸福感上。

网络时代新兴技术的运用已经产生了划时代的变革，带来便利的同时也带来了焦虑和孤独。麻省理工学院教授探讨了技术发展产生的时代变革，展开分析了人工智能时代人和自然、人和社会的关系，在其著作《群体性孤独》的最后也无不感慨："当梭罗考虑'我们住在哪里和我们为何而生活'的时候，他把我们生活的位置和价值紧密地联系在一起。我们生活的地方不仅改变了我们的生活方式，而且还塑造了我们本身。"[7]由此可见，生活的自然空间也塑造了社会环境，社会变化也影响了人们的认知方式。求同存异地说，生活的地方塑造了不同的民族性格，也孕育了各异的文化叙事方式。"乡土文化"正是中国社会连接人情冷暖的纽带，在当今社会形成的文化共识，凝聚共同的价值导向，构建起新时代的文化沃土才是解决当代人孤独的济世良方。

《乡土中国》不仅让我们窥探到20世纪中国社会的面貌，其对于中国人文化根源的阐释至今值得探寻。可以说，由于传统思想潜移默化的影响，中国社会仍然存在"乡土"性，但在外来文化的冲击下又面临转变的机遇，而在变与不变之间寻求平衡的发展，正是当今中国稳步向前的方向。每个人心里都有一块地方充满理想，梦里有一阵春风和朦胧的春草，像是小时候的故乡。动时总爱摔跤，一不留神便与地面"亲密接触"，磕得鼻青脸肿，缩进母亲怀中放声大哭。长大了，和大地最亲密的接触无非是双脚奔走，当我的脸再一次贴在地上，仿佛听到了母亲的心跳。我知道，我将在这里安静地睡去。

参考文献

[1]谢立中.古今中西：《乡土中国》遗留的一个疑难问题[J].社会科学,2024（2）：5-12.

[2]费孝通.乡土中国[M].北京：北京大学出版社,2007.

[3]梁漱溟.中国文化要义[M].2版.上海：上海人民出版社,2011.

[4]熊易寒.城市化的孩子：农民工子女的身份生产与政治社会化[M].上海：上海人民出版社,2010.

[5]吕思勉.中国政治思想史[M].成都：四川人民出版社,2018.

[6]吕德文.有为而治:节俭高效与乡村治理现代化[M].北京：东方出版社,2023.

[7]雪莉·特克尔. 群体性孤独:为什么我们对科技期待更多,对彼此却不能更亲密?[M].周逵,刘菁荆,译.杭州：浙江人民出版社,2014.

（作者单位：成都中医药大学，指导教师：赵景平）

探寻乡土，感悟中国

◎方威威　祝林林

太史公有言："究天人之际，通古今之变，成一家之言。"读书，看看世界，看看众生，以此进一步塑造我们的世界观，支撑我们走得更远。回首，是这一片乡土哺育着我们。生于斯，长于斯，死于斯。翻开费孝通先生的《乡土中国·乡土重建》，去深入了解中国乡土社会，去了解这片土地，去了解这片土地的故事，从而更好地感悟我们的祖国。

20世纪40年代，费孝通先生在田野调查和儒学经典的基础上铸就了《乡土中国》这部传世之作，集结了他对于乡村社会学的深入研究和独到见解。这部作品不仅仅是学术研究的产物，更是对于中国传统乡土文化和社会结构的生动呈现。本篇书评以《乡土中国·乡土重建》为主，主要介绍上半部分的《乡土中国》，通过十四篇精心构建的论文，费孝通先生为我们揭示了中国乡土社会的多重面向，以及在这一背景下，人们的生活方式、价值观和社会组织方式的形成与变迁。在这一时期，费孝通先生的学术工作由实地的"社区研究"转向探索中国社会结构的整体形态。对"差序格局"和"乡土中国"的论述，是费孝通先生这一时期的主要成就。具体来说，《乡土中国》是费孝通先生在西南联大和云南大学讲授"乡村社会学"的讲稿，尝试回答"作为中国基层社会的乡土社会究竟是个什么样的社会"。它不是对具体社会的描写，而是从中提炼"理想型"概念，如"差序格局""礼治秩序""长老统治"等，以构建长期支配中国乡土社会的独特运转体系，并由此理解具体的乡土社会。简单来说，他解释了中国人很多根深蒂固的行为习惯的来处。该书中的"熟人社会""差序格局"等概念至今仍被学术界讨论研究，不断迸发新的活力。

开门见山，开篇的《乡土本色》就为我们定下了基调：从基层上看去，中国社会是乡土性的。这一点不仅体现在广大农民对于土地的深厚感情和依赖，更在于乡土社会所特有的那种稳定、保守而又充满生活智慧的特质。在这样的社会结构中，土地不仅仅是生产资料，是他们的"命根"，是人们生活的中心，更是身份认同的基石。同时，也预料到了现如今随着社会的快速变革与发展，乡土社会与现代社会两种生活方式所带来的弊端。

随后，《文字下乡》和《再论文字下乡》两篇论文则对乡土社会的文化传播和交流方式进行了深入探讨。费孝通敏锐地观察到，在乡土社会中，口耳相传、面对面的交流方式远比文字更为有效。这既是因为文字下乡的难度较大，也是因为乡土社会更注重的是人与人之间的直接联系和互动。所以在《乡土中国》中，费孝通先生写道："在乡土社会中，不但文字是多余的，连语言都并不是传达情意的唯一象征体系。"

在《差序格局》与《维系着私人的道德》中，作者进一步分析了乡土社会的人际关系和道德规范。"我们社会中最重要的亲属关系就是这种丢石头形成同心圆波纹的性质。"在乡土社会，人际关系呈现出一种差序格局，即以自己为中心，根据关系的亲疏远近来划定不同的圈子。而道德观念也更多地与私人关系紧密相连，呈现出一种"私"的特点；一个差异格局的社会，是由无数私人关系搭成的网络等等。这种道德观念既是对乡土社会人际关系的一种反映，也对其起到了维系和稳定的作用。

《家族》《男女有别》和《礼治秩序》等论文则对乡土社会的家庭结构、性别关系和社会治理方式进行了深入剖析。在乡土社会中，家族是基本的社会单位，男女角色分工明确，礼治秩序是社会治理的重要方式：乡土社会是个男女有别的社会，也是个安稳的社会；礼是可以为人所好的，所谓"富尔好礼"。这些特点共同构成了乡土社会独特的社会结构和文化风貌。这些内容在后来的《平凡的世界》《白鹿原》等小说中亦有体现，与其形成呼应。

子曰："听讼，吾犹人也，必也使无讼乎。"而在《无讼》《无为政治》和《长老统治》等论文中，费孝通则对乡土社会的政治形态和社会控制机制进行了探讨。他指出，在乡土社会中,因人们普遍遵循礼治秩序,诉讼相对较少。政治权力更多地呈现出一种无为而治的特点,而长老则在社会中扮演着重要的统治和调解角色。

最后,《血缘和地缘》《名实的分离》和《从欲望到需要》等文则对乡土社会的地缘关系、名实关系以及人们的需要和欲望进行了深入探讨。这些论文揭示了乡土社会在地域、名分和需求方面的特点,也为理解其生活方式与价值观提供了重要线索。

在阅读《乡土中国》时,我被费孝通先生深刻的洞察力和对中国乡土文化的深入理解所打动。这本书不仅让我了解了过去,更启发我思考:如何在快速变化的现代社会中保持文化的连续性和活力?费孝通先生的这部经典之作,无疑为我们提供了宝贵的思考资源,也让我们对中国乡土文化有了更加全面和深入的认识。

《乡土中国》成书于1947年,研究背景主要基于乡村社会,所以和今天的中国社会现状有了一些不同。但是《乡土中国》仍然是一部全面、深入解读中国乡土社会的经典之作。它不仅具有重要的学术价值,更有着深远的文化意义。在阅读这本书的过程中,我深受吸引与启发。尤其进入新时代后,脱贫攻坚、留住"乡愁"等社会变迁,使我对中国传统文化和乡村社会有了更深刻的理解。通过对乡土社会的多维面向进行细致入微的分析和探讨,费孝通先生为我们呈现了一个既生动又深刻的中国乡土世界。这部作品不仅对于社会学研究具有重要的学术价值，也为我们理解和认识中国传统文化和社会结构提供了宝贵的视角和启示。

参考文献

［1］何洋洋.《乡土中国》：费孝通的语言观［N］.社会科学报，2024-01-11（5）.

［2］李芷薇.基于项目化学习的《乡土中国》整本书阅读教学研究［D］.上海：华东师范大学，2024.

［3］王清香.基于项目式学习的高中整本书阅读教学研究——以《乡土中国》为例［D］.南昌：江西师范大学，2023.

（作者单位：四川大学华西药学院、四川大学马克思主义学院）

此心安处是乡土

——评《乡土中国》

◎廖欣悦

《乡土中国》是费孝通在西南联大教授"乡村社会学"时的讲义,同时又是一本优秀的社科书籍。它的初版时间是1948年,距今已有七十余年。虽时过境迁,但书中提炼的概念至今仍具现实意义。用费孝通后来的评价来说,这些文字本质上是在探讨"作为中国基层社会的乡土社会究竟是个什么样的社会"这一根本问题,同时也是在阐述自己理想中的中国应该选择怎样的道路,以及其未来究竟会有怎样的一种变迁和转型。

一、笼天地于形内,挫万物于笔端

该书共由14篇小文章组成,费孝通称这些只是一段尝试性的记录,不算定稿,但其已形成有逻辑的内部框架:从带有总括性的"乡土本色"谈到"文字下乡"的困难性,并分析特定的社会背景，进而提出"差序格局"这个概念，以及这种格局下的私人道德、家族、礼治等，让人读来如正在聆听一位良师的谆谆教导。

没有调查，就没有发言权。《乡土中国》是田野调查研究的产物。正因如此，书里所描述的现象，所使用的概念在现在都能找到许多生活中的参照，如落叶归根、安土重迁、人情债、男女有别、土葬风俗等，可谓兼具学术性与日常性。而从写作手法上看，《乡土中国》还颇具文学可读性：

（1）善用比喻进行阐述。在《差序格局》一篇中，将西洋社会的团体社会格局比喻成一捆捆扎得清楚的柴，而将中国的差序格局比喻为一块石头丢在水面所激起的一圈圈波纹。

（2）大量举实例。在《礼治秩序》中提到抗战时期自己的孩子因牙根上生寄生菌哭啼不停，又找不到医生而请教房东老太太；在《无讼》一篇中提及自己作为教书先生，被请参加乡村里的调解集会，以及父子因抽大烟导致闹矛盾的案子。

（3）善于引用历史文献和典故。在《差序格局》一篇中引用《礼记·祭统》来阐述何为人伦，用孔子和子贡的对话来解释孔子道德系统里的"仁"。在《维系着私人的道德》中借《孟子·尽心上》阐释团体道德的缺乏与公私的冲突。

（4）大量进行对照说明。提出了四种权力：一是在社会冲突中所发生的横暴权力，二是从社会合作中所发生的同意权力，三是从社会继替中所发生的长老权力，四是发生在激烈社会变迁中的时势权力。

（5）注重各篇的先后联系。《文字下乡》与《再论文字下乡》，《差序格局》与《维系着私人的道德》，这些篇目使得整部著作形成一个有机整体，给读者以清晰的框架感。

二、面朝黄土背朝天：我们摆脱不掉的"土气"

《乡土中国》中提出了一个重要论断："从基层上看去，中国社会是乡土性的。"那些被称为"土头土脑"的乡下人构成了中国社会的基层。这里的"土"并非与时髦相对的概念，而是指对土地的依附性，以及生活方式和认知方式的保守性和单一性。人生于斯、长于斯，最后又终老于斯，这就是乡土中国的一种生命循环。

我们的国家庞大而辽阔，历史悠久而多变，但中国人的根源总是扎在这片历代经营的土地上，土地给予我们文明以栖身之所，让在这片土地上生长的人们繁衍扩张，我们终其一生都割舍不断和这片土地的联系。例如：很多老人被儿女接到城里居住后，只要房前屋后有一小片空地，一定会种上蔬菜。即便是在西伯利亚的极寒地区或水草丰美的游牧区域，也有中国人尝试种菜。可见，"土气"是中国乡土社会的特色。

中华文明的光辉历史扎根于土地之中。"土气"，曾经是乡土中国的竞争力，它让乡土中国延续了几千年。但在走向现代化进程的今天，"土气"不再是竞争力。传统中国社会的经济基础是自给自足的小农经济，小农经济的基础便是那土地，人们在这块土地上休养生息，无需与社群外的人往来，也无需文字，无需法律。人们过着累世不变的生活，西方式的民主政治没有土壤，商品经济缓慢发展，创新科技难以生根，文化启蒙无以为继。因此，有人说中华民族有一种"劣根性"。比起"劣根性"这个颇具价值判断意味的词，我更想用"国民性"。诚然，几千年的封建农耕生活使部分国人在思想上相对保守，行为上不符合现代文明标准，但我们同样可以看到，乡土中国具有别样的自治性和内生性，使"以己为中心"社会格局下的国人们长久聚居生息。例如书中写道："礼是社会公认合式的行为规范。合于礼的就是说这些行为是做得对的，对是合式的意思。如果单从行为规范一点说，本和法律无异，法律也是一种行为规范。"乡土社会没有法治，却有礼治；虽无政治性的权利，却有教化性的权力。礼治的可能必须以传统教化可以有效应对生活问题为前提。乡土社会满足了这一前提，因而它的秩序可以用礼来维持。

所以，我认为乡土中国的"土"中是有另外一种规则之外的"智慧"的。尽管在社会进步中，这样的"智慧"已经不再适用，但我们离不开它。正如《文字下乡》中提到的："提倡文字下乡的人，必须先考虑到文字和语言的基础，否则开几个乡村学校和使乡下人多识几个字，也许并不能使乡下人'聪明'起来"。"土气"是我们的底色，我们不能脱离它空谈变革，而要将其与现代文明融合，焕发新的生机。

三、人情练达即文章：熟人社会的方圆世界

在农耕社会，土地是生活资料的来源，适耕宜居的土地总是集中分布在某处，人依附在土地上，再加上农业分工程度低，于是形成了一个个村落。第一章《乡土本色》中如是写道："不流动是从人和空间的关系上说的，从人和人在空间的排列关系上说，就是孤立和隔膜。孤立和隔膜并不是以个人为单位的，而是以住在一处的集团为单位的。"

在这些小小的村落里，形成了一个个社会群体，其显著的特征是：在这片土地上，人们对于人、地、气候等，在日常接触中逐渐熟悉，甚至达到看见什么，听到脚步声或咳嗽声，不假思索就想到是谁以及该怎么办。这就是一个熟人社会。

在村落的发展中，为了秩序，为了生存，为了荣誉，由此衍生出一套习俗和思维习惯。经过一代一代的教化，逐渐流传下去，成为刻在中国人大脑里、基因里的东西，成为我们行为思考的基本盘。

在《维系着私人的道德》这一篇中，费孝通开门见山地指出："中国乡土社会的基层结构是一种我所谓'差序格局'，是一个'一根根私人联系所构成的网络'。"我们的格局不是一捆一捆扎清楚的柴，而是好像把一块石头丢在水面所激起的一圈圈波纹。每个人都是他社会影响所推出去的圈子的中心。被圈子波纹所推及的就发生联系。每个人在某一时间某一地点所动用的圈子是不一定相同的。这样一个社会结构引起了不同

的道德观念。"一个差序格局的社会，是由无数私人关系搭成的网络。这网络的每一个结都附着一种道德要素。"因此，传统的道德里找不出一个群体性的道德观念来，所有的价值标准也不能超越差序的人伦，即人情而存在了。也因此，中国的社会是一个熟人社会，这种人情味无法用法律来解释，而是在礼俗的支配下影响人们的生活。

同"土气"一样，人情社会也具有两面性。一方面，它让社群中的人们不可抗地联系在一起。例如，邻里有红白事时，人们常主动帮忙或随礼。早年外出务工者多以同乡互带的方式流动，因为都是知根知底的人，出去也好有个照应。另一方面，人情社会的差序格局的伸缩能力也让国人品尽世态炎凉。书里举了个这样的例子："我"见过不少痛骂贪污的朋友，当其父亲贪污时，他们不但不骂，反而代他讳隐，更甚的，还会向父亲要贪污得来的钱，同时骂别人贪污。依据人情社会的逻辑，人们解决问题，不是靠规则和法制，而是去讲人情和关系。规则的适用因对象不同而产生差异，"刑不上大夫""官官相卫""穷在闹市无人问，富在深山有远亲"就是说的这样的情况。人际的勾连代替了社会的正当运行机制，如此一来，现代价值追求里的公平就无处立足了。

2012年，党的十八大报告明确提出了社会主义核心价值观，其中社会层面是"自由、平等、公正、法治"，这显然与熟人社会的价值标准在很大程度上是相悖的。人情与法治的冲突已成为我国现代化发展的阻碍。"世事洞明皆学问，人情练达即文章"这一传统观念在我国根深蒂固，如何明智地推动人情社会向法治社会过渡，加强法治建设，值得我们深思。

四、人间正道是沧桑：我们独具特色的道路

国情和民风是制定正确国策的基础。正确分析我们的乡土本色才能对未来发展道路有一个科学的认识，并进行探索，如农村生产合作社、村民自治制度等，都体现了国家对基层的治理不再是通过以往的宗族和乡绅，礼制秩序有所瓦解，但即便工业化和城市化不断推进，乡土社会的特征也没有完全消失。

（一）城乡发展

从传统农业社会向现代工业社会、从计划经济向市场经济转化的双重转型，是中国历史上最深刻、最广泛的巨变。新旧生产方式的并存和代谢、社会制度的解体和重构、中外文化的激荡和交融、思想观念转化的反复和阵痛等，使许多问题的出现带有乡土社会的遗迹。在这样的环境中，建设现代化的社会主义中国，实现城乡融合发展，我们需要从《乡土中国》中汲取养分，正确认识国情，逐步探索符合中国实际的现代化道路。

随着城市化进程不断加快，城市发展也需要吸收乡土中国中的稳定性和人与人之间的连接感，而其中的最优解就是使社区成为城市中的最小单位，例如我们的基层群众自治制度。基

本的功能可以在社区圈内完成，且基本功能越完善，社区的连接感也就越强。这是一个带着乡土影子但又吐故纳新的制度设计，也是我说"土气"是我们的底色的一个原因。

农为邦本，本固邦宁。费先生的《乡土中国》对基层农村传统社会进行了鞭辟入里的分析，为我们更好地实施乡村振兴战略开拓了思路。在现代化过程中，乡村往往要经历一场痛苦的蜕变和重生。部分国家因未能妥善协调工农与城乡关系，不仅导致乡村凋敝，甚至使工业化与城镇化陷入困境，甚至造成社会动荡。基于历史和现实的教训，对中国而言，振兴乡村势在必行，所以，党的十八大以来，中央提出坚持农村优先发展，按照实现产业兴旺、生态宜居、乡风文明、治理有效、生活富裕的总要求，推动城乡一体化、融合发展，推进农业农村现代化，实现乡村振兴。

（二）中国道路

中国的崛起堪称21世纪世界历史的重要事件。尽管经历了无数磨砺与血泪，但中华民族并未就此倒下，而是在这片古老的土地上，孕育出了新的希望和力量。如今，中国已经成为世界第二大经济体，科技、军事、文化等领域取得了举世瞩目的成就。世界正迎来全球化浪潮的新机遇。

然而，历史的演进从来不是一条平滑的直线。冷战结束30多年后的今天，逆流依然汹涌，阴霾仍不断出现。一些势力和个人仍保持冷战思维，戴着意识形态的有色眼镜，对不同社会制度和发展模式横加指责，推动"颜色革命"，企图遏制"非我族类"的国家崛起和发展。以美国为首的西方国家总是自以为是地否认与本国民主制度不同的民主制度，认为中国是一个"威权"国家。然而民主的实现形式并非唯一，每国需基于自身国情探索道路。

《乡土中国》一书剖析了中国的民族心理、历史传统与文化背景，这些都照应了新中国的制度设计。新加坡建国总理李光耀曾如是说："5000年来，中国人一直认为，只有中央强大，国家才能安全；中央软弱则意味着混乱和动荡。这一点深植于中国人的认知中，成为其根本原则。西方一些人希望中国变成西方传统意义上的民主国家，但这不会发生。中国是一个有着13亿（编者注：截至2024年，中国人口已达14亿）人口的巨大国家，文化和历史都与西方不同，中国有自己的方式。"

每个国家的政治文化都是长时间的历史发展和文化积淀形成的，农业社会的行为方式从远古而来，投射到我们每一个个体身上，组合成了我们社会现有的形态。中国的民主是适合本国国情和人民需要的，用基于西方立场的固定标准批判中国制度，既不合理，亦不科学。以《乡土中国》中的理论视角解读中国特色社会主义的内涵，有利于坚定我们的文化自信，抵御西方意识形态渗透。

变革的时代更需要冷静的声音。世界无需"新柏林墙"，中国亦无需背离乡土本色的制度设计。

五、总结

最后我想回归"土气"这个全书非常重要的词,它在更深层次上指的是在面临社会变迁时,人自身的一种惰性与迟钝,一种囿于舒适圈的狭隘与不自觉的固执。"土"并不可怕,深厚坚实的土地孕育了中华民族的精神和顽强的生命力。我们需要对抗的,是面临社会变化的内心对"土气"的自卑,以及思想、行为上安于现状的惰性。时代在不停地进步,每一代有每一代的生存技巧,每一个国家有每一个国家的道路选择。对于每个中国人来说,此心安处是乡土。

《乡土中国》常读常新,愿与读者共鉴。

(作者单位:西华师范大学,指导教师:王黎黎)

谈古论今

——读《孙子兵法》有感

◎郑梦瑶

一、秘籍修行之入门——《孙子兵法》的内容简介、历史地位、文学价值

《孙子兵法》以其独特的战略思维和深邃的智慧,成为中华文化中的一颗璀璨明珠,它的影响深远而持久,不只局限于军事领域,还广泛应用于商业、政治和社会生活等方面。2023年电视剧《狂飙》爆火,孙子兵法也随之出圈。剧中的角色高启强通过阅读《孙子兵法》提升了自己的谋略和智慧,为了拿到莽村的地皮,高启强使出各种手段,逼迫李有田父子就范,而当已经把李有田逼到一定地步了,高启强却告诉弟弟:围师必阙,穷寇勿迫。在得知自己被窃听之后,矛头直指陆涛,但是高启强欲擒故纵,最后将张大庆成功抓获。在剧中,高启强常在安欣面前使用苦肉计,既借安欣之势"狐假虎威",又通

过"借刀杀人"达到目的。全剧剧情紧凑，出色的演技和起伏的剧情让观众对于孙子兵法的认知和理解更加深刻，随后便有了网友高价求买此书的局面。

《孙子兵法》的作者孙武，是春秋时期的杰出军事家[1]。这本书创作于战争频发的春秋时期，但其中的智慧和策略却是超越时空的，具有普遍的适用性。作为中国古代军事思想的杰出代表，孙武在书中详细阐述了战争的本质、战略与战术的关系、如何运用计谋和策略等重要问题，系统地总结了战争规律、战略原则和军事思想，这本书被誉为"兵学圣典"[1]。

《孙子兵法》现存最早的版本为1972年在山东临沂银雀山汉墓出土的竹简本，但其成书可追溯至春秋时期。其版本文本在历史长河中几经流转，现存的版本主要是宋、明、清时期的刻本。其中，最著名的是南宋宁宗时代的"宋本"，现藏于上海图书馆，是现存最早的《孙子兵法》刻本。现代的版本则多以宋本为底本，同时会加入一些其他版本的注释和解说。目前市面上比较流行的版本有中华书局出版的《孙子兵法·孙膑兵法》和《武经七书注释》，以及中国纺织出版社的《图解孙子兵法大智慧》等[2-3]。此外，《孙子兵法》还被翻译成多国语言，在全球范围内广为传播[4]。

全书的叙述方式简洁明了，语言精练，逻辑严谨。作者采用篇章结构，将全书分为十三篇，每篇自成一体，分别论述不同的主题。作者在论述中大量运用对比、类比等手法，通过不同战争案例的分析和比较，进一步强调了战略和战术的重要性。这种写作方式不仅使语言简练有力,易于传播,同时也让内容更加生动形象,便于理解。同时也让《孙子兵法》在写作方法上的特点,使其既是军事哲学领域的重要著作,更成为汉语表达的典范之作。

《孙子兵法》的核心主题是战争与策略。孙武强调战争本质为智慧与力量的较量,而不仅仅是武力的对抗[5-6]。他主张以智取胜,通过运用计谋和策略来获得胜利。他认为,战争是一种必要之恶,应当尽可能地减少伤亡和损失[5-6]。因此,他提出了许多战略原则和战术手段,旨在克敌制胜、不战而屈人之兵。其核心观点是"兵者,国之大事,死生之地,存亡之道,不可不察也。"强调战争是国家的大事,必须慎重对待。在此基础上,孙子提出了一系列有关战争策略和战术的见解,包括"知己知彼,百战不殆""攻其无备,出其不意""兵无常势,水无常形"等[7]。

二、秘籍修行之初级阶段——《孙子兵法》的不同理念在学习生活中的应用

孙子兵法之所以被老百姓熟知,是因为在某种程度上,它能够给我们带来一些重要的启示或者教训[8]。这些启示可能是关于生活的智慧,也可能是关于世界运行的规律。《孙子兵法》作为一部历史悠久的著作,其策略与思想对我们的日常生活和工作有着深远的影响,对不同年龄身份的人也有其独特的

启示：

（1）战略思维：孙子兵法强调战略的重要性，认为只有从战略的高度审视问题，才能做出正确的决策[9]。对于大学生来说，战略思维同样重要。在学习中，我们可以借鉴孙子兵法中的战略思维，制定科学的学习计划。例如，可以根据学习内容和时间安排，制定长期和短期计划，采用"分而治之"策略，将大的学习任务分解为小的目标，逐步完成。同时，要善于总结学习中的经验教训，不断调整学习策略，以求达到更好的学习效果。在生活和未来的工作中，也需要用战略思维制定目标和规划，注重时间管理，培养自己的毅力和韧性，才能不断提高自己的综合素质，更好地实现自己的价值。在这一刻，我深深地领悟到为何从大一入学起，老师便如此强调职业规划的重要性。

（2）创新思维：书中"出奇制胜"和"因敌制胜"等思想强调了创新思维在解决问题中的重要性。大学生作为未来创新的主力军，需要敢于突破思维定式，勇于尝试新的方法和思路，从而培养出独特的创新思维能力[10]。孙子兵法认为"兵无常势，水无常形"，事物总是在不断变化中。大学生在面对生活中的挑战和困难时，需要保持冷静和灵活，根据情况及时调整自己的应对策略。同时也要敢于迎接挑战，敢于超越自己，不断提高自己的适应能力和抗压能力。在学习中遇到难题时，我们可以运用因势而变的思想，采用不同的思路和方法解决，同时借助老师和同学的帮助和支持，克服困难。在工作中遇到困难时，要善于分析形势和趋势，采取积极的应对措施，以保持竞争优势。

（3）人际交往：孙子兵法中的人际关系处理策略，如"知己知彼，百战不殆""兵不厌诈"等，对于大学生的人际交往也有着重要的启示。大学生需要了解自己和他人，掌握沟通技巧和心理战术，以更好地处理复杂的人际关系[11]。大学常常被比喻为半个社会，这个比喻揭示了一个事实：在大学里，我们不仅仅接受专业知识的教育，也是在学习如何与社会接轨，如何在更广阔的社交环境中立足。在大学校园内，我们会遇到来自五湖四海的同龄人，与他们交流思想，分享经验，形成各种社团和组织。而在处理人际关系时，我们可以运用孙子兵法中的"知己知彼，百战不殆"的思想，了解自己和他人的需求和利益，以更好地沟通和协调。在处理家庭关系时，要了解家人的需求和期望，理解对方的立场和态度，采取合适的方式解决问题，以维护家庭的和谐稳定。

三、秘籍修行之高级阶段——核心思想知己知彼在医学中的应用

《孙子兵法》的核心理念之一是"知己知彼，百战不殆"，强调在战争中要了解敌我双方的实力、地形、气候等诸多因素，以达到克敌制胜的目的。它以战略为纲，注重整体规划，强调庙算、兵势、谋略、诡道等重要原则[12]。这个观点

不仅适用于战争，也适用于其他领域的竞争和斗争。在电视剧《狂飙》中，正义力量往往通过深入了解黑恶势力的特点、手段和弱点，制定出相应的打击策略，从而取得胜利[13]。

作为一名医学生，我更关注知己知彼思想在医疗领域的应用。在医学实践中，知己知彼的策略意味着医生需要全面了解患者的病情、病史和生活习惯，了解疾病的特点、治疗方法和可能的并发症等，以便为患者提供个性化的治疗方案[14]。同时，医生也需要了解同行的医疗水平和最新的医学研究成果，以便作出最佳的医疗决策[14]。此外，医生在与患者沟通时，有时也需要运用一些策略和技巧，如适当隐瞒部分信息、以患者的利益为重等。

以下是该思想在临床实践中的具体应用：

（1）个性化治疗：每个患者的体质、基因和生活习惯都有所不同，因此对同一种疾病的反应也可能不同。通过深入了解患者的特点，医生可以为患者制定个性化的治疗方案。例如，在癌症治疗中，医生可能会根据患者的基因型选择靶向药物[15]。

（2）预防性医疗：通过对患者的生活习惯、家族病史等信息的了解，医生可以预测患者未来可能面临的健康风险，并提前采取预防措施。例如，对于有心血管疾病家族史的患者，医生可能会建议他们进行定期的心血管检查，并提醒他们注意控制饮食和增加运动。

（3）多学科协作：在面对复杂、多系统受累的疾病时，单一专科的医生可能难以全面评估患者的病情。这时,知己知彼的策略要求不同专科的医生共同参与患者的诊治,以获得更全面的病情信息。例如,在肿瘤治疗中,外科医生、放疗科医生、化疗科医生等可能需要共同讨论患者的治疗方案[16]。

(4)心理干预:患者的心理状态对治疗效果有很大影响。通过了解患者的心理特点和需求,医生可以为他们提供更有针对性的心理支持。例如,对于焦虑症患者,医生可能会采用认知行为疗法等心理治疗方法来帮助他们缓解症状。

(5)医患沟通:良好的医患沟通是确保治疗效果的关键。通过了解患者的需求和担忧,医生可以更好地解释病情、治疗方案和预后等信息,从而提高患者的信任度和依从性。

在一些重大典型的医疗案例中,知己知彼的策略发挥了关键作用。例如,对于一位患有严重冠心病的患者,医生可能会选择微创手术或者介入性治疗,如经皮冠状动脉介入术(PCI)或者经皮主动脉瓣置换术(TAVR),以降低手术风险并提高治疗效果[17-18]。对于某些乳腺癌患者,医生可能会根据患者的雌激素受体(ER)和人表皮生长因子受体2(HER2)状态来选择最合适的靶向药物或者化疗方案[19]。

要说感受最深、最贴近大家生活的例子便是2019年,在全球范围内发生的新冠肺炎疫情。面对这一新型病毒,医疗机构和科研人员迅速展开研究,了解病毒的传播途径、感染源和致病机制等信息。运用知己知彼的策略,及时制定了有效的防控措施,包括疫苗研发、抗病毒药物使用和公共卫生干预等[20]。这些措施在很大程度上遏制了疫情的蔓延，挽救了无数生命。同时，他们还与当地社区合作，加强宣传教育，提高民众的防病意识。这些努力最终成功地控制了疫情的扩散。

在现代医学实践中有许多案例表明，《孙子兵法》中的战略思维和智慧可以帮助医学生更好地理解和运用现代医学知识，提高医疗水平。除了将《孙子兵法》的战略思维和智慧应用于医学实践外，医学生还可以将这些宝贵的理念，如领导力和战略思考，融入医护工作中，以推动社会公共卫生事业发展。

参考文献

[1]侯文华.《孙子兵法》文体学价值再评价[J].齐鲁学刊，2019（4）:125-132.

[2]林屋公子.《孙子兵法》是怎么火起来的？[J].廉政瞭望，2023（4）:56-57.

[3]李广良.《孙子兵法》的"大义"[J].团结，2022（4）:65-68.

[4]季红琴，卢文静.《孙子兵法》英译本国外传播现状、问题及对策研究——基于外国受众接受的实证研究[J].孙子研究，2023（4）:117-126.

[5]杜杨.《孙子兵法》"不战"思想与战略心理威慑[J].孙子研

究，2023（3）:54-60.

［6］孙瑞英.面向文化自信的中国特色国家情报战略运筹研究——基于《孙子兵法》的"三维"战略布局［J］.现代情报，2020，40（7）:43-51.

［7］钟岳文.《孙子兵法》：一部闻名世界的兵学圣典［J］.月读，2014（12）:35-40.

［8］程玛，余燕，李亚斌等.《孙子兵法》对高校教师的启示［J］.昆明冶金高等专科学校学报，2021，37（6）:17-20，24.

［9］刘忠，戴美玲.孙子的战略情报评估思想及当代意义［J］.情报杂志，2023，42（10）:8-13.

［10］杨新.《孙子兵法》研究的问题、方法与创新［J］.滨州学院学报，2022，38（1）:36-41.

［11］刘金海.《孙子兵法》对掌控和运用情绪的启示 ——从《孙子兵法》里的"怒"说开去［J］.孙子研究，2021（2）:119-123.

［12］张晓明.论《孙子兵法》的战争设计思想［J］.军事历史，2023（3）:57-63.

［13］修齐.浅论修"商功"——《孙子兵法》"热"后的"冷"思考［J］.孙子研究，2023（2）:9-17.

［14］丁思元，王琪格，胡镜清，等.论"守机"［J］.中华中医药杂志，2020，35（2）：530-534.

［15］张浩浩.从《孙子兵法》谈用药如用兵［D］.天津：天津中医药大学，2021.

［16］胡嘉元.病机主导的中医临床个体化诊疗模式及决策支持系统

构建［D］.北京：北京中医药大学，2020.

［17］黎钟妹，刘元税，郑艳.正念减压疗法在冠心病PCI术后病人中的应用［J］.护理研究，2023，37（6）:1103-1106.

［18］章金晶，姚燕，张家慧.PCI联合TAVR一站式手术治疗重度主动脉狭窄合并冠心病患者的围手术期护理［J］.中国老年保健医学，2022，20（6）:161-163，167.

［19］谢伟.乳腺癌ER、PR、HER2的表达及临床病理特征分析［J］.医药前沿，2018（2）:48-49.

［20］王廷文.谈中国在新冠肺炎疫情防控阻击战中的"知胜"之道［J］.孙子研究，2020（5）:35-40.

（作者单位：成都医学院，指导教师：夏莹）

走进汉魏六朝诗，倾听书页间诗人的心跳

——读《叶嘉莹说汉魏六朝诗》有感

◎吴云

相遇与相知

由中华书局于2015年出版的《叶嘉莹说汉魏六朝诗》最早来源于叶嘉莹先生在各地演讲时整理所得的讲稿和录音，该书记录了叶嘉莹先生对汉魏六朝诗的解读和感悟。叶嘉莹先生又号"迦陵"，"迦陵"源自佛教中的神鸟迦陵频伽，相传其仙音可传遍十方界。而叶嘉莹先生以她那宛如"生命之歌"的诗词之声，滋润了一代又一代世人的心田。她挥笔写下"书生报国成何计，难忘诗骚李杜魂"，引领我们进入古典诗词的美妙世界，倾听书页间来自诗人的心跳。

一个阳光正好的午后，我在学校图书馆书架上发现了这本

《叶嘉莹说汉魏六朝诗》，直到此刻我依然倍感庆幸，庆幸遇见了一位用生命读诗的好老师。叶嘉莹先生将解读汉魏六朝诗歌融入自己的人生经历和对诗词的热爱中，从传统文学中挖掘历史人物和著名诗人不同的人生态度、思维方式、情感寄托。在某一刻，我能够透过叶嘉莹先生的文字，看到不同的时代背景下一个个鲜活的灵魂，他们可爱、可怜、可敬，他们有着不同的命运，也怀着各自的心酸与苦难。我看到历史的必然性和偶然性。我想我渐渐明白叶嘉莹先生为何如此珍爱这古诗词，因为古诗词教会我们如何感受诗人的内心，如何对待时代背景下人生的各种际遇。古诗词美得犹如灿烂的花海，不仅仅是语言的含蓄与隐喻，还留给我们许多对诗人精神世界的探索。

概览与视角

那个下午，我翻开目录，纵观全书。叶先生从绪论中诗歌的感发讲起，谈及诗歌中的形象和情意的关系，以及诗体的演变，从整体上为我们提供了读诗的策略，为后文分析作品蓄势。绪论之后，全书开始进入汉魏六朝著名诗人代表作品的解读，第二章"古诗十九首"中就有我们熟知的经典作品《行行重行行》，第三章"建安诗歌"以曹操、曹丕、曹植、王粲的诗作为讲述重点，第四章"正始诗歌"论阮籍和嵇康，第五章"太康诗歌"以潘岳、张华、陆机为代表介绍作品，第六章介绍了时代风气之外的两位诗人，傅玄和陶渊明，最后两章谈及元嘉诗歌和永嘉诗歌。作为一位当代中文学习者,遇上一位文学涵养深厚的诗词大家,我的内心必然无比激动,接下来我将自己读书过程中的感悟和思考一一记录下来。毕竟人生的每一个阶段看同一本书会有不同的感悟,待未来某一个阳光明媚的午后拾起旧书再读时,定会有新的想法和不同的感动吧。

这本书是理论和分析相互夹杂着进行叙述的,叶嘉莹先生从中国古代诗歌理论和西方诗歌理论的双重角度赏析诗词。叶嘉莹先生说,我们在读诗时应该注意诗歌的感发,物象与人心之间的感发关系有不同的层次,有的由物及心,有的由心及物,有的即物即心。正如晋代诗人陆机在《文赋》中写道:"悲落叶于劲秋,喜柔条于芳春。"春风和春鸟是春天里比较有特色的物象,秋月和秋蝉是秋天里比较有特色的物象。而读诗识人,也应该从看似短小的诗句中攫取独具妙心的物象来做解剖,细节处见人心。要不然为何离别之际往往会联想到柳条,月亮的阴晴圆缺会牵动诗人的内心?故而,叶嘉莹先生说,诗有一种"感发的生命",它由作者传达给读者,而且可以不断生长,源源不断地流传下去。读到这里,仿佛有一种强大的力量从我的生命中穿过,这种文学的力量是生生不息的,像先行者几千年前偶然埋下的一颗种子,穿越风雨和严冬后来到我的生命中,成为我生命的一部分,这种精神力量也将随着时代生生不息。

我想,叶先生是喜欢佛学的。在此书中,她多次引用佛教经典中的例子。例如,佛教中有"六根"之说,即人的眼、耳、鼻、舌、身、意六种官能。禅宗六祖慧能对两个小和尚说："风吹幡动，不是幡动也不是风动，而是你们的心动。"有时外界的一点点小的物象的变动都能够引起一位诗人诗意的感受，不仅仅是今昔盛衰的演变、人生无常的感慨这种大题目，自然界中的景物变动也能够使心为之一动。叶嘉莹先生举唐代诗人孟浩然的诗句来论述，"春眠不觉晓，处处闻啼鸟。夜来风雨声，花落知多少。"你看，诗人尚未起床，只凭听见的鸟鸣声和风雨声，他就敏感地联想到窗外的春花已经随着夜雨飘落了。因为宇宙中的生命是不一样的，不同的环境引起"六根"不同的反应，而所谓诗人，就是能够清晰地捕捉到环境变化和起心动念的那群人，他们的生命因此而厚重起来。根据不同诗人所处的不同时代背景和家庭环境，所观察世界的不同视角，以及他们表情达意的不同方式来解读作品，会发现我们读的诗哪里是文字，而是文字背后活在我们心中的一个个鲜活的生命。

表达与感触

叶嘉莹先生在讲解《古诗十九首》时，首先明确了《古诗十九首》的定义。严格地说，《古诗十九首》不是乐府诗，它是受五言乐府诗的影响而形成的我国最早的五言古诗。书中叶嘉莹先生考证了《古诗十九首》的诞生年代，先生认为这十九首诗都是东汉时期的作品，她举李善根据初秋被误称作孟冬推测诗作为汉武帝太初时代之前的人所作的例子，对"玉衡指孟冬"进行阐释和推理，其中涉及许多地理天文气象知识。不得不说，叶先生做学问十分严谨，她那一丝不苟的态度值得我们终身学习。

纵观全章，《古诗十九首》有三大特点：一是文字朴实而含意幽微，引人联想；二是揭示了人类感情的"基型"与"共相"；三是浑然天成。叶嘉莹先生认为，极佳的诗作是浑然天成的，根本看不出其中哪一个字是"诗眼"，因为凡是最好的诗人，都不是用文字写诗，而是用自己的整个生命去写诗的。这一点倒是与叶先生用自己的整个生命去传承和讲授古典诗词殊途同归。叶先生在书中举杜甫《羌村》中的一句"群鸡正乱叫"，单看这句算不上什么诗，但是这的确可以称得上一首感情深厚的好诗。彼时，杜甫将妻儿安置于羌村，独自投奔唐肃宗。后来他又被俘虏到长安，这一路走来危机四伏，而叛军屠戮羌村，致使鸡犬不留。于是，当一切苦难结束时，如果再次见到"群鸡正乱叫"这番祥和之景，杜甫心中又会升起何种感想？所以，叶嘉莹先生再三建议我们读诗时应该结合全诗的内容，结合时代背景，以及诗人的人生经历来体悟诗人写出来的文字，否则单看其中一两句诗很容易落入急功近利的循环。

叶嘉莹先生在书中与读者交流的不仅仅是古典诗词，更多的是借着中国诗词分享她一生的智慧。虽然素未谋面，但是通过书中的文字，我能够看到一位经历了重重苦难和考验后依然坚守内心所爱的令人尊敬的学者，我能够感受到她面对重要的抉择时目光的坚定不移。比如《古诗十九首》所写的感情基本可分为三大类：离别、失意与人生的无常。无论身处高位还是普通平凡的你我，一生中总有某一刻需要直面这些人生问题。我们总是活在似曾相识的场景中，从经典的作品里总能够看见每个人生命的影子，而叶嘉莹先生面对自己生命中的离别和人生无常时展现出一种宁静与超脱。"行行重行行"，这是一个极其简洁的句子，走了就走了，渐行渐远，如此而已。质朴的语言风格，没有过多的修饰，反而令人感同身受。

就这样，我在书中跟随叶嘉莹先生的思路，从不同的视角进入不同的场景，看古人面对人生的离别愁绪，读"人人读之皆若伤我心者"之作。推开正始诗歌的大门，我仿佛看见阮籍正挥笔写下《咏怀》组诗。诗人心中藏匿着多少孤独寂寞、矛盾痛苦，却又无处倾诉、无处排解，于是他只能满怀忧伤地在诗中化作一只孤单的鸿雁，在荒郊野外独自哀鸣。推开建安诗歌的大门，我仿佛看见一代枭雄曹操正在吟诵"秋风萧瑟，洪波涌起"，开阔悲慨的诗句里流露出对人生无常的恐惧。走入茫茫时空，仿佛正值陶渊明"晨兴理荒秽，带月荷锄归"，偶如"栖栖失群鸟，夜夜声转悲"。叶先生说陶潜为自己做出归隐的选择，是因为他已经找到了精神上安身立命的所在。我想陶渊明先生是极其了不起的，他坚定地选择自己要走的路，宁愿忍受极寒和劳苦，也要去追求最高层次的精神需求。在任何时代，这样的精神却是难能可贵的。如今的社会，人们对金钱和物欲的极致追求造成了急功近利的风气。精神匮乏的人到处可见，人们在学业中内卷，毕业后疲于加班，生活琐碎如"一地鸡毛"。有时候我也会觉得很累，但是我庆幸我还有书，有幸与留存下的古诗词相遇，能够通过叶嘉莹先生的引导与茫茫时空里的诗人对话。我想，所谓精神充盈，本性真诚，就是无论身处何种境遇，都能够遵循自己的内心，坚守自己的真性情。愿诸君皆能从古典诗词中邂逅毕生所爱，觅得心灵一方静谧之地。

参考文献

[1] 何群.论叶嘉莹迦陵词的美感特质[J].洛阳师范学院学报.2023，42（9）：53-57.

[2] 叶嘉莹.迦陵说词讲稿[M].北京：北京大学出版社，2007.

[3] 叶嘉莹.叶嘉莹说汉魏六朝诗[M].北京:中华书局，2015.

（作者单位：成都信息工程大学，指导教师：卿磊）

扫眉才子薛洪度,唐代第一女校书

——评谢天开《薛涛传》

◎相晓冬

走进一座城,走进一个人,走进一本书。

"枝迎南北鸟,叶送往来风"是她儿时与父对诗的作答之词;"黠虏犹违命,烽烟直北愁"是她罚赴关塞写下的苦怨之词;"谁言千里自今夕,离梦杳如关塞长"是她对友人远去的怀恋之词;"不结同心人,空结同心草"是她对爱人的相思之词;"平临云鸟八窗秋,壮压西川四十州"是她心中豪壮的爱国之词。

她,就是大唐第一女诗人——薛涛。王建赞曰:"万里桥边女校书,枇杷花里闭门居。扫眉才子知多少,管领春风总不如。"

在众星拱月的盛世大唐,经济繁荣,国力强盛,为精神领域的人才辈出奠定了坚实的物质基础,营造了良好的社会文化氛围,涌现了众多文坛巨匠,李白、杜甫、白居易、王维、孟浩然、李贺、高适、岑参、李商隐、杜牧等。在这个男尊女卑的封建社会，处于从属地位的女子"出圈"真是比登天还难，但薛涛却以她过人的才情，在唐代文学史上为自己开拓出了一方天地，后人通过吟诵她的诗歌来了解她的传奇，通过她自创的桃花小笺来品味她的浪漫。然而，对于薛涛这位女性诗人在浩如烟海的历史典籍中着墨甚少，这让我们对薛涛这位传奇女子的认知蒙上了一层神秘的色彩。

  人，总有探索未知的欲望。长久以来，无论是成都本地人，还是外来的旅游观光客都知道望江楼，也都知道与杜甫草堂毗邻的浣花溪，模糊地知道似乎这些打卡胜地与某一位历史名人相关，再一打听，"哦，原来是为了纪念唐代一名很有才气的歌妓！"除此之外，知之者甚少，而有人想要进一步探究，并没有多少成体系的、确凿可信的资料可供学习研究。2023年5月，天地出版社出版的谢天开教授的《薛涛传》为我们揭开了这层神秘的面纱，他用诗性的语言为我们书写了这位女诗人的家世生平，尤其是在蜀地的生活经历以及她的诗歌创作，为我们了解中唐的历史发展、杰出名人以及巴蜀文化提供了一个良好的契机，该书归属于"四川历史名人丛书·传记系列"，为传承巴蜀文脉，让历史名人"活"起来，作出了突出贡献。

谢天开与他的《薛涛传》

　　谢天开教授与成都有着诸多不解之缘,他生于成都,长于成都,他的名字也是来自李白的那一句"九天开出一成都",对于成都,谢老有着难以割舍的故乡情。谢老曾任成都薛涛研究会副会长,长期致力于薛涛及相关研究,2015年曾出版过《大唐薛涛》,2018年受邀参加中央电视台主办的《我有传家宝》节目录制,在节目中谢老声情并茂,引经据典,侃侃而谈,为观众讲述着"千年古笺诗文化"。

　　知名评论家、作家张义奇曾表示:"在《薛涛传》之前,作者已经出版过《大唐薛涛》《唐诗:诗人与文化》两部书,对于唐诗已有深入研究,对于薛涛的作品与事迹更是烂熟于胸。《薛涛传》较之于《大唐薛涛》,以更加精炼、更加诗性、更加准确的叙事,勾画出了一位绝代风华的女诗人的生命历程和唐人的生活画面。"

　　华东师范大学历史学博士、四川大学古籍整理研究所教授彭华也指出:"谢天开兄是大学教授,也是著名作家,著有《大唐薛涛》《唐诗:诗人与文化》《蜀都竹枝:竹枝词中的民俗万象》《民间艺术十二讲》等著作。由他来撰写《薛涛传》,可谓上佳人选。或者可以这样说,《薛涛传》是作者在多年学术研究的基础上创作而成的一部力作。"

　　谢老首先是一位作家,可以用他自然流畅、醇熟老道、细腻并富有诗意的语言将历史上的薛涛进行文学书写,其次,谢老还是一位专家学者,对唐史、唐诗、薛涛有着多年的学术研究,可以更加科学、理性、全面地进行学术探讨与文化深耕。当文学与学术巧妙融合在一起的时候,我想,这应该就是一本难能可贵、可以称得上雅俗共赏的杰出之作了。

《薛涛传》的艺术特色

(一)三字词令,新颖别致

薛涛作为唐代第一女诗人,其一生亦充满了诗意的传奇色彩。因此,为了让这本人物传记更加贴合传主,从形式到内容,谢老无不细密周到地做了精心设计与安排。且看《薛涛传》的目录,即可感受到整本书散文发出来的盎然诗意及诗人气质。全书共计二十一篇,七十七小节,全部采用"三字令"作为标题。"三字令"是词牌名,最早见于五代后蜀赵崇祚编撰的《花间集》,通调俱用三字成句,在晚唐已经很多人运用该词牌填词。书中一些标题的"三字令"是截取薛涛诗作中的三个字,如"南北鸟""当庭燎""献山川""白荒荒"等标题,这些标题能贴近传主自身的经历和情感表达。整体来看,这些标题简洁凝练,概括性强,使用恰到好处,使整本书的叙事结构整齐划一、清晰可见,且新颖别致、独具匠心、古色古香、韵味十足。

（二）零聚焦视角，客观呈现

作者以第三人称全知视角叙述薛涛生平，冷静、客观、全面地为读者呈现出一个"活着"的历史名人。这种叙事手法，可以让作者获得极大的叙述自由度，做到通晓古今、全知全能，深谙人物命运，又可洞察人物内心。作者在时空交错中不停穿梭游移，灵活地运用倒叙、插叙、补叙等叙事手法，为读者讲述故事的来龙去脉，其间还引经据典，有力地解释说明，通过历史文献与叙事能力的融合，巧妙还原人物形象。

同时，文中夹杂少许的评论之词，剖析历史，解读人物内心。值得一提的是，作者的评论都是点到即止，并无长篇大论，且评论精当，很好地继承与发扬了中国古代诗歌的点评传统。比如薛涛在被韦皋罚赴松州后，向韦皋求情返成都，写下《十离诗》。韦皋接到薛涛诗笺后，将其传与众人评说。

有人评说："《十离诗》殊乏雅道，不足取也。"

有人评说："十首均系民歌情调，层层设喻，借物陈情。"

段文昌细细分析道："《十离诗》确是一组奇诗，手法之新，从前诗坛还未曾有过。往昔的诗歌设喻多为拟人，即为人化的过程。今日的《十离诗》设喻却为拟物，即物化的过程。朗朗乾坤，阴阳世界，万事万物，相离相依。《十离诗》首首写得自警自省，声声诉得相依相离。"

谢老在上述记述之后，精炼、客观、全面地总结道："在

《十离诗》中,薛涛对自己的所作所为以客观的、置身事外的方式加以揭示。一方面,她虽不回避自己的意志对自己的行为所承担的责任,另一方面却将对这些行为作善恶评价的权利交了出来。"

读着谢老的文字,听他娓娓道来,仿佛与薛涛置身于同一时空,一起围炉煮茶、共话桑麻,亲近感与真实感,扑面而来。

(三)非虚构写作手法,让历史事件文学化

非虚构写作是一种具有创新性的叙事策略。因为它在一定程度上模糊了文学与历史之间的边界,"以某种'中间性'的创意模式打破传统文学(小说)叙事的存在样态,使历史或事实在被最大限度还原的基础上成为一种新的文学景观。"

非虚构写作相对来说,素材来源有着某种"事实"层面的自足性,显示着特殊的真实性品格,同时,将这些"事实"再通过文学手段进行柔化整合呈现出来,因此,又具有较强的文学性。

作者在书中运用了非虚构创作的几种写作手法:

1. 设置戏剧化场景

在《薛涛传》中,作者并没有只是针对历史事件进行概括性地记述与总结,他还将一个个历史事件还原为一个个具体可感的场景,来推动故事情节的发展变化,这大大增强了该传记的可读性。而且作者对于场景的描摹也非常具有诗意般的

美感，如在篇一《在成都》："初春，成都薛家院子，青瓦粉墙，素雅如画。院子天井中一棵梧桐树，有些年深了，树干斑驳，树叶浓密。梧桐树下一老一小，闲坐在成都的春风里。老父亲薛郧讲解着李白与杜甫的成都诗，小女儿薛涛听得专注。"作者通过一个场景的描写，先是制造一种画面感，让读者进入到他所描摹的意境中，进而再引出人物和故事，增强代入感，叙事节奏恰如其分。

2. 充分展现人物对话

在叙事中，让人物本身充分发声，直接引语代替间接叙述，让故事的发生发展在人物对话中自然呈现，尽可能地还原故事最本真的状态，避免中间转换带来的缺失，让人物对话与上下文更好地契合，同时，原汁原味地呈现人物的个性特质。"对话越是充分的非虚构叙事，越是接近小说。"

《薛涛传》篇一《入乐籍》中，就有这样的对话：

"喜欢读这些书？还会写诗？"

……

"愿意跟我到西川节度署去吗？吾有一套成都专门刊刻的善本，以后会送你的。"

"真的吗！我愿意。"

"薛涛，有字号吗？"

"薛涛，字洪度。"

这是薛涛在自家庭院晒书，第一次与自己的恩主韦皋相遇的场景。在一来一回的对话中，我们可以想象，当时十六岁的薛涛性格开朗，天真烂漫，对与她地位悬殊的韦大人对答如流，不卑不亢，充分展现了她长于应答的一面。也正因为这样一段流畅的对话，让韦皋发现了这个才貌双全、机智过人的薛涛，召令为乐妓，入籍乐营，侍酒赋诗。

3. 注重细节的呈现

作者在《薛涛传》中十分注重细节的刻画，为我们呈现出了一个具有质感的鲜活的历史人物。当然，其中一定有作者的想象，但这种想象是基于他对史料文献的搜集整理。不同于文学性传记，《薛涛传》是一部更侧重于学术性的人物传记，讲求史实性是它的显著特征，作者力求每个细节都有它的出处和根据，在真实与想象之间谋求一种平衡，既可以不违背历史，又可以填补史料中的一些空白。

在篇九《画眉无》中，对薛涛赴元稹之约一段，谢老极力描写"画眉"这一细节，来表现薛涛即将要见到这位当朝第一才子前内心的忐忑与无限遐想。女为悦己者容，在唐代，女人的妆容关键在于画眉。作者列数典籍，帮我们回忆了一下"画眉"的历史，细数个中缘由。眉黛远山横，卓文君开创了成都的眉史，薛涛是她的隔代粉丝。而今，薛涛画上了一个自己满意的妆容，走向了那个想要未来与之"双栖绿池上，朝暮共飞还"的情郎。

4. 采用多元化视角

在我国非虚构写作中，十分重视从不同的视角来观察、表现人物或事件。不同的人因为身份、地位、立场等不同，对同一人物或事件会有不同的看法。该书比较典型的一处就是薛涛被罚赴松州后，给南康靖王韦皋寄诗笺《十离诗》，希望恩主韦皋可以"回转意"，让她重返成都。当时，韦皋正在画舫参加一年一度的夏夜赏荷诗会，宾客满座，韦皋将薛涛的诗笺在众人手中传阅评说，不同的人表达了对此事的不同看法，莫衷一是，褒贬不一。然而，薛涛在写诗前仔细揣摩了韦皋的性情与喜好，深知韦皋的心思，这《十离诗》果真让韦皋想起了年轻时所负之人玉箫姑娘，不禁老泪纵横，下令召薛涛回成都。

5. 综合运用多种修辞手法

作者在《薛涛传》中综合运用了多种修辞手法，如比喻、拟人、排比、对偶、引用、用典、衬托、对比、互文、象征、反问、借代等，这让语言表现形式更为丰富多样，生动而形象地为我们塑造了一位历史上的薛涛，精彩纷呈地讲述了一个又一个历史故事，绝妙地勾勒了一座历史悠久的唐代成都的城市形象，为我们营造了一种优美而典雅的诗的意境。

（四）海纳百川，有容乃大

"海纳百川，有容乃大"，是四川大学的校训，也是我对这本书内容的一句话提炼。

在《薛涛传》中，描绘了安史之乱后，唐朝由盛转衰，国力渐颓,从"稻米流脂粟米白,公私仓廪俱丰实"的太平天下,衰败成了"积尸草木腥,流血川原丹"的破碎河山,唯有成都作为大唐的后花园,算得上是离乱中的太平之地。薛郧带着八岁的薛涛迁往成都。与此同时,大唐诗坛也是落木萧萧,四处悲号,随着李白、高适、岑参、杜甫的离世,中唐开始了,薛涛的诗和她的诗笺联系着中唐和晚唐的诗坛。书中还写了蜀中乱,韦皋暴疾而卒,刘辟充任剑南西川节度使,结党营私,权欲膨胀,并希望拉拢薛涛,而薛涛以其敏锐的政治眼光,断然拒绝了刘辟,最后,刘辟兵败被斩,成都坊间传唱民谣:"辟夫心不足,长安当街哭。"书中还介绍了唐时成都造纸制笺的民俗文化,成都浣花溪乃当时造纸制笺的中心,书中介绍了比较著名的广都纸和益州麻纸,以及浣花溪所产的蜀笺的制作工艺。这里有着天然的自然条件可供造纸制笺,而且水陆交通便利,成为薛涛在脱离乐籍之后来此地学习造纸、发明"薛涛笺"的前提与基础。

《薛涛传》中,薛涛当然是当之无愧的主角,但是要想写好薛涛,又不能只写薛涛,还要有与之相关的时代背景(包括巴蜀在内的中唐的政治、经济、军事、文化等的发展情况)、社会环境、复杂的人物关系、巴蜀地区的民俗风情、社会风尚、文学尤其是诗歌艺术的发展等,为传主人物的展开及活动提供一个广阔的时代背景和历史舞台,让我们看到一个历史长河中的薛涛形象,这样的薛涛更加真实、鲜明、深邃、厚重。

读后之感

（一）关于作者

在一次会议上，有幸与谢老结识，他严谨细致，学识渊博，谈笑风趣，和蔼可亲，给我留下了深刻的印象。而在反复阅读谢老的《薛涛传》时，他严谨的治学态度，细腻的情感表达，诗意的文字处理，再一次加深了我对谢老的这一印象，由衷地对他产生了敬佩景仰之情。我怜惜着薛涛幼年丧父、凭着自己的一番才情和一身傲骨在一个男权社会里打拼的心酸与不易，赞叹着薛涛脱离乐籍之后依然可以凭借自制的"薛涛笺"成为中国诗歌史上唯一经济自立的女性诗人，惋惜着薛涛对与蓝颜知己段文昌之间悬殊的地位心知肚明，只能将自己的一份美好愿景永远藏在心底，也深深地感动着薛涛为那个"不结同心人，空结同心草"的负心人所受的相思之苦。

与其说这些动容来自薛涛，不如说是来自谢老笔下的薛涛更为贴切。

（二）关于文本

《薛涛传》从简约大气的封面设计到构思精妙的章节标题，再到有理有据的内容编排，还有最后对薛涛年谱的细致梳理，都显示出了作者的用心以及多年的学术积淀。作者为薛涛立传,讲她的井梧吟,讲她的入乐籍,讲她的女校书,讲她的十离诗,讲她的醉破春,讲她的"薛涛笺",但也讲了成都、蜀中乱、白荒荒、武侯祠、浣花溪、蜀地乐、成都画、群芳谱、望江楼,这在写一个人,亦在写一段历史,把一座城置于特定的历史朝代之中,展现出它的精神风貌。该书在尊重历史的基础上谋求创新,融文学性、艺术性、学术性于一体,雅俗共赏,堪称一部经得起读者与历史检验的佳作。

(三)关于薛涛

薛涛有才学,有胆识,有机智,可以在男权社会里广结有识之士,在古代"男人圈"里觥筹交错,左右逢源,但她决不依附于任何一个男人。元稹曾说"锦江滑腻蛾眉秀,幻出文君与薛涛",将薛涛与西汉卓文君相提并论,而薛涛的独特之处在于其政治远见,为段文昌、元稹出谋划策,拒绝与叛乱的刘辟为伍等,都体现着她在政治上的眼光与智慧。还有,薛涛凭着一己之力,经过不断的钻研与探索,在浣花溪边用成都的木芙蓉制作出了风靡一时的"薛涛笺",从此让天下的文人雅士有了书写诗歌的专门诗笺,甚至被赞为"一纸万金犹不惜",这也让薛涛成为一个商业神话。她不仅"通音律,善辩慧,工诗赋",更展现出卓越的经商才能。据文献记载,"薛涛笺"以十色著称,包含深红、粉红、杏红、深青等,除了深红桃花色,每年以两色为主打产品上市,依次循环,以让诗笺成为十色集套，保障畅销，超前的经商思维在以农耕文明为主的大唐被薛涛运用得淋漓尽致。

细数薛涛的种种传奇，仿佛就是现代社会里的精英女性，她们化上美美的妆，自信从容，智慧果敢，在各个领域都可以看到她们崭露头角。但这是社会主义新时期，我们不再讲究那些"三纲五常""女子无才便是德"，今天的社会是男女平等的社会，至少可以让更多的女性放下手中的"羹汤"，走出家门，不再成为任何人的附属。这种独立意识应该是"五四"之于女性最为宝贵的社会意识。薛涛出生在了一个相对宽松的社会环境，相较于其他朝代，唐朝女性地位较高，部分女子得以读书或参与社会活动，但为官者仍属罕见。受限于根深蒂固的封建思想以及整体的社会大环境，要做一名大唐的精英女性，并不会像我们今人想得那样容易轻巧，个中辛酸，应该只有薛涛本人才能最解其中味了。

读完《薛涛传》，真的是惊叹不已！赞叹不绝！

在四川历史名人丛书中，传记系列有：诸葛亮、李白、苏轼、大禹、杨慎、李冰等。在为众多四川名人立传中，鲜有女性，薛涛作为四川历史名人符号之一，当之无愧。她的诗歌在唐诗中占有一席之地，她的"薛涛笺"闻名遐迩、千古流传，她集美貌、智慧、才情与韬略于一身，是封建社会里少有的女性精英，是一代女中豪杰、扫眉才子。她应该被历史记录，写进巴蜀文化书丛之中，让后人知道她，了解她，学习她，记住她。从这一角度来看，《薛涛传》的出现，及时且刚需，十分必要。

在群星璀璨的巴蜀大地上，世人的目光多聚焦于"三苏"，尤其是"一蓑烟雨任平生"的苏东坡身上，还有那个道出"晓看红湿处，花重锦官城"、流落于成都草堂的杜工部……望江楼，就像一个含蓄优雅的仕女，伫立在锦江河畔，沉默不语。我想，那应该是一种看尽繁华后的安静从容，自重自持，就像它的主人一样，西蜀佳人，绝世独立。

在好奇心的驱使下，请——

走进一本书，走进一个人，走进一座城。

参考文献

［1］谢天开.薛涛传［M］.成都：天地出版社，2023.

［2］彭华.绝世有才女，千载得知音——读《薛涛传》有感［J］.文史信息，2023（6）：97-99.

［3］张义奇.大唐天幕上的一轮明月——读谢天开新作《薛涛传》［EB/OL］.（2023-06-15）.https://book.douban.com/review/15268227/.

［4］葛红兵，许道军.创意写作教程［M］.2版.北京：高等教育出版社，2023.

［5］张文东."非虚构"写作：新的文学可能性？——从《人民文学》的非虚构说起［J］.文艺争鸣，2011（3）：43-47.

［6］丁伯慧，李孟.创意写作［M］.北京：高等教育出版社，2016.

（作者单位：四川大学，指导教师：邓亚男）

舌尖上的宋朝

——读《宋宴》

◎兰梦婷

宋朝，是一个处处透着风雅的朝代，是将东方美学体现得最淋漓尽致的朝代，这种美学也体现在美食上。"人间有味是清欢"，东坡先生的一句诗道尽了宋时文人餐桌上的精致清雅和精神追求。加上有人说宋朝是"中国历史上餐饮业发展的巅峰"，于是我开始了对宋朝饮食的探索，机缘巧合下接触到了一本名叫《宋宴》的书。

我从未见过如此"丰盛"的书，它就像球迷们在赛场上看到球员们的精彩表现一样，让人津津乐道，给人一种身临其境的体验。对于一个对美食极富兴趣的人来说，这无疑是一本让我感觉到"真香"的书籍，读《宋宴》无疑带给我一种纸上谈吃的极致体验，让我不禁感叹一句——宋朝人真的太会吃了吧！

《宋宴》，顾名思义，这是一本介绍宋代食物的著作。但是《宋宴》并非宋朝典籍，而是今人的美食著作，为徐鲤、郑亚胜和卢冉合撰。它的作者之一徐鲤有一天在《东京梦华录》中读到"人面子"一词时心生疑惑,想着这会不会就是他自小爱吃的"人面子果"?因为这样的好奇,近乎零经验的徐鲤生出要还原宋菜的念头。加之三位作者均从事美术工作,同时也是宋朝文化的忠实爱好者,于是一拍即合,打算联手共赴一场宋朝的飨宴。他们搜集整理宋以及宋以后描写宋代饮食的典籍,精选其中可具操作性的菜式,然后收集食材,尽力一一还原这些美食佳肴,用文字、图片记录其中过程,颇有成效。从搜集资料开始,到选材烹饪,布置器具场景,再到摄影成册,他们近乎完整地复刻了两宋时期的近七十道菜肴,成就了这本《宋宴》。《宋宴》的资料底本主要来自《东京梦华录》《山家清供》《梦粱录》等,显然既考虑了菜馔的风格传统,也考虑了养生价值。作者说,这不是一本"纯粹的食谱"。书中每一道菜不仅罗列了配料与烹煮步骤,还从宋人的日常生活切入,讲述其创制者、享用场合及背后的历史轶事,想让读者用舌尖感受历史,获得超出食物本身的乐趣。而我认为,这不仅仅是一本美食读物,带给我对宋朝美食百花齐放的震撼,更是宋朝文化的薪火传承。通过观书,让我们有机会在畅游书海中感受到一种穿越回宋朝的感觉,仿佛置身于清明上河图的一家小面馆中,点上一份小面,观察来来往往行人的穿搭配饰、举止言谈,好不悠闲惬意。

开卷即发现原来另有风景,上至宫廷盛宴,下至平民餐桌,包含热荤、素菜、冷盘、羹汤、粥面、糕饼、饮料、果子八类餐点,不仅仅是美食菜品的呈现,更有详细的制作过程。从食材用料到制法步骤,用量精确、说明精细、配图精美,上手便可操作,让读者能穿越回大宋时代,品尝赵宋美食。书中还有对历史、典故、趣闻的阐述和解读,并融入山水意境与诗情画意,让我们在诗画间感受美食文化,于历史长河中了解宋代餐饮业的繁荣,在美食制作中品味风雅的宋宴。

书中按照四季时序精心布排,介绍宋代各阶层的食物种类和制作步骤,在还原了两宋的七十五道菜品的同时,更收录了许多文化名人与美食的佳话。例如春食中有一道菜叫"柳叶韭"。公元759年杜甫探亲回任职地时,抽空看望了挚友卫八处士,当晚,主人将冒雨从院中剪下的韭菜拌着春柳的嫩芽为菜,分别之后便有了杜甫的长诗《赠卫八处士》,那句"夜雨剪春韭"便是出自那晚的餐桌,那道小菜也有了一个气质优雅的名字"柳叶韭"。

《宋宴》是宋朝餐饮文化的盛宴。春之清爽,夏之圆熟,秋之鲜香,冬之醇厚。春食的首款"春饼","春日春盘细生菜"(杜甫),这道圆形薄饼卷裹春季时蔬的食品,是宋人立春日必吃的食物。初春的嫩芹菜、马兰头、椿芽,裹在春卷里,一口咬下去,原生原味,"如同将初春吃进嘴里"。夏日,为了感谢"杏林圣手"董奉,民间流行用杏子熬粥,谓之"真君粥",酸酸甜甜,开胃化积;重阳节,饮菊花酒,食"春兰秋菊",菜名取自屈原的《九歌》,其实是石榴、雪梨、橙子这三种秋季水果拌制而成的"沙拉";腊月,家家户户吃鱼鲞，既可与素菜搭配，也可与荤菜共烩，如用鱼鲞煨小排，鲜香爽口，风味极佳，"肉软而鲜肥，生时拆之，便可当做小菜"（袁枚），实乃佐粥下饭良品。

《宋宴》也是一场精神上的盛宴，无论是食材的选择还是菜名的由来，都展示了一些为人处世之道。例如，食物背后的"无用之事"揭示的是一种顺应之道。春饼的背后是"鞭春牛"的祈福盛会，炎炎夏日则必得有消夏的樱桃宴和"雪羹羡"；到了秋天，桂花香了，重阳节到了，广寒糕与菊花酒必然登场，人们要赏菊登高望远；至于冬天，一定是属于盏蒸羊的，如此才好围着炉子，吃它个热气腾腾。这些在今天看来很有点浪费时间的无用之事，向我们生动地演绎了生活最简单的道理——在恰当的时候，做恰当的事。日出而作，日落而息，顺应最基本的自然之道，万事万物才会回归到最合适的状态，这是《宋宴》带给我们的第一则处世之道——顺应。

再说"大耐糕"的由来。《宋史》里有个故事，说的是宋真宗提拔杭州向氏的先祖——向敏中为右仆射兼门下侍郎。颁召当日，真宗遣翰林学士李宗谔去向府宁一探究竟，看看向敏中的反应。李到达向府时，发现向府冷冷清清，并未如皇帝猜想般大宴宾客。李再三试探向敏中，对其大加吹捧，向敏中神色淡然，不骄不躁。真宗闻听后大笑着称向敏中为"大耐官职"，即指人品可靠、能力超强的模范官员。大耐糕便是向氏家族根据此事研制的糕点，用来纪念先祖的宠辱不惊。其做法讲究克制：将大奈子（李子的一种）挖去果核，填入松子、蜂蜜等馅料蒸制而成。蒸，目的是降低李子积冷伤脾胃的锐气，我觉得非常像是岁月对人的磋磨。大耐糕记录了一位宋时官员的克制和谨言慎行，使后世士子们"苟知耐之一字，以节义自守"，这块小小的糕点里，折射出的恰恰是宋人对于顺境的克制。与之相对应的是著名的东坡先生苏轼。《宋宴》中的许多道菜肴中都看见东坡先生的身影。每每读到都忍不住会心一笑。苏轼因仕途辗转游历四方，走哪儿吃哪儿。一面吃，一面还要为吃食写上四百多篇诗赋，即便是被贬黄州之后仍开发出东坡肉和酒煮蚝。无论身处何境，东坡先生都能在困境中找到生活的趣味，他用他一生的豁达与肆意，向我们展示了另一种安于当下的态度。顺境时不忘形，逆境时不气馁，两种处事态度的背后都是不变的本心。以本心应对万变，无论周遭如何变化，最好都只是那个寻常度日的自己，这样才不会在无常的变化中迷失自己。

总的来说，《宋宴》对食物的介绍，已经将文学、历史和人生态度融于一体。这本书里文人雅士与美食相关的文化典故俯拾皆是，也许因为作者非史学家，考据相对浅显，但确实也是对宋朝文化的一种风味传承。若有闲暇，不妨翻阅此书，尝试烹制其中几道菜品，从舌尖感受历史，从味觉和精神上感受一下两宋的风雅，风花雪月，让我们一起奔赴一场不一样的文化盛宴与饕餮飨宴。

（作者单位：泸州职业技术学院）

中国传统造物思想之自然观承变

——结合刘敦愿《文物中的鸟兽草木》释读

◎黄祥科

  《文物中的鸟兽草木》是刘敦愿先生几十年来致力于中国美术史和考古学领域的成果总结，由其学生郑岩整编完成。书中收录的文章由编者划分为四个部分[①]，分别体现了刘敦愿先生对动植物这一类主题的攻克方向和研究志趣。书中"杂学"札记与"学术性"文章并举，综合运用了考古学、古典文献学、美术史学、民族学、民俗和民间美术等多方面的材料和研究方法，实现了跨学科、跨文化的对接。多数学者对此的讨论依旧停留在通过出土文物上的图像及风格来复原彼时的生态环境与社会生活，其最终的目的还是在于"历史原境"的回归，

---

① 郑岩.碎金屑玉的意义［J］.读书，2022（8）：23-31.

探究动植物背后隐藏的文化含义[1]；而鲜少有研究者关注文物图像所揭示的"人与自然"的互动关系。笔者针对这一未尽之处，基于"博物学"的研究视角，聚焦古代器物上的动植物图像展开讨论。

一、自然哲学观："制器尚象"到"天人合一"

"制器尚象"，语出《周易·系辞上传》："《易》有圣人之道四焉，以言者尚其辞，以动者尚其动，以制器者尚其象，以卜筮者尚其占。"[2]想要了解"制器尚象"之本意，就必须明晰"象"之深意。有研究者将"制器尚象"之"象"归纳为三种含义，即物象，有时模拟外物造物，有时表达万物的内在特征进而赋义，可作"象征"；意象，通过想象创物；道象，依据一些原理和规律造物。[3]笔者赞同尚"物象"的说法，原因有三，如下：

首先，唐初经学家、大儒、易学家孔颖达认为："以制器者尚其象者，谓造制形器，法其爻卦之象。"[4]即古人所造

---

[1] 吴婉妮.碎金屑玉的意义——刘敦愿《文物中的鸟兽草木》研读会[EB/OL].[2024-01-13].https://mp.weixin.qq.com/s/6l9kJGnpiliJDfuI10GS0g.
[2] 杨天才.周易[M].北京：中华书局，2011.
[3] 肖清风.制器尚象——中国古代的造物方式[J].湖北美术学院学报，2013（4）：93-95.
[4] 阮元.十三经注疏（清嘉庆刊本第一册）[M].中华书局编辑部，校.北京：中华书局，1998.

器物是效法《周易》的卦象而来，所谓"依卦造器"或"观象制器"，如伏羲氏编绳结网用以捕鸟，是取向于"离"卦；神农氏砍削树木制成耒耜，是取向于"益"卦；此外还有舟楫的发明使人能够离开故居，漂洋过海，流散到世界各地，取象于"涣"卦等。但也有学者对此持否定批判态度，反对这种刻板机械、不合逻辑的说法。史学家顾颉刚提出："创造一件东西，固然是要现象，但这个象乃是自然界之象而非八卦之象。"①尽管两位先生对"制器尚象"的原义存在异议，但细思之后可以发现他们在观点上的共性，即古人是基于对自然的敏锐观察，进而应用于造物设计之中的。其实，卦象就是直接取象，用以表达这个事物，是对世间万物抽象与具象的统一。②

其次，春秋《考工记》中早有明确记载："轸之方也，以象地也；盖之圆也，以象天也；轮辐三十，以象日月也；盖弓二十有八，以象星也。"③轮子的各个部件形态是依照天地、日月、星宿所作，其造型无不体现着对外界物象的模拟。"天圆地方"的观念在原始社会就已存在，例如史前玉琮造型"外方内圆"；旋纹彩陶瓶上刻划着"圆中见方"的纹饰图案，这些都蕴含着沟通天地日月的语义。至汉代，铜镜成为这一观

---

① 顾颉刚.古史辨（三）[M].上海：上海古籍出版社，1982.
② 贾利军，王宏，贺达豪.《易经》《道德经》视角下企业组织结构演进规律解析[J].中国文化与管理，2023（1）：13-24，219-220.
③ 闻人军.考工记[M].上海：上海古籍出版社，2021.

念的物化经典。之后，在明代家具以及建筑等方面皆可寻见此理念的运用。就此，中国古代"制器尚象""尚天法地"的思想，形成了按照天地形象制造器具和房屋的传统。

最后，器物常与道家思想联系密切，"尚天法地"的器物观与"人法地，地法天，天法道，道法自然""形而上者谓之道，形而下者谓之器"异曲同工。这些观点皆认为天地有"道"，反映了"治器显道"的传统造物观。换句话说，"制器尚象"理念强调通过对自然物形态的客观模仿，将器物造型视为一种象征符号，激发人们对"道"的渴求，从而使"器"成为诠释宇宙万物之"道"的载体，①实现器物文化与精神文化的辩证统一。"形而上之道"逐渐转化为"形而下之器"，这一点恰好能够证明孔、顾二位先生立场相左但深意类似的原因。在"制器尚象"思想的指导下，造物者对自然的观察与抽象反映在对器物的造型上，目的就是借助自然之力以达成某种避邪、吉祥、崇拜等"象征性"的美好愿望。②圣人通过宏观的天文地理和微观的虫鱼鸟兽之纹，概括出社会、人生、自然的某些规律，用象征性语言指导人类的行为，遇难成祥，逢凶化吉，概之"天人合一"。

这一"象征性"的理念在《文物中的鸟兽草木》卷二中有

---

① 陈布瑾.由"制器尚象"谈中国传统文化对器物造型的影响[D].长沙：湖南大学，2004.
② 陈布瑾，胡锦."制器尚象"对器物造型的影响[J].装饰，2003（8）：91.

迹可循，这也是本书最具创新性的部分，许多解释令笔者深受启发。

譬如在《饕餮（兽面）纹样的起源与含义》一文中，作者颠覆了"缙云氏有不才子"的饕餮作为"四凶"之一写照的固有认知，赋予了饕餮威猛、勇敢、公正的良兽形象（图一），并强调安置在门户上的"兽头兽角"是辟邪驱鬼，以求家人生命财产安全的吉利象征。①

针对商代大量出现的鸮形青铜器，作者在《夜与梦之神——鸱鸮》中揭示了鸱鸮并非形貌和声音都丑恶的不祥之鸟。作者通过爬梳商晚期到秦汉时期关于鸱鸮的实物材料，推翻了枭类题材不受重视的结论，以此证明鸱鸮作为猛禽中的夜禽备受崇拜的原因，或象征军事胜利，或保障人生"长夜"。②

除此之外，《含义复杂的虎崇拜》一文中，"虎"形象被阐释为军武与勇士的象征（图二），具有辟邪厌胜的功能。③由上述可见，卷二的几篇文章皆是器物中"制器尚象""天人合一"的体现，是原始巫术的理性升华，导致的艺术手段塑造化的结果。

因此，"制器尚象"尚"物象"，也即，取自然之象，或

---

① 刘敦愿，郑岩. 文物中的鸟兽草木［M］. 成都：四川人民出版社，2022：68.
② 同上书，第98-102页.
③ 同上书，第109-115页.

作"象征义"。造物的目的就在于将这类象征意群物化、实体化出来。

图一　青铜时期青铜器上的兽面及人面纹样，图片取自《文物中的鸟兽草木》第53页

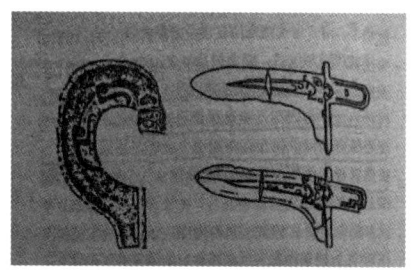

图二　甘肃灵台县西周墓葬出土虎纹兵器线路图，图片取自《文物中的鸟兽草木》第112页

二、自然生态观："天人合一"到"人与自然共生"

在历代工艺文献中，《考工记》理应算是将造物活动与天地自然联系的一部重要著作，其中"天有时、地有气、材有美、工有巧"是中国早期强调自然之功的发端。天、地、材是客观存在的自然物质，揭示了农耕等造物活动受到农时节气、地理气候等自然因素的影响。可以说，只有认识自然、尊重自然，顺应自然发展规律，传统造物体系才能得以传承。早期人类相信"万物有灵"，认为自然界的一切水木火土、日月星辰以及应四季而生的生物生命周而复始等现象无不沾染灵性。

明宋应星将这种现象称为"气"之本体，所谓"天地间非形即气，非气即形，杂于形与气之间者，水火是也。由气而化形，形复返于气，百姓日习而不知也。"①古老的"气"以及"阴阳五行"传统亦就逐渐形成了"天人合一"的宇宙观。学者彭菊花在《天人合一的宇宙观及其时代价值》一文中，明确人是一个系统整体；其二，在价值论层面，与天地合一成为生命的最高追求；其三，在认识论层面，以作为认识载体的"名"把握天地之"道"。②很明显，上文"制器尚象"造物理念中暗含着道家"天人合一"思想的第二重意味。而现在讨论的则是"天人合一"的第一重意味，即作为本体论存在的"人与自然共生"理念是受到"天人合一"思想浸润的演化形态。如果说，早期的人与自然关系是神圣携灵、神秘莫测的，追求的是人道与天道的"合一"，那么后期人与自然关系的神秘色彩逐渐淡化而归于世俗，讲究的是人与自然"平等""和谐"。③

《文物中的鸟兽草木》卷四是最具博物学特征的部分。我们不妨大胆试想，郑岩先生可能或多或少也受到了类似彭文观念的影响，故而才会出现卷二、卷四这样的编排体系。

"人与自然"大致分为三个层面，笔者试图将这三个层

---

① 宋应星.野议、谈天、论气、思怜诗[M].上海：上海人民出版社，1976.
② 彭菊花.天人合一的宇宙观及其时代价值[J].湖北大学学报（哲学社会科学版），2023，50（1）：48-55.
③ 吴新林.从《考工记》到《天工开物》：艺术比较视域下的中国传统造物思想之承变[J].艺术设计研究，2018（3）：79-83.

面分别对应进卷四的数篇文章之中,以加强对于造物和自然的认识:

第一,自然资源的合理利用。《天工开物·乃粒》中这样写道:"生人不能久生,而五谷生之。五谷不能自生,而人生之。"[①]这段话说明了人类与大自然的密切联系,各种自然之材是"天工"的无私馈赠。

刘敦愿先生通过对山东泗水岳石文化层出土的夹砂陶器器底上的叶脉印痕(图三)进行鉴定考证还原,得出岳石陶鼎鼎足划纹中的多叶脉纹(枝叶纹)可能是在有意识模拟印痕的结论。[②]从"印痕"到"纹饰",体现了人类善于将自然资源为我所用的智慧。针对两侧对称排列多条平行的、方向朝下的枝叶纹,作者推测了这样的创作意图,即该叶所依附的柞树是良好可用的木材,以及树之幼叶利于饲养柞蚕等。足以见得,书中所蕴藏的"物尽其用"法则。

---

① 宋应星.天工开物(卷上)[M].北京:中国社会出版社,2004.
② 刘敦愿,郑岩.文物中的鸟兽草木[M].成都:四川人民出版社,2022:242.

图三　山东泗水尹家城岳石文化层出土夹砂陶器器底上的叶脉印痕，图片取自《文物中的鸟兽草木》第241页

第二，自然生态的合理改造。管灵巧和谭属春点校本《天工开物》强调"天工开物"是指人不仅利用自然，创造有用之物，还对自然进行合理的改造。①改造并非破坏，而是进一步协调人与自然关系，缓解人类的不理智矛盾。

刘敦愿先生在研究战国铜鉴上的纹饰（图四）时，认为其纹饰反映了人们对居住环境的园林景观营造。作者同意王恩田先生将"松鹤满园"作为"对周围景物的描绘"这样的说法，同时提出了自己的看法——画中的竞射场面是射者与箭靶左右并列（近景），但又考虑到空间设置所造成的空间空白，不得已将附近的景物安排进了画面（远景）。②松树是有意栽种的，鹤也是为观赏而专门豢养的。由此明显见，造物者为实现"人与自然和谐共处"的完美状态所下的功夫之深。

---

① 宋应星.天工开物［M］.管灵巧，谭属春，点校.长沙：岳麓书社，2003.
② 刘敦愿，郑岩.文物中的鸟兽草木［M］.成都：四川人民出版社，2022：257-258.

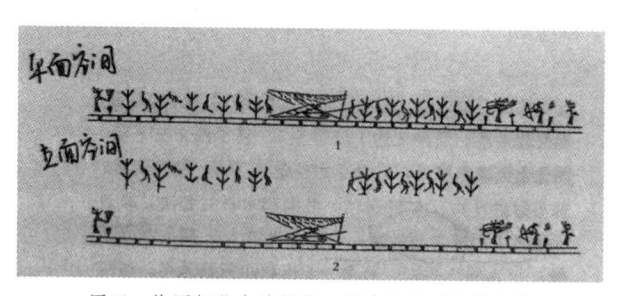

图四　战国铜鉴上的纹饰，图片取自《文物中的鸟兽草木》第256页

第三，自然规律的合理顺应。自然界中蕴含着无尽的造化伟力，人类需不断探索万物运行的本质规律，并在生产和创造领域巧妙地学习、掌握和遵循这一规律。唯有如此，方能充分利用自然的神奇力量，实现开物成务，造福人类。

卷四的后半部分文章最具说服力。在《文物中的"食物链"》中，刘敦愿先生以云南江川李家山滇文化出土的虫兽臂甲（图五）为研究对象，结合宋元明清的大量文献资料，为我们呈现了动物界"弱肉强食"的生存规律，体现了动物界的天敌关系，即昆虫—蜥蜴—雄鸡—野猫这样一条"食物链"，揭示出生物界既互相依存但又互相制约的关系。[1]在《铜鼓中的牛鸟纹样》一文中，作者以云南和四川两处铜鼓腰纹（图六）为图像依据，揭示了一种"共生""共栖"的关系，也即动物与动物之间，除了爪牙相加、残酷斗争之外，还有和平共处、

---

[1]　刘敦愿，郑岩. 文物中的鸟兽草木［M］. 成都：四川人民出版社，2022：269.

互相合作的一面。[1]诸如此类，都是自然界亘古不变的规律和法则，不容人为介入，更不允许造物者强行扭曲，制造出一些不符合自然定律的器物。

图五　云南江川李家山出土虫兽纹青铜臂甲线图，图片取自《文物中的鸟兽草木》第265页

图六　云南石寨山1号墓58号铜鼓腰纹（上）、四川会理3号铜鼓腰纹（下），图片取自《文物中的鸟兽草木》第274页

三、自然科学观："人与自然共生"到"以人为本"

器物上的"人与自然"造物图像无不是对自然美和社会美——日月星辰、江河大海、花鸟鱼虫等灵动意象，以及采桑纺织、渔猎宴乐等人际关系的综合概括。可以说，器物代表

---

① 刘敦愿，郑岩. 文物中的鸟兽草木[M]. 成都：四川人民出版社，2022：273。

了当时审美标准的最高形态，先民们对于"美"有着强烈的情感欲望。但究其本质，造物体系是建立在人类生存的实际生活基础上的[1]，人的生活需求是造物的第一生产力，而非美感使然。上文提到，"天、地、材"是密切联系自然以造物的发端，是对"美"的追逐；而"巧"则是制作良器不可或缺的存在条件和必备素质，是对"用"的考量。《墨子·鲁问》中提到："利于人谓之巧，不利于人谓之拙。"[2]可见，利于人的设计就是好的设计，"以人为本"是造物体系的核心。

《论语·雍也》也记载："质胜文则野，文胜质则史。文质彬彬，然后君子。"[3]所述之意在于，若一人过于质朴而胜过文采，则显得粗陋不堪；反之，若文采胜过质朴，则呈现华而不实的现象。只有把两者均衡结合，才能称得上是君子。孔子原意是讨论人的修养，但其中也包含了他对于器物审美的认知。

"文"可以看作是器物表面的造型、图像以及色彩等，即审美功能；而"质"则可以看成是器物的本质功效，即实用功能。因此，制物活动必须注重"文""质"并举，才能"文质彬彬"，化作"君子之物"，器物之形式和功能只有达到和谐统一的理想状态，才能称得上是一件良物。如果只注重

---

[1] 李倍雷.基于"艺术列传"窥探《天工开物》造物艺术的体系[J].湖南包装，2019, 34（1）：63-68.
[2] 墨子.墨子[M].方勇译，注.北京：中华书局，2015.
[3] 孔子弟子及再传弟子.论语[M].陈晓芳，译注.北京：中华书局，2016.

"文",就会刻意营饰器物的浮华外观,而忽略器物的第一本质,即以人为本,进而大大削弱了器物的实用价值,变得徒有其表,成为苍白的虚饰;而如果只注重"质",仅以满足人类衣、食、住、用、行等物质需求,而排斥对于美的追求,不顾及人类的情感需要,则与原始社会无异。[1]这既是孔子对于功能与形式的最初表达,同时也为中国传统造物设计提供了理论支撑。

造物虽以"物"的形态载体,但其意义终点在于"人",审美性需受功能性"制约"。然而看似"制约"导致的"文质"失衡,实际上是为了实现最大程度上的"美感"。

《神圣的昆虫——蝉》一文中就提到,蝉类的小型工艺品——含玉,因为人的口腔空间有限,所以只能是薄小的物料,形态以上卷下窄并作片状为宜。[2]并在谈及蝉类的大型工艺品时,这种蝉纹便需在形象上加以省简,加以定型化与线性化,以方便人类雕刻。

与此同时,作者还认为形制似为船样的山西龙觥(gōng)(图七),可能是件盛酒的容器,盛那种和有香料的"鬯(chàng)酒"的祭器,参见《山西石楼龙觥与鬼方》。

作者在《鸡卣与貘尊》中说的更加明确,在对太保鸟形

---

[1] 许晓燕.文与质——对中国传统造物思想的再思考[J].美术大观,2011(3):60.
[2] 刘敦愿,郑岩.文物中的鸟兽草木[M].成都:四川人民出版社,2022:153.

卣和遽父己象尊这两件器物进行考辨时，综合"颔下两胡加大"，以及"鸡冠省略"的实用功能，判定前者是鸡而非鸟；后者器体圆浑，是为了扩大液体容积，长尾器鋬，是便于倾注酒醴而设①，是貘非象。很明显，上述文章都是从处理动物形象和器物实用功能的角度来考量选编的，完美地处理人与物之间情理关系的行为。

形式适于功能的原则，为探究以人为本的造物思想明确了方向。以功能为主，装饰为辅，所有形式美都应首先满足人类生活需求。即使如此，但这也并不意味着我们可以忽视美的感受。

图七　山西石楼出土龙纹铜觥，图片取自《文物中的鸟兽草木》第164页

把功能与审美并行不悖的设计理念贯穿于造物活动当中，既节约资源、保护生态，又赋予器物以审美色彩。只有这样，才能更好地协调物与物、物与人、人与人之间的复杂关系。

---

① 刘敦愿，郑岩.文物中的鸟兽草木［M］.成都：四川人民出版社，2022：251.

结语

"博物学史的精华在于细节,没有细节就谈不上细致的研究。"[1]刘敦愿先生切身关注到了鲜少有人注意到的出土文物上的自然元素,于物象细致观察的治学态度,深刻影响了后世学者的研究。《文物中的鸟兽草木》不仅是对先人所创造的艺术的回归,更是对"人与自然"这一生态理念的图像化表达。

编者以"多识于鸟兽草木之名"(卷一:指向艺术表现形式)开篇,力图吸引读者的阅读兴趣。

随后,强调借自然之力以完成造物者的某种"象征性"愿望,追求人道与天道的"合一"(卷二:探索艺术母题的宗教意义)。

再后来注重刻画神秘色彩逐渐淡化、归于世俗的人与自然关系,讲究人与自然"平等""和谐"的内在规律,并同样以"物"的形态呈现出来(卷四:涵盖自然与生态等问题)。

对于"人与自然"的探索就是不断挖掘审美意涵、赋予美的享受的过程。但值得注意的是,器物始终以"人"作为意义指涉的终点,审美性会受到功能性的"制约"。只有把功能与审美并行不悖的设计理念贯穿于造物活动当中,所造之物才能称为"良物"(各卷)。

---

[1] 熊娇.约翰·雷的博物学思想[M].上海:上海交通大学出版社,2015.

本书不仅通过自然视角解读"历史"（卷三：涉及历史与神话），更赋予了这个视角新的内涵。笔者建议，按照卷一、卷二、卷四、卷三的顺序阅读，以更贴合文中论述的逻辑脉络。

（作者单位：四川大学艺术学院，指导教师：李明）

魅力巴蜀

MEILI BASHU

魅 力 巴 蜀
MEILI BASHU

东坡三昧

——评林语堂《苏东坡传》

◎何思嘉

佛家有三昧,俗人有三昧。修行讲戒定慧,人生有苦辣甜。东坡虽是俗人,却有道心。品过人生三昧,方悟透佛家三昧。

苦

小孩子中间,难得有愿意吃苦瓜的。每逢餐桌上出现苦瓜,总有一番鸡飞狗跳。常常是大人端着碗在后赶,小孩子捂着嘴在前逃。但等小孩子长大了,好些自然就能吃苦瓜了,我自己就是其中一个。

初识这个道理,我大为不解,特地寻寻觅觅,找到了科学解释。原来孩子的味觉远比大人敏感,婴儿一般拥有一万个味蕾,而成人只有两千个左右。但转念一想,感性点说,也许成年人吃了太多人生的苦，一对比，苦瓜那点苦自然不在话下。但在其中，有些人也许更特别，比如苏东坡，比如林语堂，又比如林语堂笔下的苏东坡，这样一些人，他们能在苦瓜的苦中吃出乐来。

杨绛女士说"人生实苦"，怎么不是呢？哪来那么多的十全十美，就算好不容易达成心愿，还有个"世间好物不坚牢，彩云易散琉璃脆"挡着呢。对苏东坡来说，更是如此。他曾在诗中自叹："问汝平生功业，黄州惠州儋州"。黄州那段岁月，隔着悠悠千年时光，我依然能感受到狂风骤雨的力量。

打开林语堂先生的《苏东坡传》，我好似看到了暴雨中有两个人，一人吟诗一人画，都是那么从容、洒落。吟诗的是苏东坡，他身着田间耕作时穿的短衫，曾执笔的手如今用来挖土。作画的是林语堂，如椽大笔上下翻飞，画的正是苏东坡，一个有着书卷气的农夫。对这两个人而言，狂风是背景，暴雨是节拍，一人沉醉，一人欣赏，两相得宜。

林语堂爱苏东坡，哪怕旅居海外，身边也常带着东坡的诗文为伴。原因只有一个——以此为乐罢了，这是林语堂先生在序言中说明的。世人也多爱苏东坡，具体原因五花八门，总结下来也不过以此为乐罢了。有人爱东坡的诗文，有人爱东坡的美食，有人爱东坡的书法，有人爱东坡的文人画，不管是哪一个，都源于东坡带给人的快乐。而这些快乐的独特之处，正在于它们并非只能在顺境中结出甜美的果实，而是在狂风骤雨甚至山崖石缝中也能顽强成长的小苗。

有人说东坡的快乐是"苦中作乐",我不以为然,"苦中作乐"似乎还带着些无可奈何与歇斯底里,总归还是有苦的。我觉得东坡的快乐更像是"以苦为乐"。到了黄州,苏东坡虽衣食匮乏,仍想善待自己、善待生活,于是有了东坡自耕自种,有了雪堂自斟自饮。黄州当地盛产大肥猪,肉质肥美,于是苏东坡又琢磨了"东坡肉",写了《猪肉颂》。一朝从天之骄子跌到阶下囚,东坡当时在人生的低谷,但是想来如果有人奉上苦瓜,他也会烹炒煎炸拿出十八般手艺,把苦瓜吃得津津有味吧。

辣

对苏东坡来说,他的人生体验是热辣的更是刺激的。乌台诗案发生之前,他少年得志,是欧阳修大力推举的文坛新秀,是朝堂之上的青年才俊。乌台诗案发生之后,他是居心叵测者,是等死的囚徒。苏东坡在狱中写下留给弟弟的绝命辞之时,许下了世世为兄弟的愿望,那时的他不知是什么样的心情,但我想那种体验是带有痛感的。

过山车一般的人生,也许最痛苦的时候不是身处低谷,而是在冲入低谷之时,心脏似乎也被恶狠狠地拽了下去——无限地跌落、无限地跌落,不知哪里才是自己人生的至低点。

对东坡而言,在跌落之时,儒家"修身、齐家、治国、平天下"的愿望依旧耀眼，像天上的星星，只是自己无法触及罢了，而佛家的思想与道家的智慧，如同一片柔软温暖的草坪，接住了不断跌落的他。

苏东坡常与僧人为友，其中最有趣的当属佛印和尚。一次苏东坡觉得自己最近修禅颇有领悟，心境也日渐沉稳，不再那么容易被外界的喜怒哀乐所触动，能够在心间为自己保留一方不被打扰的小小天地，于是写了一首小诗，末尾两句是"八风吹不动，端坐紫金莲"，用以描摹自己不动如山的心境。他写好就匆匆请小童送去给佛印和尚，像是写了一篇好作文的学生，迫不及待拿给老师看，带着些许邀功的意味。相传佛印看了微微一笑，不言不语，只在原文后批注了两个蝇头小字，字虽小，分量却不轻，随即让小童带回给东坡。这边苏东坡正急不可耐等着回信，眼见小童快去快回，东坡赶忙展信一看，"放屁"二字工工整整题于诗后。

惊诧、愤怒、不解，这些或许都是苏东坡当时的情绪吧，像吞了一口芥末，辛辣的味道直冲脑门。苏东坡当即动身，乘船渡江一番折腾来到佛印门前，门紧锁着，门上却也题了两句小诗："八风吹不动，一屁过江来。"东坡哑然。

从文坛新星到阶下囚，不过因为几句诗，而从阶下囚到汴京皇城，以三品大员的身份重返朝堂，也不过几个月之间的事情。天下之大，在朝在野，都曾有苏东坡的身影，他可以是才华横溢的天之骄子，可以是百姓仰望的父母官，可以是拄杖听江声的老翁，也可以是酩酊大醉的醉汉，还可以是琢磨着猪肉怎么煮、生蚝又该如何烹调的市井俗人。

过山车一般的人生体验，给了苏东坡广阔的人生视野，也给了他"辣"的体验。"辣"从科学角度来说，不是味觉，而是痛觉，是带有痛感的。想来，苏东坡如果吃着川菜，吃着火锅，面对热辣滚烫，也只会酣畅淋漓地一抹额上汗水罢了。

甜

甜，或许是最受人欢迎的味道，哪怕在不同的文化体系中，甜味都象征着美好的感觉。喜甜的人不少，对东坡而言，人生的甜是一抹甘洌，是他一蓑烟雨任平生之时，用以支撑自己的一股历久弥新的力量。

人世间的感情大致有三，亲情、友情、爱情。

于亲情，曾几何时皓月当空，斯人未眠，明知人有悲欢离合，明知月有阴晴圆缺，还是忍不住对月许愿，但愿人长久，千里共婵娟。这是东坡对弟弟子由的一腔赤诚。

于友情，朝堂之上的东坡与半山剑拔弩张，私下里却一起品茶论道，两人的命运都起起落落，但彼此互相欣赏的知己之情却一直延续了下来。

于爱情，东坡一句"十年生死两茫茫"触动了多少人的愁思。我却觉得"不思量，自难忘"最是让人回味。不思量，我从未刻意想起过你，自难忘，但想你已然成为我铭心刻骨的习惯。在东坡之前，少有人写悼词，用以悼亡的诗却有不少。

元稹想起亡妻时，曾说："诚知此恨人人有，贫贱夫妻百事哀。"怎么不是"百事哀"呢？曾经的我看见山想起你挺拔的身姿，看见水想起你温柔的眼眸，看见天上忽明忽暗的云朵想起你时而开心时而失落的样子。佳人一朝香消玉殒，如今的我依旧见山是你，见水是你，见天上的云还是你，只是那些悸动如今都变成了浓得化不开的愁。这又何尝不是东坡"不思量，自难忘"的别样表达。时光匆匆，白驹过隙。人生实苦，纵然绕不开悲欢离合、阴晴圆缺，但不可否认，那个人的出现就是生命中那一抹甜。

有句戏言，说东坡不是在被贬，就是在被贬的路上。这话不一定准确，却足以见得东坡一生的曲折与动荡。但在山雨欲来风满楼之时，命运也给了他垂青，亲人、友人、爱人，这些人的出现像是夜空中一颗一颗的小星星。星星的光虽然微弱，没有办法彻底照亮夜空。但是每每看到星星，甚至想到星星，就会知道黑夜不是全部——星星的存在就是光的方向。

读林语堂先生的《苏东坡传》，总是饶有意趣。他笔下的东坡先生不再是扁平的历史人物，而是立体又鲜活的，也有人的喜怒哀乐，也有人生中的酸甜苦辣。东坡三味，是苏东坡的人生体验。读林语堂先生的《苏东坡传》，又何尝不是借林语堂先生的眼睛去了解、去观察东坡？一书两人，一本传记展现的是两个有趣的灵魂。同样的幽默，同样的诙谐，同样的半俗半雅亦庄亦谐，写他人也写自己。东坡三味，又何尝不是林语堂先生对人生的独特品味与感悟？三昧的背后有三昧，人生的酸甜苦辣原本就是一场锤炼与修行。待到一朝浮云散尽，方知海阔天空。

（作者单位：成都文理学院文法学院）

无法归去的桃源

——评杨治宜《"自然"之辩：苏轼的有限与不朽》

◎莫了了

  过去的一年，我一直在迁徙：从生兹长兹的四川盆地至繁华的沪上新城，再到远隔重洋的大陆对岸。临行前，我特去乐山三江口旁住了一晚，面对澎湃的江涛，我反复念诵少年苏轼的《游金山寺》，期待"我家江水"送我一路宦游，直上青云。不料寻找一个宁静祥和的治学斗室，竟需要我山南山北，一行再行。在反复收拾行囊的过程中，我总是想起晚年苏轼——在远贬的苦痛中，他选择回归陶渊明的精神世界。案头的仇池，山中的丹药与手边的陶诗，共同构筑了苏轼晚年的精神世界。历史的结局是，苏轼并没有得到长生，也没有解脱尘世烦恼，皈依道佛，而是选择留在"此身非我有"的现实世界。他究竟从陶诗里得到了什么呢？

  也正是在这时，我重拾中学时拜读过的杨治宜的《"自然"之辩——苏轼的有限与不朽》（以下简称《自然之辩》）

一书。此书由生活·读书·新知三联书店于2015年出版，脱胎于杨治宜的博士毕业论文，展示着苏轼对海外学人的感召。杨治宜本硕就读于北京大学，后进入美国普林斯顿大学攻读博士学位，现为德国法兰克福大学汉学系终身教授。同我一样，在东海西海的游学旅程中，杨治宜无数次与"我的诗人（杨治宜语）"苏轼对谈，最终她选择以苏轼晚年和陶诗中营建的"Inner Utopia（内在乌托邦）"为切口，抓住"自然"这一概念在苏轼创作生涯中的辩证特性，力图据此理解"（苏轼的）美学、时代以及在有限的肉身与无限的自由之间的挣扎"。"桃源"所象征的息名利之心，率性独存的自然，是中国古代士大夫的共同理想，在杨治宜教授笔下，苏轼的一生，也始终与三个"桃源"的寻找与失落密切相关。

一、诗中桃源

诗中的桃源是苏轼最早开始思考，成果最为丰硕的一个。在纷繁的写作程式与靡丽的时文环境中，他期待诗文创作能尽量减少刻意雕琢，还原为个人情思的自然流露。在《评韩柳诗》一文中，苏轼提出了著名的"枯淡"说："贵乎枯淡者，谓其外枯而中膏，似澹而实美，渊明、子厚之流是也。"这句话中包含着"枯"与"膏"、"淡"与"美"两组反义词，而它们都统一于陶诗之中，共同交织出其平淡自然的气象。

这样的创作理想从建立伊始就面临着两个质疑：其一是

从作者而言，高超的写作技巧为何会产出平淡的作品？其二是从作品而言，费心雕琢物象，是沉迷声色的表现，为何还标榜"平淡"呢？苏轼及其后继者在为自己的美学追求正名时，主要也就是从这两个方面展开辩护。

对于前者，一切的技巧、规则，都是导向最终理想的路径，这个逻辑框架存在于诗文模式与审美理想的关系、文学与道学的关系，以及个人修行与最终悟道的关系等论题中。由一到多，暗含的事实是世上存在的形形色色的事物，其实都是道的呈现，如庄子所谓"吹万不同，而使其自己也"；由多到一，喻指的是从世间存在的一切事物，都可以领悟大道，如禅宗所提倡的"道在屎溺"。在这样一种基本的逻辑体系之下，在一与多两端各有不同的批评理论，一方肯定"多"的价值，以庄子的"技进于道"说为最典；另一方面否定"多"的意义，"因指见月""得鱼忘筌"。宋代文艺美学的辨析是建立在这样的理论背景下的，事实上都是对经典议题的再回应。

苏轼是其中特殊的一位，他既对"天人合一"之说有着自己的坚持，同时又不可能背离他所钟爱的文艺创作：当桃源村民说出"不知有汉，乃无论魏晋"时，一方面他们脱离了时空的常轨，另一方面，他们也始终奠基于秦汉魏晋的历史恒常之上。《自然之辩》的第一章"诗心如镜"回顾了这一理论传统后，通过《送钱塘僧思聪归山叙》一文的分析表示了苏轼在辩论中的整体态度：受到天台宗影响，苏轼对技艺的一面充满肯定。他在此文中鼓励思聪通过研习诗艺而求道，同时在他所作的《南安军常乐院新作经藏铭》中写道："我法不然,非千非一。如百千灯,共照一室。虽各遍满,不相坏杂。"这是对不同道路间差别的肯定:"通过辩证思维达到的差别不再是简单皮相的差别,而是在意识到它们根本统一,差别之为幻相之后重新肯定的差别。"苏轼的这种基本态度为第二章"制造'自然'"打下了论述基础。正是因为苏轼肯定诗艺的价值,在面对"平淡"的审美追求时,才不会给出与朱熹相同的"艺术经营缺席"的看法,而是将其作为"绚烂之极"后的回归。

但苏轼从不会落入技艺的窠臼,在论吴道子与王维画时,他依然评点为前者为"犹以画工论"。艺术的"高超",在于充分吸收技巧后的"遗忘",忘却的过程,也是在曲折水路中撑杆,向桃源漂流的过程。杨治宜教授从西方文论传统中援引了古希腊"崇尚迷狂与遗忘"的酒神哲学以及柏拉图《斐多篇》中对"真理即记忆"的论述,说明了知识的解脱与艺术之形成之间的密切关系。第二章的结论是,苏轼的"自然"并非一种"平淡自然"的创作风格,而是一种"任性自然"的创作方式。他期待着作品能够成为一面诚实的镜子,一张透明的画布,"让观众/读者相信它传达了在某个特殊历史时刻的作者的真实存在(这在中国传统里常被理解为其道德人格)……对'自然'理念的强调恰恰契合了北宋主要文人艺术种类里大胆的个人主义潮流"。透过画布的里外,读者与作者看见彼此的眼睛:正因他不遗余力地坚持着这样的真诚与坦率,才让我们愿意相信他就是诗中那个雨中长啸、枕藉舟中的潇洒老翁。

然而杨治宜并没有完全打通苏轼驶向桃源的迂回之路。如果苏轼一方面相信文艺创作也是求道的正确路径，那么文学作品应该承载着"道"的要义；而他却又同时认为文学应当如实地反映作者的意见与情感。在伟大的宇宙与渺小的肉身之间，苏轼一定构建起了某种联系，因为他是如此相信"人似秋鸿来有信"，相信节侯、自然与万物的生长是一个浑然的整体。杨治宜缺漏的这一点，幸运地在复旦大学朱刚教授《北宋古文运动与士大夫文学》一书中先有补全：宋代人相信，"文以载道"所载的就是文人个人学养形成的"吾道"，吾道即是天道。《北宋古文运动》一书出版于2013年，时间早于《自然之辩》的成书，参看《自然之辩》的征引目录，却没有涉及过前者，对于第二章中逻辑链条的补足来说，实在是很遗憾的。

二、眼中桃源

苏轼的文风本不属于靡丽一派，在诗中桃源的两个挑战中，受到质疑的常常是后者，即刻画物象与沉醉声色之间的关系。毕竟他曾经洋洋洒洒写就三篇铭文、两篇笔记来向时人推介自己收藏的"凤咮石"，这在当时普遍嗜好奇石的士林之中也是罕见的。苏轼对此的辩说见于《书文与可墨竹》一文，评点文同画作时提出了"故画竹，必先得成竹于胸中"的说法，作者刻画的并非具体各异的实际物象，而是竹的全体——具有普遍性的整体认识，是以苏轼有"赋诗必此诗，定知非诗人"

之语。对于事物总体的把握可以帮助创作者从对无常的现象的流连中解脱出来，获得一个更高的观察视角，即如《庄子》所言，"枢始得其环中，以应无穷"。

然而创作诗文始终是需要对山川风物进行端详鉴赏的，在思考自己与身边世界的具体联系时，苏轼逐渐意识到了创作的边界。那种他所期待的物我合一，解离欲求的自然境界，不能在任何一个山岳的寻访中实现："溪声便是广长舌，山色岂非清净身。夜来八万四千偈，他日如何举似人。"眼中的桃源一旦需要进入笔端，便会在思考的磋磨中被扬为尘屑。在"如何举似人"的慨叹中，苏轼展现出英雄的怅惘，他已经能够代表时人文艺创作的最高水准，而他犹不能形于言语。

得益于丰富的西方美学知识，杨治宜尝试解释了这种失语在人类社会中的普遍性。从早期康德的"人与自然关系的核心其实是人类的自我批判"，到后来顾彬评论近代工业化艺术为"自然成为人类世界的'他者'"，人类对自然世界的观照始终没有脱离人类中心主义的傲慢。谢道韫被千古称赞的咏雪名句"未若柳絮因风起"，其实存在着"将老子比作儿子"的悖谬：雪的存在远早于人造的盐。可是人类的经验与纷繁的宇宙相比，实在不足为道，只有通过分享现有的认知，才有可能拓展思考的边界。而当理论家试图在自然中寻找到一种完全非人的语言时，他们发现"自然"是不断退却的：自然是一种绝对存在（presence），它永远不会允许自己进入任何一个对话中。"试图用语言实现自然的尝试从根本上就是徒劳的"，这一从黑格尔、本雅明到列奥塔的梳理线索是杨治宜在第三章"名花的挑战"与第四章"雄辩的怪石"中分析苏轼物我观念的核心逻辑。

在第三章中,从他一生所作的诸多牡丹诗来看,每每欣赏牡丹时,苏轼都不免经历一番挣扎。一方面,国色天香的牡丹对感官有着强烈的吸引,这使得任何为之动摇的人都极易受到佛教"沉迷声色"的谴责,何况苏轼为了多少解脱自己,斥之为"草木之智巧便佞者",将人的道德责任推脱至牡丹身上;另一方面,苏轼具有对美的敏感,无法抵挡牡丹带来的愉悦,因而又总是"何人更似苏夫子,不是花时肯独来"。面对远离人境的梅花时,苏轼就显得轻松许多,毕竟后者天然地占据了更高的道德位置。在漫长的道学传统中,自然世界的种种声色只有依托于"礼"与"空"的假名,才能得到合理的生存空间。这样扭曲的结果是,自然世界被人造"意义"所包裹,最终完全变成人类社会的投射,"与花对话,意味着把自然想象成言语的存在",当发问的一刻,自然就已经从对话中消失了。

我想在壬戌的秋月下,苏轼是真诚地热爱着舟畔的江水与眼前的银河,道德对审美的绑架或许正是他所面临的秦时之乱。只是他所能抵达的桃源依然需要使用相同的语言,共处同一片大地,这是物质世界必须遵循的规则。在苏轼对奇石癖好的辩护中,我们能够读到同样的意义化。第四章中,杨治宜特别拈出了《天石砚铭》一文,其中记载了少年苏轼受父亲教诲的轶事：当苏轼为这方成色奇绝、发墨性佳、"顾无贮水处"的石砚遗憾不已时，父亲评为"是天砚也。有砚之德，而不足于形耳"，于是"轼宝而用之"。当孩童为直观的形色之美而雀跃时，父亲代表的文化权威突然莅临，指出另一条教化的、思考的待物之道。这样的轶事大概普遍发生于当时的文人家庭之中，也可以视作对苏轼反复意义化的一种解释：他已经尽力了。这次教诲似乎带给了苏轼极为深远的影响，他在一生中对于奇石一直保持着儿童一般的狂热，而砚台——比如案头的仇池——最后又成为故乡的象征，向他提示着一条精神上的归途。

三、心中桃源

传统士大夫在现实遇挫时，往往有两个可寻求的庇护，一是山水，二是坟籍。可惜的是，二者都与现实社会互斥。典籍所代表的传统，包含着一切从现实生活进入历史的人、事、物，这种渐进一旦发生，事物就变得不可追慕和复制。杨治宜讨论的最后一个自然，就是传统与现实所统一的空间——永恒的宇宙。在第五章"回归内在的乌托邦"中，顺着"退却的自然"理论框架，苏轼第三次遇挫后的桃源追觅被揭示出来，那就是对陶渊明的摹写。

越过大庾岭，瘴疠横行的岭南没有汴京的亭台水榭和蜀地的高山深谷，苏轼很难再从山川形胜中获得慰藉。而当地乡民远离国朝教化，又乏同志故旧，物质与精神的双重贫乏促使晚年的苏轼将探知的目光从身外转回身内，重回以素朴闻名的陶诗。尽管现在留存的和陶篇目向我们呈现了一个在儋州怡然自乐的诗人形象，在实际的晚年生涯中，病痛与孤苦一直折磨着年迈的诗人。在当时，躬耕陇亩的陶渊明是既往闲逸诗人中与苏轼心灵最为契合的一位，在南海的蛮荒中，苏轼无数次在诗歌与梦境中描摹南山与桃源，呼唤这位遥远的友朋，力求在文学的世界中消弭痛苦。

杨治宜在"隐喻的山川"一节中，分析了苏轼第一首和陶诗《和陶归园田居·其一》对景物的建构和处理，认为此时苏轼已将陶渊明躬耕的田园援引为一种蓝图，覆盖在眼前的山川上，用以"在语言上转化视觉的荒野"，而他自己在其中则扮演着道德教化者的角色。这与他作为文坛宗主的社会意义有关系，其时也确实有不少青年学者渡海向他求教，但"东家著孔丘，西家著颜渊。市为不二价，农为不争田"这样的乡村形象，较陶渊明原诗的"暧暧远人村，依依墟里烟。狗吠深巷中，鸡鸣桑树颠"情境更胜，其中的居民都是道德典范的化身。显然，这并非苏轼实际起居的村落，而是一个充满隐喻和理想的乌托邦。

陶潜笔下的"村镇"被腾挪到儋州，随之而来的还有他"归去"的个人选择，以及归去后的生活状态。在"尚友古人"一节的梳理中，许多儋州时期的和陶诗都反复暗示苏轼与陶潜拥有相似的内在人格，这是他们做出相同人生选择的原因。我们很难说这样的暗示是写给读者的,还是给苏轼自己的。通过将北宋中期新旧党争导致的屡屡流放解释为自己"性刚才拙,与物多忤"的结果,苏轼在语言的再造中重新掌握了命运的主宰权。和陶诗给了他一个重述个人编年史的空间,其中的一切物象都是苏轼个人意念的投影。杨治宜很贴切地援引了以赛亚·柏林"内心的堡垒"(inner citadel)理论来阐释这一努力:这是一种消极自由。

毫无疑问,消极自由是对个人精神的退守。我们不能仅从"莫作天涯万里意,溪边自有舞雩风"等诗句所流露的片刻适意中,推断出苏轼完全地沉醉于儋州生活之中。远海的瘴气长久地盘踞于苏轼心头,直到遇赦返程的路上,才终于豁然开朗:"云散月明谁点缀?天容海色本澄清"。或许正是发现改造外在自然的尝试屡屡遇挫,苏轼才被迫选择了改造自身,他"在陶诗中发现了一个内在乌托邦(inner utopia),它具有道教洞天的核心特征,只有冥想的心灵可以抵达,无论他现实的物理位置或外在处境"。在杨治宜特别拈出的《和桃源诗序》一文中,我们能看见陶渊明笔下的桃源不断微缩,从武陵到苏轼故乡的青城山,再到传闻中的仇池:"万山环之,可以避世,如桃源也"。最终这一意象被苏轼用以命名奇石,置之于案前。当他将这个世外之境与玩赏的异石联系在一起时,桃花源就彻底脱离了现实的范畴。归去的道路也从行船变为了更加隐秘的体验:"梦往从之游,神交发吾蔽。"

苏轼永远不可能归去陶渊明的桃源了——它已在"岂有

仙而杀者乎"的逻辑质询中灰飞烟灭。然而他又创造了千万个桃源，这些桃源完全私密且平等，只要能达到苏轼所谓的"真契"境界，每个人都可以回到自己的终极故乡。

读这本书时，我正独自经历西欧惨淡的冬天：第一次在海外生活，终日面对着缠绵的冬雨与仅六小时的白昼；文化共鸣的缺失，加之琐碎的医疗水电事务，令我身心俱疲。想到我渡海的初衷乃是为了寻找到一个理想的书斋，不禁想起东坡"但寻牛矢觅归路，家在牛栏西复西"的打趣，寥落的房间更添寒意。

每每读到苏轼的追寻落空时，我心中都有份隐约的宽慰：东坡都不能释怀，遑论区区一后生。然而追随着杨治宜的逻辑，却又能看见苏轼释怀的决心。无论是道与技的关系、道德与审美的关系还是眼前儋州与梦中桃源的关系，即便遇挫，他依然能在漫长的体悟与思考中不断抛出、解答这些熟悉的问题，最终向自己与后来者提供一条可行之路。我想，即便在人生的最后一刻，苏轼也一定不认为自己对桃源的追索走到了终点，毕竟有如此多人相信他临终时仍在向好友求证西方之有无。我们应该感谢苏轼最终也走在归去桃源的途中，才使我们能够读到如此精彩的诗文与论辩，即使如杨治宜和我一样的身在异乡的来人，也能够从中获得无穷的启迪与感召。这是他之所以能滋养民族共同精神的缘由。

但是，我依然想自私地感激苏轼解答了我私人的苦痛。正如其时同样孤独地在普大校园写就这本论著的杨治宜所说的那样:"多年来,与他对话是我灵感的源泉。我因此写下这个故事:我如何通过这些对话,抵达自身。"我自幼在成都长大,读到《和桃源诗序》中的"蜀青城山老人村……桃源盖此比也欤?"时,忽然感到一阵温暖与平静:我所求的东西似乎从一开始便长伴我身边,而求或不求,在眼下也不再重要,因为"尝意天壤间,若此者甚众,不独桃源"。

望向窗外,彤云低垂,教堂的十字架隐约显露在城市森林的树冠中,"杳杳天低鹘没处,青山一发是中原"。

(作者单位:复旦大学)

成都印象与文化寻根

——评流沙河《老成都·芙蓉秋梦》

◎沈芳

熟悉蜀地文化且相关著作颇丰的四川著名作家蒋蓝,在《成都笔记》中对流沙河的成都描写有着相当高的赞誉:"就展示成都的历史、文化、风物、习俗、遗构而论,沙河先生完成的是一座'纸上成都'的迤逦建筑,为蜀地留下了弥足珍贵的文化记忆,至今尚无人出其右者。"[1]流沙河笔下的成都,与多数作家描绘的和本地人眼里的成都,的确很不一样,其中自有个人特色与优胜之处,完全不用担心会"踩着别人的脚背"。

流沙河先生对成都这座千年名城的描写,主要集中于《老成都·芙蓉秋梦》这本小书之中。这座富含文化个性、具有不同侧面的"纸上都市",是由流沙河独特的个人回忆和其生花妙笔共同造就而成的。正如他在初版《自序》中所说,自己写的是"亲身经历的以及见闻的老成都",这本书"既是个人脚迹的回顾，又是老城市的写照，载文载史，立足两船，亦颇好玩。"

《老成都·芙蓉秋梦》分为八个主题各异但内在贯通的章节，书中还插入了与正文相应的老照片，生动直观且颇具历史感。第一章从"我"自己谈起，由纵横的街道串联起各式物件与人事。之后的话题相继聚焦于民国时期的"二刘之战"（刘湘与刘文辉之战）、残酷的抗日战争、"我"的读书生涯、"老成都"街景、"老成都"城址的变迁、后蜀皇帝孟昶之事迹以及"老成都"历史上的三次大屠杀，在主要事件之外还勾连其他相关人物与事件，环环相扣、相互照应，材料丰富却不显得繁琐杂乱。

在这本书里，流沙河沿着时空线索勾勒出"老成都"的大致框架与个人的发展历程，又用亦庄亦谐的笔墨和多重对照细致描绘出这座老城与城中之人的不同侧面，使得城与人都显得有筋有骨、有血有肉。此书主要记录了作者对"老成都"的甘苦回忆，表达的是怀乡之悲、个人之哀，最终指向的是爱我们的桑梓之地、爱我们的父母之邦。

一、两个维度：在时空中构建一个具象立体的"老成都"

不难发现，《老成都·芙蓉秋梦》中贯穿着两条交错纵横的线索——时间与空间。流沙河以时间为经，以空间为纬，在时、空两个维度中共同勾勒出个人的成长历程和老成都的发展面貌。但本书内容并不是完全按照时间顺序或空间位置来平铺直叙，而是随着作者的思路灵活安排，纵横交叉，呈现出诸多变化，可读性非常强。

以首章"悲欢离合了无痕"为例："事缘于人，从我说起。"起句干脆利落，带出全书的主角——作为观看者、感受者、行动者的"我"。流沙河首先将视线聚焦于自己出生的会府南街，根据地理方位来关联和描绘该街周边的环境，同时利用地点勾连出相关人物，展现出老成都的特点。从太平街的"太平洋浴室"、卖灵牌和镜匣的小作坊、自家的香烟店，到玉石街的玉石加工作坊、会府南街自家大院，再到皇华馆街的成都公安局，路线虽然不长，但中间牵扯出的内容却十分丰富。

在调侃"太平洋浴室"店名集矛盾统一于一体，在精细描摹灵牌、镜匣的外观与用处时，又将老成都各街道的手工制品如数家珍般娓娓道来，点明"同业作坊丛聚一街"为老成都的一大特色。沿着路线走到香烟店，介绍店内布置后，自然引出"抛烟敬友"的店主——"我"的父亲。之后写到玉石街技师加工玉圈的工艺，联想到金沙出土的大批玉器与三星堆遗址出土的年代久远的玉器。再回到会府南街的旧居大院，将重心放在"我"的出生，串联起年轻孕妇（"我"的母亲）的生育过程、送醪糟蛋的风俗及牛王生日等事。这还远远不够，流沙河又介绍会府南街的历史，从名称的多次变迁，到介绍此街的两大名人——蔡瓜瓜、尹昌衡的生平事迹，再引出皇华馆，顺势带出母亲的成长与婚姻经历，以及外祖父的性格形象，最后描写父母快活游玩的场景。

一条简短的线路，却串起如此丰富多样的内容，流沙河先生的设计和安排可谓精妙。最重要的是，书里面的描写不是单纯的随意堆砌，也并非简单的平铺直叙，而是在特定路线、特定地点中将固定的内容进行拆解和穿插安排，这十分考验作者的写作能力。就拿皇华馆街这段内容来说，流沙河先从现在的"华兴上街"讲起，指出其旧名为"皇华馆街"，再谈到清末试办成都警察局的历史，以及后来机构迁址至皇华馆，引出改变"我"母亲命运的冤案。其中在讲述母亲遭遇时，又在顺叙中运用插叙，插入"我"与晚年的外祖父相处的场景以及百色起义等事情。流沙河先生在此书中多运用全知视角，这使他能够在材料的剪裁和选取上更加得心应手。

此外，第二章"城险邦危话苦辛"与第五章"寻踪街巷谁家在"也十分注重时间与空间描写的结合，关联相关的人、事、物。如第二章从一百五十年前的法国照相术开始谈起，提及《御香飘渺录》中关于慈禧喜欢照相的记载，继而谈到成都开业的涤雪斋照相楼与有容照相馆。之后讲宜园茶馆以及园内《师亮随刊》社长刘师亮与杨森二人事迹，再回到有容照相馆给"我"家留影的五张照片，最后由"我"满一岁照相后第五天这个时间节点，引出持续两年之久的"二刘之战"。第五章更是空间描写的典型，流沙河描绘的是成都这座"九里三分之城"里从自己就读的省成中到春熙路这条线上的街头景象与沿途见闻。书中详细记录了街道建筑的位置与功能、人物的形貌性格、街头的真实事件与历史联想,以及相关文史资料。这些有关的见闻、资料都可以在这本书中见到,可让人一饱眼福。

流沙河在《老成都·芙蓉秋梦》中,利用时间安排事件,利用空间安置地点,选取典型事件与重要地点,又插入了自身的亲身经历和见闻,为我们建构出了一个具象而非抽象、立体而非平面的"老成都"。

二、多重描绘:庄谐笔墨与对照互补中展现城与人的不同侧面

流沙河先生不仅关注在宏观层面上选取典型、安排不同主题来建构起大框架,也注重多方面、多层次、多笔调地细致描绘"老成都"和成都人的不同侧面。其中让人印象最为深刻的是他亦庄亦谐、雅俗共赏的语言特色和显著鲜明的多方对照手法,这使我们能够更加清晰地认识与理解流沙河的写作风格,以及一个不同的"老成都"。

流沙河早年以诗人身份闻名,兼具深厚的文史底蕴,因而文笔精妙。《老成都·芙蓉秋梦》的语言亦庄亦谐、雅俗兼赏,不同的语言风格在这里一同呈现,流畅自然,浑然一体。此书的语言有时候显得短小精炼、富含古文意态,如:"在我的记忆里,外祖父身体弱,矮小瘦瘠,垮眼角,尖下颏,白

皮肤，黄眼仁，语音细，步履迟。""巷内很清静，仅有大院三，小院五，菜园一，而无商店。"有时充满诗意与节奏感，如："斜阳啼鸦，晚风轻寒，想起刚学会的电影插曲《空枝树》，她便心中默唱一遍，不免感伤。"有时候谨严庄重，充满深情，如："母亲受此惊恐，怔忡三日，生下了我。我是一个藐小的人，不敢说'我来到这个世界上'。我当跪地稽首于会府南街上，没齿不忘，此地是我的起点站。今后不管好好歹歹，我必须在这个城市里和郊区内碰碰跌跌，空劳一生。这是命，我敬畏。"有时幽默诙谐，令人捧腹，如："咱们这些武棒槌儿，被尔等峨冠博带贱视多年，看今日轮到咱大老粗登台露脸。出场来，横眉鼓眼宽额突腮一莽汉，河南许州人，祖辈父辈打饼摆摊，姓王名建字光图。"有时嬉笑怒骂，极尽讽刺，说王建亲自给人吮脓是"最低收买人心之法……'杀妻求将''贪而好色'的吴起都懂得这一套，'贼王八'不读史也懂得"。总之，本书的语言集合了庄严与幽默、典雅与通俗等特点于一体，显示出流沙河先生深厚的文字功底与文化素养，值得再三玩味。

此外，流沙河在《老成都·芙蓉秋梦》中还善于运用对照和互补，来显示"老成都"与城中之人的不同侧面，使其特点更加多样，形象更为全面和立体。

流沙河非常注重今昔对照：拿"老成都"来说，这座城市经历过从古到今的变迁，也经历过繁荣与衰败，它并非一成不变。不要说城址的扩建变动，就算是普通的街道、建筑，都在时间的推移中变了样。生"我"的大院，在短短的几十年间，也一扫而空，成了自来水公司的停车坪。

再说到老成都人，流沙河先生注意传递出人的真实性和复杂性，书中的他们不是扁平化的人物。其中，如佘家老二是一个复杂的典型：他放荡不羁，吃喝嫖赌，还和自己的小妈有着不正当关系，是个十足的纨绔子弟。但他又打得一手好弹子、枪法也好，演旦角还胜过专业女角。原先大富大贵，后来变得困窘不堪。流沙河介绍说："老成都，这也是老成都。"是的，这也是老成都的一部分。平凡普通的老成都人，他们心中快乐或愤怒时，既可以嬉笑也可以怒骂，时不时还能创造几句精妙有趣的歇后语出来。更不用说受过教育的学生或者有文化的文人雅士之类的人，这些也都是成都人的典型。

松弛感仿佛是成都人与生俱来的东西，不管是谈闲天儿还是谈正事，成都人都爱聚集在茶馆里。同时，成都人也好吃、好玩。但这本书里呈现的，不止有成都人的闲适松弛，更有其血气和硬气。流沙河先生谈到抗日战争中成都被轰炸时，先不论受过专业训练的军警，就算是属于民众组织的防护团，"皆悲愤而坚强，有劳累晕倒者，吐血者。"还有宗教人士，也都在积极地救助伤痛。到关键时刻，成都人是能够担起自己肩上的责任的。

流沙河还注重材料的互补，并不局限在单一的视野之中。《老成都·芙蓉秋梦》既在宏大叙事中展开，又关注其中的个体遭遇。如抗战时期修建机场，书本上的历史记载与作者的亲身经历，二者所记下的内容肯定大不一样。后者比前者，不免多些感性和生活气息。再者，《老成都·芙蓉秋梦》描写的是自身经历与见闻中的"老成都"。自身经历的范围较为狭窄，而"见闻"可以是个人亲眼看见，也可以是看到的资料记载，视野更为广阔。此书记载的"见闻"来自个体经历与文史记载，在材料的选择与使用上，兼具感性具象与理性丰厚，视野的狭窄与宽阔在此获得了平衡。

三、中心指向："维桑与梓，必恭敬止"

"我有幸生于斯，读于斯，笑于斯，哭于斯，劳役于斯，老于斯，所以就结合着我的祖先、我的父母以及我自身，写了这本老成都。"流沙河自称是"旧时代最后一批成都少年郎"，其著作《老成都·芙蓉秋梦》能带读者窥见历史深处的"老成都"风貌，更加真实地领略到"老成都人"的喜怒哀乐，同时看到流沙河对"老成都"、对"父母之邦"的深厚情谊。

"我是货真价实的成都人"，是流沙河给自己的一个简要有力的定位。他的祖先三百年前移民到成都，至今已经繁衍了十四代。流沙河是第八代，他的确是个土生土长的、真正的成都人。他爱成都，爱成都的历史，他与成都血脉相连。他说过："若有'时光隧道'，可通古代成都，从灯火辉煌的大街忽然跨到一千年前月明星稀的解玉溪岸，隔墙听见寺僧晚唱梵呗，钟磬悠悠，若召迷魂归去，我愿留在那里，不再返回。"这该是多么深的眷恋！

对流沙河来说，爱成都就是爱自己的祖国。蜀地的文化、历史、风俗等，是属于中华民族共同的文化记忆和文化财富。最突出的例子，就是抗日战争时期为了配合盟军反攻，在四川赶修九个机场的事情。其中广汉机场的修建，除了民工，连中学生也要去工地支援建设。当时的"我"帮着砌卵石，但也不轻松，"跪地移膝，膝头磨烂生疮。手握卵石，指头摩擦起泡。泡破，嫩肉露出，不能再握，便用掌捧。"这对十几岁的小孩来说，该是何等的惨烈与辛苦！大家都很苦，吃得也不好，"伙食同民工一样，糙米饭有稻壳和稗子。米汤泛红，气味难闻。菜是盐渍萝卜丝，撒些辣椒粉，不见一星油。"即使这样，"蜀国农夫"依旧靠着双手和两肩，"不到半年便修筑成当时地球上最大的飞机场"，加速了日寇的败亡，"为我国家跻身五强，立了大功"。抗战时期四川人民的艰苦奋斗，为抗战胜利作出了极大的牺牲与贡献。

保卫自己的家乡，就是保卫祖国；热爱自己的家乡，即是热爱祖国。爱故乡与爱父母之邦，实际上是不可分割的一体，正如流沙河先生所说："爱一个老城市也就是爱'父母之邦'，'维桑与梓，必恭敬止'。扩大来说，亦即爱自己的祖国，爱祖国必始于爱桑梓。"

在写完《老成都·芙蓉秋梦》这本书的二十年前，流沙河为答复余光中，在《星星》诗刊上发表了诗歌《就是那一只蟋蟀》：

"就是那一只蟋蟀/在你的记忆里唱歌/在我的记忆里唱歌/唱童年的惊喜/唱中年的寂寞/想起雕竹做笼/想起呼灯篱落/想起月饼/想起桂花/想起满腹珍珠的石榴果/想起故园飞黄叶/想起野塘剩残荷/想起雁南飞/想起田间一堆堆的草垛/想起妈妈唤我们回去加衣裳/想起岁月偷偷流去许多许多。"[2]

现在，童年时夜夜唱歌的蟋蟀，几十年后又回过头来叫住自己。一个在成都生活了一辈子的"老成都人"，面对不断消逝的时间，感到了无限的悲凉，在书中传达出了无尽的哀思。"完稿时忽生悲情，叹历史之如飞，感人间之如梦，正似后蜀皇帝孟昶曾命人在城墙上遍植芙蓉，曙花，早白，午红，夕紫，夜落，因副题曰'芙蓉秋梦'。"那些旧日里出现过的老城里的人，老成都的街道与建筑，连同流沙河自己，都没有停留，也无法停留。时光流逝，只有记忆里的老成都印象还留在作者的脑海里，留在这本《老成都·芙蓉秋梦》之中。

流沙河的笔，记下了成都的真精神。听说很多朋友从纸本上初次认识和了解成都，都是从流沙河的《老成都·芙蓉秋梦》开始的。此书为读者了解成都历史与流沙河个人经历提供了绝佳视角，兼具可读性与深度，是不可多得、充满深情和趣味的好书。2016年，李克强总理来成都，自掏腰包买了这本书，可见此书确实得到了读者的认可。

《老成都·芙蓉秋梦》是文化寻根之作，饱含着流沙河深沉的桑梓之思与怀乡之悲，最终指向的不仅是对故乡的怀念，还有对祖国的深切热爱，相信我们一定能够在流沙河的文化寻根之旅中找到共鸣。

参考文献

［1］蒋蓝. 成都笔记［M］. 成都：四川人民出版社，2017.

［2］流沙河. 故园别［M］. 成都：四川人民出版社，1983.

（作者单位：四川大学文学与新闻学院）

芙蓉秋梦般的城市记忆：
论流沙河对老成都的文学书写

——《老成都·芙蓉秋梦》书评

◎宋雨霜

描述成都的词语不少，如"天府之国""美食之都""慢生活城市"等。无论是本地人还是外地人，对成都皆有属于自己的体验与想象。当成都前面加一个"老"字，变为"老成都"，一些微妙的变化就发生了。"老成都"三个字透露出一些神秘悠远，且古色古香的气息来，一如"老北京""老上海"。

"老成都"老在哪里？这份"老"里藏着怎样的城市风情与民生百态，又埋藏着多少世间的悲欢离合？在诸多描写"老成都"的书目里，有一本书曾被探访宽窄巷子的时任国务院总理李克强选中，它藏着"老成都"的独特韵味。它就是由作家、诗人流沙河所著的《老成都·芙蓉秋梦》。走进它，跟随流沙河走进一个如芙蓉般梦幻的老成都世界。

一、书籍设计：复古图文再现老成都风貌

本书最初源于江苏美术出版社推出的"老城市系列丛书"，于2003年初版。笔者所阅的是2014年由重庆大学出版社再版的《老成都·芙蓉秋梦》。书籍的封面如人的衣服一般，迅速地给人第一印象。这本书的封面设计选用了老成都院落街景照，且采取封面和封底一图连贯式设计，具有整体感。封面照片中，一棵大树从右下角斜伸至天空，树后是青砖黛瓦的房屋。照片呈灰绿色，给人一种扑面而来的复古气息。在封面的右下角白框内，书名分两行列纵向展示，黑白分明，简洁明了，亦有一种古典气韵。

书的内页以淡绿色打底，正文框在白块内，图文搭配有一种复古与简洁并存之美。图片内容丰富，有局部展现百姓生活场景的，如家庭合影、劳动工具等，也有整体展现城市街景、战争情形的。图片或分布于文字左右两边，或于底部，图文版式富于变化又不凌乱。如果说文字描述需要读者展开联想，从而还原城市生活情景，那么图片则直观地展现城市生活的各项情状。

文字的联想性与审美性，与图片的直观性与冲击性，在本书中实现有机融合。对于年长的本地读者，翻阅此书时，或会因图文并茂的呈现唤起旧时记忆。若是在成都居住的年轻人或

者外地人，阅读此书也会被书内的旧时风貌所打动。

二、城市场景：带有个人印记的地域文化书写

起初，流沙河先生认为写老成都的书籍已然够多，自己如果"一脚插进去，还有立足之地吗？不会踩着别人的脚背吗？"言辞幽默之间，可看出他的担忧也不无道理，题材"撞车"前提下如何写出新意确实是作者需要注意的。在编辑的鼓励下，且意识到史学重一般、文学重个别，流沙河决定大胆写一写自己亲历的以及见闻的老成都。于是有了这样的一本书，"亲身经历的老成都"属于个人数十年的回忆，材料富有感性，具象且生动。而"见闻的老成都"既有一己眼见耳闻的直接材料，又有从旧书与古籍猎获的间接材料，可谓十分丰富。这本书整体读来，也如流沙河先生所言："既是个人脚迹的回顾，又是老成都的写照，载文载史，立足两船，亦颇好玩。"

《老成都·芙蓉秋梦》共八章，皆以七字短诗为章标题，有古典章回小说之风。全书大致以时间线串联，从个人出生到成长经历依次讲述，辅以横向穿插成都历史上的人与事，展现纵横交织、丰富生动的城市图景体验。成都作为巴蜀文化核心城市，对其记录与书写也属于地域文化书写，文学作品中地域文化的书写既是文学地域性、真实性的审美建构，又具有探寻地方文化，进而分析现在、启迪未来的文化价值。

在流沙河对老成都的城市书写中，物象叙事是很重要的

维度。城市不仅是一个人的集合，还是既有的环境、商品、工业、服务、广告、交通、文化差异的集合。在《老成都·芙蓉秋梦》中有丰富的物象展示，且多具有成都特色。如开篇提及的沿着太平南街口进去所见的细木工产品的小作坊、锣锅巷的木器家具、东御街的铜器杂件、银丝街的银器、皮房街的皮革制品等。读者几乎是顺着作者的眼睛一路看去，一边逛街一边将街景物象摄入眼中，这些老街景、老物象是老成都之"老"所在的重要物质载体。

在诸多物象中，各类吃食算得是最有"成都味"的了。流沙河笔下的美食活色生香，令人垂涎。且看赖汤圆，一碗四个，馅各不同，皆溢鸡油香味。凉面、荞麦面、盐煎肉等的描述，生动形象。"六哥叫一份盐煎肉，蒜苗渣渣我都吃光了，不好意思舔盘子"之语，可见流沙河少时好胃口，也可见写文之时的率真之情，更可见成都美食的魅力，那真是巴适至极。对食物的眷念及描写是作家书写城市记忆的重要内容，如汪曾祺笔下的云南各类吃食及饮食风物等，成为读者感知云南的重要方式。老成都的美食不仅在流沙河的笔下，如今依然活跃在人们的舌尖，何其幸也。

以物象铺陈的叙事方式表征城市的写作方式，同时也记录了城市发展的历史。流沙河笔下的20世纪三四十年代的成都，既存古典韵味，亦见新潮气象。电影院、照相馆这类新潮事物点亮天府之国的生活，带给市民新奇的文化满足。再如"东大街——老成都的第一长街，亦属繁华街区，但见满街放小跑的街车……从前街区交通多靠二人抬的轿子,到了20世纪30年代,才被一人拉的街车取代",通过这样的描述可以看出成都城市交通方面的变化,富有动态感。也有一些物象的变迁令作者感叹,如母亲年老时,流沙河带着她重访当年生子的忠烈祠南街的大院。原址变为了自来水公司的停车坪,"母亲在停车坪上环顾四周,目测步量,然后指着一辆汽车轮下地面,说:'生你的床就安在这里。'"面对此情景,作者感叹悲欢浮沉犹如一场梦,后来写了一首名为《寻访出生地》的诗。这些文字读来,令人感动,带有几分尘世变幻的心酸之意。

如果说物象展示更偏向于静态展现老成都之景,那么城市空间以及空间串联更多体现出作者的动态观察及城市变迁。阅读《老成都·芙蓉秋梦》,也是一次"city walk"之旅,即跟随作者的脚步与眼光从一个点到另一个点。在不断重复、交叉、巡回的过程中,同时也把老成都的地点、位置,以空间化的方式镶嵌在个体生命历程中。跟随流沙河的笔迹,可以看到其外祖父刘裕和的生命足迹,体味其在乱世中弄丢爱女的心酸。也可看到各路军阀混战带给成都的疮痍、百姓的惨状。流沙河少年时跟着六哥逛成都,见到诸多报社,也见到"号外",再看电影、吃赖汤圆等。这种空间流动中主体的见闻叙事,体现出个体记忆的微小真切,对历史关于成都抗战的宏大叙事是一种补充。

跟随作者的笔触游走在那个年代的老成都街景、各类空间,有一种"空间测绘"的体验。在这样的测绘中,城市的风貌世情、琐碎生活的秩序与逻辑、特殊时局下的民生百态皆得以呈现。而作者"见闻的老成都"部分，则是以一种古朴不乏轻快的笔调带领读者穿梭在成都的历史长河，感受不同阶段成都的城市风貌。

三、城市精神：蓉城历经苦难依然从容挺拔

当下，许多人提到成都，第一印象是安逸、闲适，喝茶、打麻将是重要的印象。当然，也有创新之城、时尚之都的印象。历史上"扬一益二"的提法可见成都之盛，而流沙河笔下的老成都的叙述逻辑从"支点""起点"追溯城市文明的发端，回忆城市的光荣历史，最终导向城市的未来。

本书正文之前附有一幅1894年的成都地图，可见宽窄巷子位于清代少城范围内，今东城根街大致为少城城墙旧址。"秦朝李冰治水，穿二江于成都，那时南门外，平行两条江，一条外江，一条内江，外江就是今天的南河，到了晚唐，引内江之水改道为府河，内江故道干涸填平。"这是《芙蓉秋梦》中的记述。那么内江还有遗迹吗？流沙河先生已经考证出来了。现在的西胜街可能是内江的遗迹。内江干涸后还留下池塘遗迹，即今上莲池街、中莲池街、下莲池街。他孜孜不倦地对成都历史进行考证，于追根溯源中获得对城市文明、城市精神的触摸、感悟。

在本书中，可以感受到成都历经战乱后仍葆有从容气度，这是天府之国独有的城市气度。书中记载了独具风骨的老成都

人,例如写得一手好文章,敢于嬉笑怒骂的刘师亮令人印象深刻。在抗战年代,成都人体现出了众志成城、舍家为国的情怀。拿修广汉机场来说,时间紧、任务重,人们却紧张有序地完成。流沙河描述自己作为童工参与机场修建的经历,填平地基、砌卵石,在烈日下暴晒脱皮,晒晕,晒起"火眼",仅一个星期就变得又黑又瘦。这样的场景描写让人如临其境,儿童尚如此,何况成人哉!读者不禁为那个年代成都人的奋斗与奉献而感染,心生敬意。

成都在历史上经历浮沉变幻,却未改城名。几千年的城市底蕴、城市经历浓缩在两个字中,却掩藏了无数人的悲欢浮沉。无数移民跋山涉水迁移至此,无数新派文化扎根于此,无数本地人与外地人安居于此,演绎属于自己的城市文明。"芙蓉秋梦"典出后蜀孟昶遍植于成都的芙蓉,也是蓉城之名的来由。"我爱成都,爱成都的历史。我有幸生于斯,读于斯,笑于斯,哭于斯,劳役于斯,老于斯,所以结合着我的祖先、我的父母以及我自身,写了这本'老成都'。"流沙河笔下的老成都,为这座城市描摹画像,其独立又从容的城市风骨、如芙蓉美丽又傲骨的城市姿态洋溢在字里行间。

四、书写艺术:文白相间收放自如的语言表达

作为诗人出身的流沙河,他的语言意趣悠远、朴实浅白,又显得庄重文趣。《老成都·芙蓉秋梦》一书中,整体文白相

间，长短句相称，读来铿锵顿挫，趣味宜人。

从叙述人称与视角来看，全书交织运用手法富于变化，收放自如。在讲述自己"亲历的老成都"时，作者采用第一人称方式叙述和描写。这样可以让读者更有代入感、亲近感，便于跟随作者之眼观看、游走城市风貌，体味老成都生活之乐。在"见闻的老成都"部分，作者多采用客观叙述视角，通过串联与展示老成都历史核心事件，在叙述中加以评议体现个人观点，让读者对老成都的来龙去脉有整体感知。

细节的容量是巨大的，且有无限况味。流沙河善于通过具体细微的叙事呈现出鲜活生动的、有血有肉的四川地域文化，小中见大，细中见深。对于城市各色物象的描摹、人们生存的情形展示，色勒出一个富有社会立体感的成都城市空间。宏观与微观结合的表达，也成为城市书写的重要方式，对当下的写作提供借鉴。

文学是语言的艺术，该书作为文史结合类的随笔，既有非虚构的真实性，也有个人体验的感性表达，在语言层面有很好的艺术审美价值。其一，在书里，有不少方言词汇、俗语等，如"毛焦火辣""水晶猴子""武棒槌儿""拉肥猪""下蛋"等，都是极具四川地域特色的表达。这些名词、称谓、形容词等，都真实再现那个时代成都人的生存图景、情绪体验。其二，该书熔铸了精炼的书面字词和文言句式，简洁凝练地呈现出四川乡土社会的原生态面目。例如"窄门单扉""铆乳头钉""窄门小區"等四字词语简洁流畅地描绘出城市院落样貌。再如"步入窄门，为一空庭，灰砖墙，石板地。庭右阶上才是当铺的高柜台，台上又设栅栏以防劫匪"，文白相间、富有文言腔调的句式读起来活泼生动，又富有画面感。

其三，繁简得宜的语言叙述，使全书形成了一种快慢有致、张弛有度的叙事节奏。在讲述个人见闻，作者的笔调明显慢下来，插入文史掌故或生活知识，有滋有味、兴致勃勃地讲述着四川社会的风俗人情。转折之处，或不打紧的地方，作者则一笔带过，不予赘言。总之，流沙河在整体观照和勾勒出四川社会面貌的同时，又能在局部以一种浓墨重彩、渲染强调的笔触细致描摹出具有成都本土特色的地域文化，突出了老成都的文化特质。

结语

流沙河说，爱一个城市也就是爱"父母之邦"，"维桑与梓，必恭敬止"。扩大来说，亦即爱自己的祖国，爱祖国必始于爱桑梓。又在文中提及"若有时光隧道，可通古代成都，从灯火辉煌的大街忽然跨到一千年以前月明星稀的解玉溪岸，隔墙听见寺僧晚唱梵呗，钟磬悠悠，若召迷魂归去，我愿留在那里，不再返回……"可见，他对成都的深情与眷念，以及强烈的家国情怀。对于老成都的旧事与历史，以及自己的城市记忆，他怀有一种怀旧心理，这既是个体之感，也是作家书写的共性心理。

掩卷沉思，能体味到作者忽生悲情、叹历史之如飞、感人间之如梦的情绪。光阴飞逝间，老成都依旧以自己独特的方式延续、变化着。往事不可追，来日尤可期，以文字为媒介，可以穿梭在城市的过去与未来。在序言中，流沙河也勉励更多作家应该多书写自己的老城市，这是对文学书写的一种希冀。流沙河先生已故去，那就让我们这些后辈承继他的心，接过他的笔，为这座承载生计与梦想的成都进行新的文学书写。

参考文献

［1］王兴文，赵一霖.物象铺陈、空间测绘与城市抒情——当代小说城市书写的认知模式考察［J］.青海民族大学学报（社会科学版），2023，49（4）:147-152.

［2］蒋忠智.浅谈中国传统文化元素在书籍装帧设计中的应用［J］.文学艺术周刊，2023（11）:90-92.

［3］张静.历史人文纪录片《一路百年》的集体记忆构建［J］.中国广播电视学刊，2024（2）:82-85，93.

［4］刘美琦.论李劼人"三部曲"中的地域文化书写［D］.济南：山东师范大学，2021.

［5］左凡.城市传记与文学书写——以《南京传》《北京传》为中心［J］.中国当代文学研究，2024（2）:203-211.

（作者单位：成都文理学院文法学院）

凡人书

——《苏东坡新传》书评

◎李娜

所谓"凡人书",在《苏东坡新传》这本书里体现得淋漓尽致。一部作品的塑造不仅与它的内容有关,还与写作者息息相关。譬如本书作者李一冰,其经历本身或许正是塑造这部"凡人书"的缘由。

而谈及李一冰先生,则要从正文以外的《寻找李一冰》一篇和最后李雍为父亲所写文章来谈起,两篇文章恰恰引出了一种人生无常之感。张辉诚在国内读到本书深感精妙,却无从查证作者身份,后来联系上了李雍,而李雍远在国外,并不知道此书在国内已然受到了各方肯定,直到看到张辉诚的文章,在父亲去世二十四年之久的情况下才得知父亲关心的事情。而张辉诚去信李雍之日,恰逢李一冰先生的忌辰。隔着大洋,几个素不相识的灵魂有了跨越时间与空间的交谈。

"凡人"一词,则在李雍所写篇目中更加突出。他写道:

"父亲没有师友、同事、学生、助手,甚至没有收入,唯一的支持便是老伴无怨无悔的陪伴。他写《苏传》,是找到了一个比自己大千万倍的历史人物,告诉自己,这点冤屈不算什么。"相较林语堂先生,二者的初衷本不尽相同,故而最终写就的作品亦迥异。

李一冰先生撰写《苏东坡新传》,暗合自己的内心。或许传记的作者早已与传主融为一体,所以他并非从东坡出生写到老死,而是从中途写起,先写东坡四十四岁时贬谪黄州,彼时东坡甫经乌台诗案,遭小人陷害,入狱濒死,最后否极泰来,雨过天晴之轻松与从容,恰恰与李一冰当时入狱到出狱的心路历程相互印证,产生共鸣。或许正是这种相似的经历,使得这本书如此深刻。也正如书皮之上所引苏轼信佛之寥寥数语,总结下来,最后发现自己总是一个生于大地上的凡人。

苏东坡大概没有想到,自己短暂的一生并没有湮没于时代洪流之中,反而,所有的经历都使得他的故事更加的丰富多彩,吸引众人。东坡的一生,不仅是其个人的际遇,他的背后,是宋朝的朴实日常,也是千万古人生活的缩影。

所以《苏东坡新传》虽然名为东坡传,可细勘其中内容,除却东坡仍有许多值得探究。个人认为,要了解一个人,不能局限于其人,而要纵观与他关联的一切。所以,我们不只要看到东坡个人的人生,还要看到王安石跃然眼前的形象,大宋牵动人心的兴亡盛衰,神宗的壮志在书卷中展开,歌舞乐伎的百态为人所知,百姓的存亡贴近心灵……

一方水土养一方人

先来看这位先贤的出生地——蜀地,一个从来都享有盛名的地方。其肥沃的土地,丰厚的物产,多情的水土,孕育着一方独特的风土人情。而宋时,蜀地亦为历史增添了浓墨重彩的一笔。或许是水土孕育的正直豪迈,使得蜀人难以屈居于征服蜀地的将领的无尽折磨之中。宋廷为了控制地方势力,特别是像蜀地这样地理环境优越,财物丰富却又偏远的地方,采取了极端强硬的措施。最初是将孟氏库藏悉数运往京城,而后蜀地的赋税完全纳入宋朝中央岁入系统里,蜀人不再得到分润。沉重的负担加之政府的防备状态,使得蜀人没有归属之感。除此外,专卖制度更彻底断绝了蜀人的生计。"水能载舟,亦能覆舟",中央此种高压政策,虽暂时遏制了蜀地的反叛势力,但无疑是在自掘坟墓,埋下隐患。于是起义层出不穷,最终虽然平息叛乱,却也落得元气大伤。

在此就能看出,蜀地之于大宋,实属一个特殊的地方。北宋时期,七十二位宰相中,籍属西蜀者只有四人,开国之初,太祖、太宗两朝,副相以上的高官,更无一个蜀人在内。而蜀人也不大向往官场,在此世外桃源的地带,更多是安于当下生活。

而苏轼作为蜀人与外界的联结,开始于自己的家族与时代。宋初,赵匡胤杯酒释兵权,为了稳固国家政权,推崇文治。但是经历多年战乱,一时需要大量的文人名士,极为困难。在此背景之下,宋朝大开取士之门路,网罗天下人才。宋真宗更是亲作《劝学诗》,传布天下。中央的推崇使得天下风气骤然转变,文风大兴,而这股风气也传到了遥远的蜀地。苏涣恰逢其时,一举中第,庇荫家族。苏洵本来聪明,但是初时骄矜自傲,后来尝到挫败滋味,开始埋头苦读。可能正因为他自己的经历,所以对于苏氏二兄弟的教育极为严格。

生于蜀地的苏轼,浸润了蜀地特有的风骨,传承了蜀人埋在灵魂里的坚强独立、不慕权贵与政治勇气,最终获得绽放。

"宜霜"的苏轼

苏东坡的一生,最初初露锋芒,然后走上顶峰,之后又因为党争辗转各地,波折不断。想当年制策之试的风光好像还在眼前,但转眼,仁宗不再,新政骤起,自己流转各地,因乌台诗案茫然落狱……种种事情,使得当年那个满心抱负的少年郎的心中不得不多一点什么。

"宜霜"一词,出自苏轼赠给陈襄的诗。其中赞颂陈襄的品格,用到"细思却是最宜霜"一句,以称颂其即使遇上风霜或人生中的艰险亦能在风霜中傲然盛开,成为奇葩。而回观苏轼的一生,实则也脱不开"宜霜"一词。

新政,是苏轼人生的一大转折点,也是王安石人生的一大转折。王安石的新政与神宗的抱负不谋而合,年轻的帝王憧憬着自己将开创的盛世图景,想要有一番作为的宰相为了国家的未来拼搏筹谋,他们好像都没有什么错,但却都无法低头看向黎民百姓,这可能是上位者的通病。当坐在一个只需要考虑大事的位置上,就忘记了自己曾也是芸芸众生,也需要每天计算柴米油盐酱醋茶。

但苏轼来自蜀地,从小深入地感受着普通民众的一切生活,并且将民间的一切都刻入骨髓。让心系百姓之人被迫行损害民生之事,实为煎熬。以往读杜甫诗,有诗云:"今我何功德,曾不事农桑。吏禄三百石,岁晏有余粮。念此私自愧,尽日不能忘。"再联想到苏轼认为自己与百姓一样不过是为了生计出来做官,时代的共鸣使这两人的形象恍然浮现在眼前。

我们不难有此种猜测:天性自由刚强的苏轼,不满于新政带来的极大损害,却被派到地方政府,而地方官的职责则是遵循中央命令,执行新法,这会不会让他心生一种纠结与孤独。心底里不认同于新政,但迫于自己的职责却又不得不让自己遵守。每日冠带整齐,高坐堂上,看衙役着力鞭棰这些穷人,在一片号哭声中,签署无情的判词。这位通判手执判笔,虽具威严之态,可自己都不相信自己写下的判词。悲哀之情,难以言表。

这种纠结,在苏轼遇上佛家以后找到了出口。杭州有许多奇才异能之士,如宝山有个云阇黎,十五年足不出户,低头读书,什么人对他说话都不理睬。苏轼第二次去时,他已死且葬,其室空空荡荡,了无一物。他从此更感叹生命无常,人生如梦，认为佛家的淡然和平方才为清洗人生痛苦的绝佳渠道，于是多与方外之士结交交谈，去到寺庙像回到自己家中一样自如。放下佛家的宗教意义不谈，这种给养大概也为他之后抵御苦难增添了精神力量。其好茗茶，可能也源于一种精神需求，一种内心宽容。这种佛道，并非出世之意，而是为调节儒学者理想与现实冲突的缓冲地带。

新政之下，除青苗、免役、市易等外，更须兼行水利和盐法。盐铁专营，一个并不陌生的词汇，因为盐为必需品，所以获利颇丰。水利更是关系国家的命脉。苏轼在杭州时，曾亲赴运输河道施工现场督察。百姓搁置了自己家的田事，被迫投入国家的利益之中，开凿河道，以供运盐。适逢天降大雨，路上泥泞，工程却不停歇，与牛羊在窄路上争道。回杭不久，又赴湖州视察新筑的堤岸工程。苏轼被转运使派了这个差事，但是本人却并非专于水利，认为自己无用于该事，内心隐有不平。

细数苏轼做官之路，这种不平纠结的情绪恐怕时时充斥在心底。虽然本身并不乐于做繁琐的政务，甚至觉得浪费时间，但是身在其位，仍然细致地将一切都做好。

而苏轼最为"宜霜"的经历，还得数乌台诗案。乌台诗案，一个反复被演绎的历史事件，说到底不过是党争之下无辜之人的陷落。新政派为了巩固自己的势力，要拿一个人开刀。而沈括之前早已把刀子递了上去，吕惠卿与其他人所作的则是加深了这件事情的严重性。

除却乌台诗案本身，值得一谈的是，乌台诗案中关联的各种人物，沈括、李定、张璪……各有特色与说法，都在此案中起到了不可或缺的作用。而乌台诗案中的各色人等，彰示着大宋王朝内部的腐朽与君王宏大志向与个人能力之间的不匹配。而这一切，又都与苏轼个人的命运息息相关。随后神宗意识到此事已经发展到不可控的事态，超出了他的意料，于是趁光献曹太后生病赦免了苏轼。

如果说之前是必须要强迫自己做不擅长的事，那么被贬黄州的苏轼，则变成了褪去朝服却精神丰沛的文人。不敢撰写文章，不敢过问政事，一头扎进佛教中去，研习佛学。平日已不大说话，侄子来访，"相见惟应识旧声"，两人默坐，对着半盏油灯，凄然万分。政治生活淡出，日常生活所占时间就变得更多，《猪肉颂》《饮酒说》《漱茶说》等皆成于此时。除却了政治事务的压力，大自然也为东坡的生活添上浓墨重彩的一笔，尘封的灵性在大自然中得到解放。自然历经千百年仍然生机盎然，好像可以无穷无尽地延续下去，东坡也在此中得到开解，徜徉天地之大中，愈加开朗。

虽然已经十分贴近隐者的生活，但是作为儒学者的苏轼，永远无法熄灭心中济世的情怀，于是后来他在得以返京后仍然尽心地扮演自己的政治角色，尽管依然浮沉难料。

好人还是坏人？

王安石的形象在本书中异常鲜明——一个固执的，想要有一番作为的，一心为国的，激进的，不懂变通的人……

要说王安石对于苏轼的针对不在少数，因为苏轼本人文采斐然，作为保守派的先锋，给新政带来了极大阻力。此后，王安石经常在神宗耳边说司马光是受人蛊惑，而这个蛊惑的人也正是苏轼等人。他好像无时无刻不在与苏轼斗争，恰似一个恶人形象。

但是看他的诗，"不畏浮云遮望眼，自缘身在最高层"。在新政期间，他并不觉得自己的做法有错，反而怀抱一腔热血，誓要与一切"浮云"作斗争。于是从王安石的角度，他自己即使不是一个好人，也绝对不是一个坏人。

这大概就是政治本身的魅力所在：多方势力，多种说法，多种手段，每一步都要做到既谨慎又大胆。身在局中的人难以预测未来，身在局外的人又难以勘透局势。

王安石为了自己的政治理想，要扫清一切阻碍。激进是推进政治的工具，以至于到后来到了"六亲不认"的地步。而苏轼也是因为其成长背景与经历才有了反面的看法：放弃当下民众的生活质量而去寻求一种虚幻，这在苏轼看来不过是一种虚伪。二人大概都没有对错可言，只是为了秉持自己的政治理想而始终做自己认为对的事。

司马光为相时亦然，虽然二人是互相尊重的同道，但是在差免役问题上产生了冲突，苏轼几乎要遭排斥。

王荆公、司马温公，实为秉持各自政治理念的杰出人物，而至刘挚为相，权势利禄的纷争更加激烈，苏轼的境地实为危急。

而如沈括、李定等人，大概在物质追求者看来也是再正常不过的行为，毕竟道德的要求只是一个准则，而无须所有人强制遵从。

身处复杂的世界，一切都不能尽如人意。而苏轼要坚持自己的政治理想，王安石要坚持自己的政治理想，司马光也要坚持自己的政治理想。于是在各个理想的冲突之中，矛盾产生了。苏轼知道自己的坚持会让自己成为悲剧人物，但是他仍然坚毅地坚持着："天意如此又如何呢？我虽然接受天意，但决不放弃自己的理想。"这种固执，大概是文人骨子里的东西。

王安石晚年丧子，退居金陵，骤然从激烈的政治斗争中抽身，回顾往昔，不免嗟叹。自己的辛苦是为了大宋，但最后却没能给百姓带来利好，也未能被大多数士人所接受，也未有后继之人，反而让一些小人误了初衷。于是写下令人动容的句子："自古功名亦苦辛，行藏终欲付何人？当时黮暗犹承误，末俗纷纭更乱真。糟粕所存非粹美，丹青难写是精神。区区岂尽高贤意，独守千秋纸上尘。"辛苦一生能留给后人和自己的又是什么呢？这纸上所写的，又有几分能够传达最真实的意思呢？忽而再度顿悟，也为苏轼与王安石的会面奠定了基础。金陵一会，两人微妙的缘分，在这一刻达到了顶峰，又在两年后骤然消失，随之消失的，还有在尘世中辗转多年的王安石。

红裙白酒·十年生死

谈论伎，实则是想要探寻苏轼更为人性化的一面。艺伎是宋代以歌舞技艺为业的女子。宋代文风极盛，士人之间，宴饮最为常见，而宴饮难以缺少的则是歌舞侑酒的妇人。政府定下特别的制度，规定隶身乐籍的女子，一律由官府派员监督管理，称为官伎或营伎。她们的义务只应官府征召，工作限于歌舞侑酒，不能以官员为营业对象。

苏轼好像始终是饮宴的局外人，以一种旁观视角来观看，置身于腻热氛围之外，默默欣赏一切，他很能克制情感。其诗云，"老来厌伴红裙醉，病起空惊白发新"，即他推诿宴席之语，认为自己年老发白，唐突了美人。

苏轼曾写过两则著名的判词。其一为"五日京兆，判断自由。九尾野狐，从良任便。"其二为"慕《周南》之化，此意诚可嘉。空冀北之群，所请宜不允。"两个判词，一个同意，一个不同意，却都别出心裁，可见苏轼之情思巧妙。

苏轼的人生里，最为动人的情词大概要数"十年生死两茫茫。不思量，自难忘……"此词中，王弗与苏轼实为互补，她的谨言慎行，正是苏轼所缺乏的。她的精明干练，也令苏轼怀念。他英年早逝，但永远留存在了苏轼的记忆中。熙宁八年

（1075年）正月二十日，苏轼在密州梦见亡妻，写下流传千古的《江城子》。其中"相顾无言，惟有泪千行"，细腻地写出了生死相隔的恋人相见的情景，不是抱头痛哭，也不是述说万语。一时相见，太多的话想要说，只是见到的一瞬间，所有的话语都化作了眼边的一滴泪和心中隐约的感情，不敢相信却又想要相信。

于是此中苏轼的柔情，愈加丰富了这个远离我们许久的历史伟人的形象。

结尾

苏轼的一生，跌宕起伏，饱经痛苦，又乐观豁达。北宋作为文化沃土，为他提供了绽放的广阔舞台，可这朵绽开的花却不受大家的欢迎，因为品种过于独特，过于幽香，颇有"水至清则无鱼"之感。

苏轼强烈的正义感和是非心虽然使他成为政治上的异类，但却彰显了知识分子的使命感。有传说道："蜀有老彭山，东坡生则山童，东坡逝而山青。"苏轼的生命与那汩汩山泉融为一体，充满了勃勃生机。

如同东坡那负有盛名的词句——逝者如斯，而未尝往矣；盈虚者如彼，而卒莫消长也……自其变者而观之，则天地曾不能以一瞬；自其不变者而观之，则物与我皆无尽也。

此间种种，已不再仅仅是苏轼一人的人生，而是变作了一首凡人歌。浮沉起落,世事无常,于浩瀚宇宙间,人类如蜉蝣般渺小,但是谁又知道宇宙之外是否还有宇宙?这样的天地对于另一个天地来说是否也仅仅是一瞬?所以作为凡人,只能跳脱出这样的虚无,自其不变者观之,则物与我皆无尽也。

(作者单位:四川大学,指导教师:白宝芬)

漫漫东坡路

——读《苏东坡传》有感

◎任靖渝

大风泱泱，大潮滂滂。五千年上下，群英堂堂。回观中华历史，人才辈出。但，仍有多人会回忆起东坡，多少文人墨客随着时间的逝去而淡出人们的记忆，唯有那东坡，逾千年而不暗淡，随着时间的洗礼，愈发令人瞩目。他不再仅仅是一个历史人物，更是一个文化符号。

苏东坡不是李太白，没有"天生我材必有用，千金散尽还复来"的桀骜；苏东坡亦不是杜少陵，没有"感时花溅泪，恨别鸟惊心"的悲哀。他没有那么潇洒，却也不苦哈哈。他既理想，又现实。他能体察民间的苦，也能看见官场的恶。

在官场中的他，几度浮沉，一路辗转，黄州、惠州、儋州，任凭命运起伏跌宕在岁月的来风中，命运的起落浮沉，不过是一种经历，此心安处，便是吾乡，始终笑傲人生。苏东坡的人品是高尚的，具有多才多艺的天才的深厚学养、广博见识、诙谐，具有高度的智力，也有天真烂漫的赤子之心。

但当在京任职时，他才渐渐看见了其中的黑暗。因自身傲气和直谏，受到新党的弹劾，最终他自请外调任职，远离政治漩涡。当时，王安石受神宗重用，力主推行新政。而以司马光为首的保守派则与革新派开始了争斗。当代两大儒围绕着变法进行了一场激烈的辩论，著名的《答司马谏议书》也是来源于此。苏轼在此次变法之争中，因反对新政过激，被归入保守派阵营，故此他作一篇《上神宗皇帝书》，为宋王朝开出三味药方：结人心、厚民俗、存纪纲。这分别对应《答司马谏议书》中的：生事征利、侵官、拒谏。

虽然苏轼在当时是一个具有救世精神的人物，但其经济知识十分有限，亦不能设计出一套比王安石更为高明的制度。神宗起初由于对他的欣赏并没有惩罚，但随着接连的上书以及言辞的激烈，最终还是触犯了龙颜。神宗一心想要改变大宋积贫积弱的局面，对王安石一如既往地采取支持态度。而这次的党争，以旧党的失败告终。在构陷与弹劾中，苏东坡被迫离京，辗转至贬谪之地。当然，在这次的党争中，苏轼对李定的激烈讽刺，也为"乌台诗案"埋下了祸根。

少年意气风发，渴望大展才华。起初的杭州任职，确也给他带来了做官的乐趣。同时，在杭州西湖，他结识了王朝云。身为歌伎的朝云，为何能得到苏子青睐？"吾上可陪玉皇大帝，下可陪卑田院乞儿"，他能和各阶层打成一片。同时，朝云的出挑也是其原因之一。她对他，不仅仅是爱，还有相互的欣赏。她懂他，也默默支持他。朝云陪伴他二十三载，着实情谊深厚。不仅仅是朝云，他还认识了许多舞女，在当时，有不少的大家以舞女的多少来展示家庭的财富。但苏轼不同，他对她们满怀同情心，跟她们相处时，他感受到的唯有纯粹的欢乐。"自古佳人多命薄，闭门春尽杨花落"，这是他对舞女命运的感慨，字字不写同情，却处处显露出同情，不愧为才子。

杭州三年任期后，东坡请调山东，终到密州。在密州短短两年的任期，却做了许多实事：除盗贼、救弃婴、整兵卒。当然密州相比于杭州可谓是一个偏远之地，饿肚子是时有的事，可他毫不在意，依然笑对生活。也是在这里，他更加坚定了"为生民立命"的人生理想。在密州他亦是洒脱的，"会挽雕弓如满月，西北望，射天狼"，展现出他的豪情万丈；"但愿人长久，千里共婵娟"，寄托了他对胞弟的深切思念。

元丰二年（1079年），苏轼迎来了他的至暗时代。因朝廷内部的权力纷争，苏东坡成为牺牲品。旧党的人物鸡蛋里挑骨头，从他的"湖州上任表"开始了陷害之路。监察御史何正臣率先发难，针对"知其愚不适时，难以追陪新进；察其老不生事，或能养小民"，指斥他愚弄朝廷、妄自尊大，诬陷他对皇帝不忠、死有余辜。而后，李定等人罗织的"四大罪状"彻底将苏轼推入绝境。此次对苏轼的陷害，时人评价说："苏子何罪也？独以名太高。"只能感叹他是政治的牺牲品罢了。

苏轼在文学方面是一个天才，但为官之道，他却是处于一种懵懂状态。

"乌台诗案"后，黄州的五年生活，也磨炼了他的心智。罪臣之身，没有俸禄，他躬耕于东坡，自号"东坡居士"，整日劳作于田间，却乐得逍遥，有时跟其他商贩聊聊天，开垦农田。他不是对生活失意的诗人，他是遗落在人间的散仙，他豁达明朗、洒脱潇洒，笑看人生。天地悠悠，我心依旧。

见天地，见众生，见自己

"竹杖芒鞋轻胜马，谁怕？一蓑烟雨任平生"，雨后初晴，诗兴大发，苏轼的人生豁然开朗。他超越了自己，体会生活里的一切，成为一个在凡间逍遥的散仙。在此地，他迎来了自己的创作成熟期，亦是才华爆发的巅峰期。《赤壁赋》的问世，标志着他思想的升华。"盖将自其变者而观之，则天地曾不能以一瞬；自其不变者而观之，则物与我皆无尽也，而又何羡乎？"这其中充满了佛理，"变与不变"的论题也有了解释。"惟江上之清风，与山间之明月，耳得之而为声，目遇之而成色，取之无禁，用之不竭，是造物者之无尽藏也，而吾与子之所共适。"天地之大，自然馈赠，无穷无尽的享用，而不是拘泥于归属。人生茫茫，享受天地，悠哉悠哉。在这里，他参禅悟道，达到"物我两忘，身心皆空"的境界，获得心灵上的自由和愉悦。悠悠人间客，平心自逍遥。

"先天下之忧而忧，后天下之乐而乐"，他在朝堂也许不能有所成就，但他在地方上却能如鱼得水。在重返京城的政治漩涡后，他主动求外调，经过一次又一次的上书，终于回到杭州，他看见了西湖的美景，也看见了杭州的忧愁，他在地方上抗洪抢险，救人，只要是力所能及的地方，他从不缺席。他指挥百姓挖淤泥，筑苏堤，鼓励百姓摘种菱角，还在湖中修建了三座供人休憩的亭亭。给后人留下了千古名景。遗爱湖公园，便是为他而取名。三座水中的小石塔，成了著名的"三潭映月"。他能看见基层百姓的困苦，忧国忧民，为人民着想。为人民谋福祉，为政一方，造福一方。"欲把西湖比西子，淡妆浓抹总相宜"，或许也有东坡的功劳吧。

东坡胸怀宽广，即便面对曾经构陷自己的姐夫程之才，亦选择冰释前嫌。也许对于东坡而言，四十余载不见，故人纷纷归去，晚年遇故人，过去种种渐渐忘却，剩下的只有相见的喜悦。即便是章惇，曾经陷害苏子被贬儋州的人，在其失势时，苏轼不仅没有借机报复，反而告知他去瘴气之法。试问，有多少人有这样的胸襟，又有多少人能做到如此的豁达？他不是生而豁达，而是经历了次次挫折后的通透。

虽因政治立场不同，王安石和苏轼曾针锋相对，但闲居后的王安石，对苏东坡的印象可谓是大有改观。"子瞻，人中龙也"，这是他对后辈毫不吝啬的夸耀。放下政见的相左，他俩是真正的知己。尽管思想不同，但换位思考，成为他们的交心之法。"从公已觉十年迟"，这是苏子对前辈的尊重。的确，两大文坛领袖自是相互吸引的，相互欣赏各自的人格魅力，彼此释然。放下不和，享受乐趣。

高山仰止,景行行止

我们要读东坡,不仅仅是读苏东坡,还要了解与他相关的人、事。"苏门四学士"和"苏门六君子"亦是北宋文坛的象征。他们是文学之士,亦是道德之士。他们都是懂文学、讲道德、有个性、展风采、尽忠义的人。弘扬人伦却不拘泥于人伦,维护礼法但不死守礼法。他们不羁,不沉溺于传统文学。"此乃麛糟陂里叔孙通所制礼也",东坡心直口快,直击程颐,说他拘泥小节、不识大体,说他是没有见过世面的村学究、假学者。虽然言语过于犀利,但也体现出他的个性。

我们要写苏东坡,亦不能只写苏东坡,还有那个朝代的故事。"重文轻武"政策的实施,给多少文人带来机遇。"书中自有颜如玉"——这是当时对读书人的真实写照。"刑不上士大夫"的规定,保护了苏子,也保护了历史名作。宋朝经济发展迅速、文化传播范围广泛,世间的读书热,也是这争相读书的风气,给中国古代的诗词留下了耀眼篇章。范仲淹、辛弃疾、欧阳修等大家亦是受人景仰。

我们要论苏东坡,不止局限于东坡诗,还有他那"美食博主"的身份。东坡肉,一款传遍大江南北的佳肴,为此,苏子还用一曲"猪肉颂"来赞美。东坡羹,是他因经济拮据而自创的菜肴,也是别有一番风味。更有甚者,在他成为"美食博主"前,密州期间,他食用的枸杞子和菊花后来也被认为是调养的补品。

他的命运是坎坷的。朝云曾说过，他是一个不合时宜的人。她是他的心灵慰藉，在他被贬儋州时，"独朝云者随南迁"，如果她还在世，苏子便还有知己、知音，但她却先于他离开人世，他便没有亲近之人了。他与弟弟苏辙多年未见，只能吟下"人有悲欢离合，月有阴晴圆缺，此事古难全"的金句。他重情重义，为悼念亡妻王弗，写下"十年生死两茫茫，不思量，自难忘，千里孤坟，无处话凄凉"的泣血之作。他亦是真心为民的官员，会因为自责写下"秋禾不满眼，宿麦种亦稀。永愧此邦人，芒刺在肌肤"的愧疚诗。临终返京，感慨自嘲交杂于心，当看见自己的画像时，他写下"问汝平生功业，黄州惠州儋州"的回忆诗。

《苏东坡传》多采用夹叙夹议的笔法，使得文章的逻辑连贯，也让人更有阅读的兴趣。就如苏子被贬儋州，书中不仅有对苏东坡在此发生的事情的叙述，还有地理环境、人文风情的描写，更有对其自娱精神的钦佩和感慨。在去往儋州的路途中，与弟弟子由相见，感慨万千。在此逆境中，苏子对眼下的生活情景解嘲，同时也是对自己个人心灵的开导。作者写道："人生随时皆在'岛'上，不管身处岭外还是中原，归与不归，并不是一个问题，不必再纠缠于心。人生短短几十载，活在当下、珍惜身边的人、享受生活，这才是人生观。"

陈鹏所著的《苏东坡传》，以全知视角展开叙述，用说书人的方式，对苏东坡的一生展开描写。写他的起起伏伏、悲悲喜喜，看着苏东坡走完他这忐忑的一生。作者知晓苏子的故事，以一种渗透的方式讲述故事给读者。让我们看着苏子悲壮地走完这一生，可叹亦无奈。我们站在历史外，明知会发生什么事，却也只能看着它发生，无法阻难，亦不能阻拦。

为官四十余载，宦海沉浮，他的足迹遍布大半个中国。下江南的路，他来来回回数遍，被贬谪又被召回，不知在这条路上他是何种心情。是忧愁，是迷惘，还是欣喜呢？

黄州，他写"人生如梦，一尊还酹江月"的老大无成和对建功的渴望。

惠州，他写"日啖荔枝三百颗，不辞长作岭南人"的出世、入世心情。

儋州，他写"九死南荒吾不恨，兹游奇绝冠平生"的几乎遗恨的诗句。

初读《东坡传》，我仅仅是看见了东坡的人生。再读《东坡传》，我看见了其中的悲欢离合。陈鹏先生笔下的《苏东坡传》，在我看来是一本群像型的传记，里面的人物故事有详有略，有喜又悲，每个人都是人生的主角，都有着自己的思想。先生笔下的东坡传主要形象是东坡，但并不只有苏轼，并不为写东坡而写东坡。就如王安石与司马光的政见不合、"乌台诗案"的鼎力救助来看，《苏东坡传》的叙述立场力求客观。《东坡传》是客观的、真实的，给我们呈现了一个生动的东坡先生，是有血有肉的苏子。

他是一个不合时宜的人，是一个有情有义的人，是一个笑傲人生的人，是一个多愁善感的人。在观东坡的故事时，我们看见了一座座的高山。但苏子如果没有经历这些挫折，就不会有历史上名垂千古的东坡。东坡之所以伟大，一是其能写出"前不见古人，后不见来者"的千古华章，二是其乐观开朗、自娱自乐、知天命的豁达。

借陈鹏先生所著，在寂寞里，他磨炼了心志，洗涤了灵魂，并使才华得以更大程度地发挥。若其一生顺风顺水，也许仍然伟大，但一定不如饱受锤炼后更伟大。

观《东坡传》，我们要看见的并不只是东坡的人生，更重要的是想自己的人生，学习他那坚韧顽强的生命力，学习他那忧国忧民的责任感，学习他那洒脱豪放的文藻。他践行了万千读书人"为天地立心，为生民立命，为往圣继绝学，为万世开太平"的理想。

一门父子三词客，千古文章四大家。唐宋八大家，苏家占三人。

"求一杯逍遥醉相宜，题一笔故人同归去。"天地之大，愿做散仙一个，自在度过一生，享受天地万物。苏轼从岁月深处走来，擦肩而过的瞬间，我会回眸、俯首，敬上后辈的钦佩之情，捡拾你两袖间遗落的千年前的文字花瓣，亦会追寻前人的足迹。

慢慢亦漫漫，回望东坡路，受益匪浅，感慨颇多。

（作者单位：西南科技大学）

《苏东坡传》书评

——林语堂笔下的旷世奇才

◎江晨宇

一部颂扬人文精神与生活智慧的传世杰作

　　《苏东坡传》是文学大师林语堂先生耗费多年心血、融汇毕生学术修为与深厚人文关怀的结晶之作，这部旷世巨著于1947年隆重推出，犹如一部镶嵌在历史经纬上的立体传记，凭借丰富史料的坚实根基，细致入微地构筑起北宋大文豪苏东坡波澜壮阔、饱经沧桑的人生全景图。尽管时光流转已超过了七十余个寒暑，这部作品仍然凭借其厚重的历史底蕴和独特的艺术魅力，在文学与史学的交织地带傲然挺立，成为一座跨时代的文化丰碑。

　　林语堂先生以其深邃的洞察力和精妙的艺术笔触，历时数载，反复研磨，精心打造了这部《苏东坡传》，使之成为一部能够穿透时空界限的文化瑰宝。这部传记犹如一幅宏幅巨制的历史长卷，蕴含着丰富厚重的历史积淀和无与伦比的艺术感染力，即便在近一个世纪的岁月洗礼之下，依旧巍然屹立在文学殿堂与史学研究领域的交汇高地，绽放着夺目光彩。

林语堂先生依托广博的史料积累，以匠人般的细腻心思，精心重构了北宋文坛巨星苏东坡那曲折起伏、饱受磨砺的一生，以其生动的笔调，以其极富同情心的理解，将历史上那个叫作苏东坡的文人勾勒出来，使人得以切身地体会到他的生活及其思想。这是一部生动鲜活的历史叙事，其中每一针每一线都紧密相连，犹如夜空中最亮的星辰，穿越千年时空，彰显了苏东坡这位杰出人物在各个阶段所展现的卓越人格特质和卓越文化贡献，从而使读者能够在沉浸式的体验中，真切感受并深刻领悟苏轼那非凡人生的每一个精彩瞬间与深刻转折。这部传记不仅详实记录了苏东坡的生平事迹，更以林语堂先生独有的深刻洞察与独到诠释，揭示了苏轼如何在困境中锤炼意志，在苦难中升华精神，在创造中传承文化的全过程，从而让苏东坡的传奇人生在每一位读者心中熠熠生辉，永续流传。

在忠实再现历史背景与深入剖析人物性格层面，《苏东坡传》一书可谓匠心独运。聂守初在回忆林语堂先生时曾评价《苏东坡传》"视角独特，笔调优美，生动地塑造出东坡个性与景骨形象"[1]。林语堂先生以炉火纯青的叙事手法，采用客观而又富含情感温度的第三人称叙述视角，宛如摄像师运用细腻镜头语言，生动再现了苏东坡从童年才情初绽直到暮年历尽沧桑的整个人生轨迹，以及这一过程中交织的北宋朝廷风云变幻、社会风尚微妙演进等丰富历史纹理。全书笔法灵动，形神兼具地勾勒出了苏东坡多元且立体的性格特点：既有着与生俱来的睿智敏捷、矢志不渝的政治追求，又洋溢着满腹傲骨、崇尚独立自由的诗人风骨。

《苏东坡传》甫一开始便引领我们回到苏轼的故乡四川眉山，透过林语堂先生引述《方山子传》中的描述，生动展示了这片土地的质朴民风和浓厚的家族文化底蕴，他写道："世人皆言蜀道之险峻艰难，有云难于登天；而苏东坡恰恰是从这崎岖之地破土而出，凭借其超凡出众的才情，早早崭露头角。"书中进一步详实梳理了苏轼从小受到的良好教育熏陶，直至科举及第、步履稳健迈入仕途，逐渐成长为一名伟大的诗人和政治家的全过程。

此外，林语堂先生还在《苏东坡传》中借助苏轼多次遭受贬谪流放的际遇，深情描绘了他坚韧顽强的性格特质和面对困厄时的超然洒脱。当谈及乌台诗案后苏轼在黄州的生活时，林语堂先生援引苏轼《卜算子·缺月挂疏桐》中的诗句"拣尽寒枝不肯栖，寂寞沙洲冷"，以极其细腻的笔触，刻画了苏轼即使处于逆境也保持孤高清傲、内心恬淡从容的意境。此章节不仅是对苏轼生活遭遇的忠实记载，更是对苏轼内在精神世界深入透彻的解读，充分彰显了林语堂先生对苏轼坚毅人格力量及其深远文化贡献的深刻理解和由衷赞美。在这部传记中，林语堂先生通过对苏轼生活琐事与重大事件的精雕细刻，由生活细节入手，取详贴真切的笔法，读起来亲切生动，令人如入深秋苏堂，倾听苏氏思想内涵[2]。一个活生生的、丰满立体的苏东坡形象跃然纸上，使读者不仅能目睹他的荣耀与挫折，更能深刻感知其卓越的人格魅力与文化艺术成就。

区别于传统仅堆砌史实的传记写作模式，《苏东坡传》展现了林语堂先生更为深入的精神探索和内心剖析维度。林语堂先生并未止步于叙述苏轼生活的表面轮廓，而是着力揭开其精神世界隐秘而璀璨的面纱，沿着其心灵宇宙的脉络展开叙事。他通过对苏轼海量诗词作品的精细研读与独到阐释，引导读者深入触及那些潜藏在字里行间的哲理思考、对天地万物与人文世态的独特观照，以及在历经一次次命运波折、地域迁徙的过程中，苏轼灵魂所经历的痛苦磨砺与升华涅槃。

林语堂先生在传记中不仅重视记录苏东坡的外部生涯变迁，更着重于探析其从年轻时的热情奔放到老年时的沉稳智慧的心灵成长轨迹。这一层次的挖掘，对于现代读者领悟个体心理架构如何在逆境中砥砺成型，如何随着岁月流转而趋向成熟，提供了宝贵的参照与启示。尤为值得一提的是，林语堂先生在书中对苏轼诗词的引用和解读别具匠心。例如，在描绘苏轼晚年远谪海南岛儋州时，引用诗句"九死南荒吾不恨，兹游奇绝冠平生"，以此揭示即便在当时被视为蛮荒之地的海南，苏轼仍能吟咏出如此豪放豁达之作，这无疑显示了无论面临何种环境，苏轼都能以乐观旷达的心态拥抱生活，借诗歌美酒抒发胸臆，书写人生的华彩乐章。这样的解读方式不仅有力地证明了苏轼卓绝的文学才华，更加突显了林语堂先生对苏轼特立独行人格特质和精神境界的深刻洞悉与精准提炼。

在《苏东坡传》中，林语堂先生运用饱含深情而又力透纸背的笔法生动再现了苏轼如何在生活的逆境与挑战面前展现出了超凡的坚韧与豁达情怀。例如，他深入剖析了苏轼在遭受贬谪、困顿之际，借由诗词这一艺术形式抒发胸臆，既表达了对现实困境的抗争，又弘扬了人文主义的精神气质，正如苏轼诗句"问汝平生功业，黄州惠州儋州"所体现的不屈不挠与自我超越。林语堂先生以寓教于史的创作策略，让读者在沉浸于苏轼跌宕起伏的人生历程时，潜移默化地获得直面生活困扰的勇气与智慧，以及对人类尊严与精神光辉的深深敬畏。

此外，林语堂先生以温婉雅致且洞悉本质的叙述方式，成功平衡了《苏东坡传》的叙事美学与哲理性思考，充分彰显了杰出传记作品所必备的社会教化作用和审美价值。众多学者亦肯定了林语堂先生在该书中严谨的历史还原工作和对人物心理层面深入细致的探索，认为这不仅对理解苏轼本人具有重要价值，而且对于透视整个古代中国士人阶层的生活状态与精神追求也起到了典范作用。

尽管林语堂先生在《苏东坡传》中以其卓越的艺术才情和深厚的人文素养，为读者呈现了一幅丰满立体的苏轼形象，并且通过深度解析苏轼的性格特质，如对其傲骨铮铮又时有自负一面的细致勾勒，以及对造成苏轼仕途坎坷背后错综复杂的社会政治因素给予独特而深刻的洞察，这些都极大地丰富了传记的内涵，赋予其多元而深刻的解读视角。然而，在接受林语堂先生这些充满个人色彩的见解之余，我们也应当意识到任何单一的视角都有其局限性，即使是林语堂先生这样杰出的学者也无法做到绝对客观全面。

林语堂先生在论述苏轼生平时，每每精挑细选苏轼的诗词佳句作为论据，辅以心理学、思想史等多种理论框架进行立体解读，使《苏东坡传》超越了普通传记只重纪事的范畴，升华为一部蕴含着丰富哲学意蕴和文化反思的历史文献。然而，我们在品读此书的同时，也应当秉持批判性思维，兼收并蓄，广泛参考其他学者的研究成果，以期对苏轼这位千古文豪有更为完整和准确的理解。换句话说，虽然林语堂先生的《苏东坡传》为我们提供了珍贵的一扇窗去观察苏轼的世界，但真正要全面认识苏轼的全貌，还需广博借鉴各家学说，不断对照、思辨，从而构建起更为立体且客观的认知体系。

总之，林语堂先生撰写的《苏东坡传》无疑是研究苏轼甚至是探讨中国古代文人士大夫风貌的关键性著作，可称"汉学名著"之一。它在保持史实准确性的同时，深刻揭示了苏轼内心世界的宽广与丰富，更巧妙地糅合了作者个人独到而深刻的见解，使之成为融历史性、思想性与艺术性于一体的文化瑰宝。不论是学术界的专业研究者还是广大普通读者，都可以从这部作品中汲取丰富的历史资料，同时获得对生命价值与人生哲学的深刻启发。林语堂先生在此书中所展现的卓越造诣，无异于为我们现今理解和诠释苏轼这一中华文化巨擘提供了不可或缺的重要参照系。

总结阅读《苏东坡传》的体验时，我不禁想起一句深刻的话："相识与否，无关乎是否同处一个时代，关键在于能否对他持有同情的理解和深入的共情。"究其实质，我们唯有对那些触动心灵的人，才能真正称为了解；唯有对那些挚爱之人，我们的理解才能达到极致。我坚信，对于苏东坡，我做到了全方位的认识，因为我走进了他的世界，触摸到了他的灵魂。而这一切之所以可能，正是因为我对苏东坡怀着深深的敬爱与欣赏之情。通过林语堂先生的《苏东坡传》，我得以跨越时空，走进这位北宋文豪的生活，感受他的悲欢离合，理解他的伟大人格，从而确信，真正的了解源自于真心的喜爱与深刻的共鸣。

参考文献

[1] 聂守初. 林语堂先生回忆录[M]. 北京：中国文史出版社，1990.

[2] 张采帆. 林语堂研究资料汇编[C]. 上海：上海古籍出版社，2009.

（作者单位：西南石油大学）

出走与救赎

——浅评林语堂著《苏东坡传》

◎王麒婷

苏东坡注定是与众不同的。在我们的历史记忆中，他是这样一位卓尔超凡的人物：他是禀性难移的乐天派、悲天悯人的政治家、假道学的反对派、市井小民的知心朋友，他是伟大的诗人、豪放词的先驱、散体赋的开创者、文坛执牛耳者，他是新派画家，更是伟大的书法家、酿酒的实验者、厨艺的探索者，他是瑜伽术的修炼者、佛教徒，他更是士大夫、皇帝的秘书、太后的朋友，他是心肠慈悲的法官、是政治上的坚持己见者，他又是月下的漫步者、饮酒成癖者、美味的鉴赏者，是一个生性诙谐爱开玩笑的人……于是在《苏东坡传》中，林语堂为我们展现了苏东坡丰富而多彩的人生历程，而出走与救赎，似乎成了苏东坡竭其一生而无法摆脱的宿命：他不停地请求外放，等来的却是入朝议政的皇命；他心存魏阙，却招来一路贬谪，最后贬至荒凉凄苦的儋州（今海南儋州）。然而，"回首向来萧瑟处，归去，也无风雨也无晴"，他是坚定的出走者，又是超然的自我救赎者：因坦荡而强大，因豁达而乐观，因博学而多才。他高蹈于这个纷繁芜杂的俗世，却又固执地不断救赎着自己；直到最后彻底摆脱了各种羁绊和纷扰，成为民族文化精神中的一汪清泉，不断地滋润着后来者的心田。

《苏东坡传》是现代作家的林语堂的代表作，展现了宋代大文豪苏轼波澜壮阔的一生。书籍讲述了苏轼从眉山开始的少年时光，到晚年于常州溘然长逝的人生经历，以及他的政治生活，文章诗画，朋友亲人，所爱与爱着的一切。本书首版于1947年，原著由英文书写，后由张振玉译为中文。其书原名 *The Gay Genius*，意为"心旷神怡才智卓越的人物"。《苏东坡传》出版后广受海内外读者好评。许多人由此而更加深刻地了解了这位名贯中西的大文豪。这本书不仅是对苏东坡生平事迹的一次全面回顾，更是对中国传统文化和艺术的一次深度探讨。这部作品有助于我们更深入地理解苏东坡的历史地位和他在文化艺术领域内的卓越贡献。

林语堂叙述苏东坡的视角是中肯而又亲切的。他果断摒弃了史书列传中后人评价前人的冰冷眼光，而是选择站在他的身边，温和地沉浸在他的时间里。他同样将这个权利赋予我们——所有有幸阅读过这本书的人，邀请我们一同参与苏东坡的人生。于是最终我们在书里看到了幼而聪慧的孩童，敏而好学的少年，意气风发的青年，慨然坚决的中年，乐天释怀的晚年，以及东坡短暂数十载人生中所有的颠沛流离与悲欢离合。

与之相得益彰的是本书别具一格的写作手法。林语堂的笔触定格在苏东坡跌宕起伏的一生，然后清晰地将其分离成片段式的剪影。这种定格式的写作方法清晰地展现出苏轼人生的几个节点：时间节点、空间节点、情感节点。在时间上一共分为四个部分：童年与青年、壮年、老练的中年、奔波于各地的流放岁月。传记通过四个大标题清晰地将苏轼从宋仁宗景祐三年（1036年）至宋徽宗建中靖国元年（1101年）的六十四年人生路程展现得清楚透彻。与此相随的是详细的地理空间追溯，从家乡四川眉山，到北宋的都城东京开封，到他怡然自乐的苏杭天堂，再到他自嘲诗里浸透血泪的"黄州惠州儋州"。苏轼的双脚走过这个古老王朝的大半土地，他坚定却略带疲惫的脚步跋涉过千山万水，他日渐浑浊却依旧深邃的双眸看遍世态炎凉，最后安详地走向了他生命的归宿。在他的人生旅途中，林语堂将他生命中的来往过客一一列出，有始终不渝地坚定支持哥哥的兄弟子由，有发自内心深爱他才情的朝云，有孤傲执着的政敌王安石，有昔日好友最后反目成仇的章惇……他们如同苏轼生命单行列车中不同站台的旅人，饱含苏轼对他们爱恨的情感，接二连三地上车下车，轻飘飘地带走一些回忆，留下一个再也看不见的背影。林语堂将记录的相机放在了这趟列车上，拍下的胶卷组成了这本书，书里我们得以看见短暂却灿烂的一生，局促却壮阔的一生，充斥着来不及的舛误与不可言说的深情。这些细碎的剪影拼凑组合，构成了一个有血有肉、真真切切、流芳百世的文豪形象。

出走与奔波，是《苏东坡传》的主线。

苏轼生活的时代，是中国儒学思想再度复兴的时代，也是封建王朝向世俗化社会加速演变的时代。人们犹如一碗浓汤上漂满的油脂，大大小小互相消融，却始终套上金灿灿的明边，在难以捉摸的命运里跌宕起伏。苏轼的人生，就和同一时期有名的无名的千千万万的人一样，从这里跌跌撞撞地开始了。年幼时的苏轼和弟弟以及母亲一同生活，在闭塞却明媚如同桃花源的蜀地度过了无忧无虑的童年。目睹了云游四方、铩羽而归后的父亲开始发奋读书之后，十岁的东坡开始逐渐接触中国绵延千年、博大精深而历久弥新的文脉。这之后，他的一生都浸润在书卷的气息之中。和当时所有官宦家庭的男孩一样，他的未来就是熟读四书五经，参加科举考试，获得一个谋生的官职；再参与进世界上最大的官僚集团中，一步步为自己谋求一个升迁的机会，小心翼翼地为人处事；娶一个或者几个女人，生儿育女，最后回到故乡颐养天年。这在当时无疑是所有文人士大夫共同的愿望和理想。苏轼的祖父如此，苏轼的父亲如此，可苏轼偏不如此。不同于身边那些看似满腹经纶但眼中只有功名利禄的庸庸之辈，苏轼与他们有截然不同的人生追求和人生态度。他所向往并且追求的，是一种逃离的生活。兴许是如林语堂书中所言，眉山这个地方具有的"难治"的习俗对苏轼的成长有了深刻影响吧，当苏轼真正走出了眉山，走出了蜀地，走过了长江黄河，走过了山重水复之后，他发现自己人生的出走才真正开始。

林语堂为苏东坡策划的这场出走是从仕宦开始的。仁宗嘉祐六年八月，苏轼参加制科考试，一举夺魁，一鸣惊人。之后他上任大理评事，签署凤翔府判官。这是他人生中第一个官职。此后他辗转知任各地，从杭州、密州到徐州、湖州。他的脚步一直兜兜转转未曾停歇，但始终不变的是他那双向下看的清澈的眼睛。他将百姓视为切切实实的人，关心和爱护他们，甚至为了他们几次触怒上司。从小熟读的儒家经典默默地告诉着他，自己的做法是正确的，而未来自己将依旧这样走下去。他是中国儒家民本思想的代表，却不仅限于成为一个空想家，而选择成为一个实干者。他在救助百姓的道路上逐渐寻找到人生的意义。学李泌，修六井；效乐天，治西湖。与民同乐，与民同在。他风尘仆仆地奔走于各地，乐此不疲地救赎那些饱受压迫的百姓。释放罪犯回家过年，主动请求取消秋税……从始至终，他都坚定地站在人民这边，与弥漫朝堂的高高在上、贪权夺利风气格格不入。他对于这些浮于表面的作为不屑一顾，转而坚定地高唱着他的"反调"，走进人民里去。

《苏东坡传》的主要思想寄托于这样一个热衷于"唱反调"的顽固分子身上，着重描写了传主苏东坡与他所处时代政治风雨的关系。苏东坡是一个追求安稳的人，他心驰神往的是那种渔樵江渚，与民同乐的生活。然而天不遂人愿，这样的一颗闪闪发光的明珠难免会遭人妒忌，而等待着他的是一场场政治漩涡。王安石变法事件就是其一。书中以多个章节详述变法始末，并剖析苏轼在这场运动中的立场与行动。林语堂认为，苏东坡与王安石变法的冲突，"决定了他一生的经历，也决定了宋朝的命运"。在这场变法中，苏东坡与王安石产生了强烈分歧。苏东坡不相信王安石口中振振有词的口号，他固执地认为这一切都不过是冠冕堂皇。他看到的是在新政中遭受压迫的无数百姓，是流离失所和难以度日，是剥削和变本加厉的掠夺。林语堂说："没有人比苏东坡更充分表达民间的疾苦"，"这些诗具有蚊子叮的效果。叮几下叫人着恼；叮太多就叫人整夜睡不着"。他还指出，正因为苏东坡对王安石变法持不同态度，因而一再遭贬，甚至闹出"乌台诗案"，身陷囹圄，险些丧命；后因反对变法，又再次受到迫害，被流放岭南惠州和海南儋州。而苏东坡流亡半生的遭遇，在于当年他面对铺天盖地的浪潮时，奋力出走和抗争的意志和决心。

相对于传统士大夫，苏东坡出走于这一群体之中。林语堂把传主苏东坡描写成集儒道释于一身的政治家和诗人。在林语堂看来，苏东坡并不是一个腐儒，而是一个既有济世思想又玩佛信道的"乐天才子"。他"始终卷在政治漩涡中，却始终超脱于政治之上"，在顺境中不做政客，在逆境中又能安贫乐道，热爱生命，自得其乐，活得快慰。然而就是这样的一位被后人以豁达乐观称道的乐天派，最初也并不是这样开朗。乌台诗案期间，他曾萌生自尽之念，在沉冤昭雪后甚至不敢白天出门。但也正是在他谪迁与出走的路上，他一点点地自我宽慰与救赎。被贬黄州时，甘心务农，愿为隐士，研究佛学和道教，学习炼丹术；被贬惠州时，更是醉心于炼丹术，信仰简朴生活和无邪思想,以求长生不朽。他一生的创作精华都集中在风雨飘摇的贬谪之路上,在这条路上,他看到辽阔浩荡的大江,看到壁立千仞的山头,看到今非昔比的赤壁……苏东坡在自己的眼睛和笔中寻找到救赎。诚然,苏轼的生活七零八落,实在不算美好:爱妻早亡、父母逝去、兄弟分隔、仕途坎坷、命途多舛,可他却依旧潇洒地大步向前行走,乐天淡然地看着这个他熟悉又陌生的世界,他一次次透过烂透了的生活,小心翼翼地挖掘着自我的乐趣,舞文弄墨、琴棋书画,"羽化而登仙"。林语堂先生在写到苏轼的逝世时道:"人的生活也就是心灵的生活,这种力量形成人的事业和人品,与生而俱来,由生活中之遭遇而显示其形态。"也许苏东坡充满出走的一生,就是林语堂先生在书的结尾处所写下的这句名言真正的含义。

苏东坡游荡于书卷记载的时间里。单薄的年号和数字勉为其难地承载了他宏大的一生。而在那些未曾被记录于青史的岁月里,林语堂笔下的东坡向我们呈现的,是与不论是一千年前的北宋还是一千年以后的现代社会充斥名利条件下失神涣散的大众截然不同的,一个奔跑逃离的鲜活的主体——一个白日梦想家,一个执着坚定的救赎者。他始终遵循年少时从书本中汲取的理想,这些理想并未因年龄增长而褪色,千疮百孔却始终天真地看待这个世界。事件与动机割裂,行动与现实脱节,人性与人心背离。这个复杂的世界始终在彰显着苏东坡的格格不入,但他依旧做着属于自己最纯粹的梦,没有因果,不问目的,更不论结局。

诗意的遐想总会救人于繁杂的俗世当中。苏东坡在他的诗歌里救赎着曾经的自己,他戏剧性地创造出一个个不同的自我:在分别时想象重逢,在困顿中感受潇洒,在遗忘中得到超度。他辗转半生,看遍世间百态和芸芸众生,正如他把一切悲欢离合都写得透透彻彻。人生对于他来说是最为无常的东西,因此他始终做着怡然自得的事情,一次次在绝境中享受人生,又一次次不顾众人的眼光决绝地离开世俗。"祸福得丧,付与造物。"对于苏东坡而言,离群索居并非生命最初的意义,生命本来就是从空旷的纯白中诞生的一次探索,而每一个选择都无疑是一场积累,新的经历不断填充着贫瘠的岁月。最重要的是,如何在满目繁杂的汹涌洪流中,找到属于自己的人生。

反观当下,人们的生活节奏日渐加速,被拧上发条的社会机制高速运转,而新兴文化又层出不穷,时尚成为这个时代日新月异的代名词。人类的生活方式确实在进步着,但悲哀的是人们也正在不断地放弃。虽然与往常一样,人们日复一日地劳作,为了自己的生计打拼,但许多人也切切实实地逐渐失去了找寻自我的勇气和意志。柏拉图说,世间的万事万物,都是它在精神世界的影子。因此人类的精神,正在信息的虚拟与城市的焦虑中被冲刷磨损,这其中首先被斩断的就是自我的联系。从什么时候开始自我精神的执念不再是浩瀚宏大的美好愿望,而变成简单粗暴的对物欲的执念追求?我们这一代人正在危险地活着,因为我们似乎再也无法阐述清楚我们自身所延续的内涵。在杀死了我们的精神偶像之后,我们所信奉的还剩下什么？日益机械化的教条主义思维，麻木不仁的浑浑噩噩，无止无休的精神内耗……现代人在盲目追求的随波逐流不是自由，无关人文，而是自我毁灭的温室大棚。

苏东坡的再现无疑是给我们树立起一个新的精神标杆。横跨过苍老和青涩，心灵的喜悦与思想的快乐似乎都飘飘欲飞。放下书的时候我豁然开朗，仿佛清楚地看见那个略带疲惫却依旧精神的身影在夕阳下挥毫，在月光下高歌，如同对现代人摆烂思潮的嘲弄戏谑。如何重新唤回那些原先看似空洞的逸散，如何重新救赎我们落满灰尘的灵魂，这是《苏东坡传》带领我们奔袭出走之后，我们自己所需的答案。

（作者单位：西华师范大学，指导教师：史雯）

载生载育，以迄于今

——评《遇见三苏祠》

◎王新蓉

眉山有条街，称之纱縠行。街上有座祠，谓之三苏祠。祠里有三苏，赋之大文豪。豪里显文脉，传之天下知。古往今来，关于三苏祠的书籍不胜枚举，据读秀数据库显示，中文图书有600多本，其中现存三苏祠刻本有22本，书名中出现"三苏祠"的有31本，但以"三苏祠"为主题词的只有1本。对三苏祠的研究在20世纪八九十年代达到顶峰。例如《三苏祠志》《三苏祠楹联》《三苏全集》《名人与三苏祠》，它们的研究对象是分门别类的，或是写三苏祠的，或是写名人的，或是写三苏祠楹联的，每本书都有其研究价值。要是作为一本文化普及读物，去窥探一脉相承的三苏祠文化，王晋川新作《遇见三苏祠》一书大有可观，更加符合大众需求。相较于上类书籍，《遇见三苏祠》不仅内容包罗万象，涉及苏祠布局建置、历史沿革、典故传说、诗词楹联及三苏相关逸闻趣事等，并且表达通俗易懂，在事实的基础上做出自己的解释，并配以图片增加可读性。

据数据库不完全统计，本书于2021年由四川大学出版社第一次出版后，被超过73家单位收录，其中包括国家图书馆、浙江图书馆等知名图书馆。值得一提的是，它在清华大学"2021年秋季北京百万庄图书大厦中文新书展"活动中一经展出就备受关注。论其装帧设计，采用常规的装订方式（平装），共152页，内含写实的彩色插图，可谓图文并茂。纸张材料韧性好，文字及插图印刷清晰，给读者极佳的阅读体验。封面由文字与图像组合而成，文字采用纵行排版，色调统一。图像由三苏祠正门与母亲携带孩子背影组成，书评题目的灵感恰源于此。据《诗经·大雅·生民》载："载生载育，时维后稷……以迄于今。"古代女子"载生载育"，这反映古代女性的勤劳，以及讴歌了后稷发现农业生产的功绩。这与此书看似无实际联系，却卓然可比，它们有着相似的神话人物原型和文脉。《生民》中姜嫄生养周后稷，恰如程夫人生养苏轼兄弟；周后稷（农神）善农业，苏东坡被贬也在农业种植；后稷文化流传千年，三苏家学文化流芳百世。本书与《三苏祠志》这类书籍有重叠部分，比如两书都提及三苏祠的历史沿革、园林建筑等，而本书更像是作者的随笔，将自己在三苏祠的所见所闻进行了阐述。

纱縠行三苏祠何谓之？据地方志可知，眉山自古以来，钟灵毓秀、物华天宝、文化灿烂，有一区（东坡区）五县，三苏祠位于东坡区。《遇见三苏祠》写道："眉山有条纱縠行，是古城九街十八巷之一。有着'南州胜迹古祠堂'之称的三苏祠就坐落于此。"初见此地名，觉得文字有点拗口，何为纱縠行？据《汉泰简明速查词典》载："纱，即棉、麻、丝、毛等纺成的细缕，也指经纬稀疏而轻薄的织物。縠，绉纱一类的丝织品，汉以后又称'纱縠'。"颜师古注："纱縠，纺丝而织之也。轻者为纱，绉者为縠。"街巷以纱縠命名，可想而知纱縠行是买卖蚕茧、丝绸、布匹的所在。作者《縠绉波纹迎客棹》的章名，其实源自宋朝宋祁《木兰花·东城渐觉风光好》："东城渐觉风光好，縠（hú）皱波纹迎客棹。"书中描述的纱縠行，其实据史料探寻宋代文化可知，由于宋朝市民阶层的崛起，城市中店铺林立，熙熙攘攘，商品经济发达，宋代丝织业繁盛一时。至此载生载育的不只是程夫人，纱縠行三苏祠也可称之，因它载生载育世世代代人，三苏祠文化因此以迄于今。

古往今来，人们对三苏祠的位置众说纷纭。作者王晋川先生也做了一番考究，经过丰富的史料考证，终得结论。书中第十二章，苏轼《记先夫人不发宿藏》："先夫人僦居于眉之纱縠行。"句中的"僦"，意为租赁。简言之，纱縠行是程夫人租铺做生意的地方，苏家老宅并不在此。最终作者由苏轼《异鹊》诗"昔我先君子，仁孝行于家。家有五亩园，么凤集桐花"得出苏家在纱縠行没有正式的宅院。若不是作者为本书附上些许图片，恐怕现在还在三苏祠里迷糊。较之《三苏祠志》，此书的精妙之处也在于此。书中写实的图片，呈现了现存三苏祠的部分样貌及周边风景，可见充满商业气息的古纱縠行和北宋风格建筑群。加上导师传回的亲摄图片，可谓巷道深深，老榕盘虬卧龙般从暗红围墙内伸出头来，树枝如缠绕的千手，把巷道荫蔽成一条暗红与深绿交织的时空走廊。

三苏祠文化以迄于今，何以见得？程夫人载生载育，何以言之？至此不由得提及，载生载育苏轼兄弟的程夫人。有史料表明，北宋时期，一位女性为支持丈夫发奋读书，在街上租下店铺，做起丝绸买卖，生意越做越红火，这位女性正是程夫人。其实关于程夫人的专著确有一本——奉友湘《苏母纪》，奉友湘对程夫人评价极高，说苏母既是一个家庭妇女，又是家里的顶梁柱，还是女企业家、社会活动家、大慈善家。因两者专注的方面不同，各有千秋。但思考"苏母"与"程夫人"两者称谓，究竟有何不同？一开始简单认为"嫁夫从夫"应称之苏夫人或苏母吧？查询相关书籍，究其根本，就要谈及社会性别关系和儒家伦理系统，高彦颐《闺塾师》里有详细的论述。总之，任何女性史和社会性别史研究都应是分阶层、分地点和分年龄的。比如在宋代，士大夫家庭妇女享有一定的继承权和相对自由的再嫁、改嫁权，程夫人作为进士的女儿，即使嫁与苏洵，也可随父姓，后人称之程夫人有理有据。

《遇见三苏祠》的"金鱼亭"与"八娘伴母"章节中，对程夫人有详细的介绍，成语"勉夫发愤"源于此。书籍的精妙之处在于，不仅讲三苏祠的建筑格局，还为我们呈现了许多典故传说、成语，其背后蕴含着三苏祠文化的秘密，尤其是对家学文化的阐述。上文《苏母纪》对比本书，相似之处在于对伟大母亲的歌颂，最重要的是对三苏家学文化的高度赞扬。令人惋惜的是，本书对于程夫人的描写较少。然而，三苏家学文化流芳百世，离不开程夫人的贡献。无论是她生育苏轼兄弟的艰辛，还是对两兄弟的家庭教育，都值得被世人熟知，而本书仅在隐约中有所渗透。

首先论图像。封面选取了母亲携带孩子的背影，将古代传统家学文化视野里的母教主题通过图像凸显出来，载生载育由此得之。可惜全书关于程夫人的直接描写较少，仅有一个章节直接描述程夫人，且仅有一张图像是程夫人与苏八娘的雕塑像。据记载，程氏作为首富之女嫁于苏洵，作为富甲一方的程氏为何选择下嫁于家道中落的苏洵呢？据说是因为程家看重苏家优秀的品质和才华，相信以后会重塑辉煌。《遇见三苏祠》中记载："苏洵年轻时壮游天下，山川看不厌，浩然忘归返，家中诸事皆交由程夫人打理。"此时程氏独自一人挑起养家的重担，据说是程氏变卖了自己的嫁妆和首饰（也有另一种说法，但此书没有记载：程氏将苏洵在外面浪荡的时候弄来的古玩字画卖了，弄了一些钱，买了一些布匹和一些养蚕的工具），租铺开店，不过数年就为富家。程氏若放在现代可谓是女强人，但是如果没有结婚将会受到许多非议，时代在进步，个人认为女性自我价值的提高将会是未来必然的结果。但程夫人对于三苏家学文化贡献远不止此，有人称程夫人是一位可敬而不可效仿的伟大女性。

其次论诗词。本书每个章节都会提及众多诗词，部分关于三苏，部分关于其他名人。特别提到眉山三苏祠中苏轼的文化宣言："作为中小学语文课本'唐宋八大家'中转载古诗文最多的人，被'全文背诵'支配，怕了吗？"仅从数据上来看，三苏祠文化对后世影响不言而喻。据本人不完全统计，《遇见三苏祠》中涉及诗词高达126首，其中苏轼独占半数，苏洵苏辙略少。王国维在《人间词话》中谈诗与词："诗之景阔，词之言长。"或许正是因此，三苏父子才借此抒发自己的意难平。正是程夫人教导有方，铸就了苏轼兄弟积极进取的人生态度和正确的世界观、人生观。第二十四章中，苏轼的《食橘》运用"怀橘遗亲"的典故，写到自己被贬，贫穷潦倒，想起母亲满是遗憾，树欲静而风不止。书中苏轼被贬黄州时，他的"谁道人生无再少"，包括他在《念奴娇》里展开的自由联想，对大乔出嫁和周瑜的雄姿英发等，都能窥探到早年母亲作为女性和当家主母对其的影响。此书第十二章，苏轼千古绝唱《赤壁赋》："且夫天地之间，物各有主，苟非吾之所有，虽一毫而莫取。"这背后隐藏的故事原型——"不发宿藏"，正是程夫人对苏轼的谆谆教导。史铁生在《我与地坛》中："年少时开的枪，现在正中眉心。"高中死记硬背的知识，在今天豁然开朗。

最后论古今。《诗经·大雅·生民》中姜嫄载生载育后稷，程夫人载生载育苏轼兄弟；后稷种植文化以迄于今，三苏祠文化以迄于今，是下一代的传承。在"东坡与橘"一章中，曰："苏轼年少时，不仅种橘栽松，还能自接果木，俨然一技术娴熟的老农民。"后稷与苏轼相似的人物原型，在此刻完成跨越时代的回响。无论是姜嫄还是程夫人，作为母亲在古代或现代都是成功的，真正将言传身教的品质做到极致，领悟到教育的意义，也是现代父母应该学习的典范。回望古今，《遇见三苏祠》向我们普及的三苏祠文化，存在于当今时代，必定是有价值有意义的。程夫人身上折射出的家风文化、教育文化等优秀传统文化，值得被后人传承。正如习近平总书记在眉山市三苏祠考察时指出："家风家教是一个家庭最宝贵的财富，是留给子孙后代最好的遗产。要推动全社会注重家庭家教家风建设，激励子孙后代增强家国情怀，努力成长为对国家、对社会有用之才。"

为什么从书中看到女性的价值和男性的认同呢？复旦大学人文教授梁永安谈男女婚恋困境提到：教育使头部人群女性增多，她们向上会看到一种虚空，这表明男性须认同女性的新价值。其实在本书中也展现了女性的新价值和男性的认同。书中第十二章，苏洵当年有《祭亡妻文》原文，从两性文化来看这段话，我愿用相敬如宾来形容，程夫人后半生的付出，把两性关系中的情绪价值看得比经济价值更重，即使贫穷的苏洵宦游天下，程夫人也给予鼓励。卡罗尔·德韦克在《终身成长》中说过这样一句话："婚姻最主要的一个特征就是你要鼓励伴侣成长，也要让对方鼓励你自己成长。"书中没有过多提到关于苏洵的事，查资料可知，年轻的苏洵颇有点浪荡公子的意思，不爱读圣贤书，喜欢到处游荡。他将当家主权都交由程夫人主管，借用梁永安先生的观点，我比较认同苏洵对妻子能力的认可，承认女性的新价值、新力量，这种油然而生的信任，值得当代借鉴。这种对女性的尊重，对女性的认可，亦是值得当代可取的。

徜徉于《遇见三苏祠》一书，遇见三苏祠背后的文化底蕴。书中的情感交织与哲思探讨，令人不禁感叹历史的宏伟和人文的魅力。在这个快节奏的现代社会中，《遇见三苏祠》为我们打开了一扇回望历史的窗户，让我们重新审视和珍惜中华传统文化的深厚底蕴，也让我们重新思考自己在当下的处境和使命。正如鲁迅《拿来主义》中所说："取其精华，去其糟粕。"愿我们能够在三苏祠文化中汲取智慧，更好地传承中华优秀传统文化。

（作者单位：西华师范大学，指导教师：王黎黎）

一片冰心在玉壶

——读《苏东坡新传》有感

◎曾利

《苏东坡新传》作者原名李振华,以"一片冰心在玉壶"之意取笔名"李一冰",浙江杭州人,祖籍安徽。李一冰熟读苏轼诗作,同时整理《东坡事类》等重要书籍并编订《苏轼年谱》,历时八年,写成《苏东坡新传》,共计七十余万字,1979年写成,但"自喜渐不为人识",不求闻达。后来在朋友劝说下,才于1983年以笔名出版。

本书从东坡诗词引出话题,用他诗词中经典的词句作为时间纵线,连串起这位文豪波澜起伏、跌宕纵横的人生。我在品读这部书的同时,又多次阅读了苏东坡豪迈大气、多情慨叹的诗句。

李一冰是在台湾蒙受不白之冤,经历牢狱磨难后写成了这部反映苏东坡生平的鸿篇巨制,不仅有事实呈现,也有作者自身的推断。作者的文字中,丝毫没有自己愤懑不满的表述,也没有借古讽今的痕迹，更没有借书写作冤屈的笔迹，是作者"冰心玉壶"的直接表达，是其正直个性的流露，这也与东坡一生不谋而合。故而这部《苏东坡新传》一口气读下来，给我的印象是完全不同于其他文学家驰骋文采、资料堆砌所写的东坡传记，是李一冰先生的呕心沥血之作，彰显出作者坚实的考证功力与文字驾驭能力。正如李一冰先生所说，"不写一句没有根据的话"，整部书用语非常严谨、结构前后呼应。

这部洋洋洒洒七十余万字的《苏东坡新传》，读来令我有许多感触。既对苏东坡顺境时信手拈来的得意之作由衷赞叹，也向他逆旅人生中波澜不惊的安之若素敬佩不已。

这部书还对东坡写下历史名篇的历史背景、人物牵扯等进行了条理清晰的分析，更结合东坡自己的人格、学时、家学等方面来阐释为什么东坡能在贬谪路上，保持文学高产，不得不让读者对这部新传入迷。例如"大江东去，浪淘尽，千古风流人物。故垒西边，人道是，三国周郎赤壁。乱石穿空，惊涛拍岸，卷起千堆雪。江山如画，一时多少豪杰……"这首东坡的《念奴娇·赤壁怀古》无疑是豪放词的顶峰之一。为什么有历史上那么多名人喜欢东坡？因为他能在艰难困境中守住自己为民请命的初心，兴修水利、修路架桥，积极进取，奋发向上，即便"多情应笑我"，这位大文豪仍以旷达性格直面政治失意，从未对生活失去信心。这首词格调豪壮，意境悠远，纵横捭阖，三国的英雄人物形象在千年后依然跃然纸上，但事实所迫，诗人也与自己和解了，因为"谈笑间，樯橹灰飞烟灭"，词中虽然有失意的词句,然而整体格调豪壮不已,跟其他失意文人政客的同主题作品显然意境完全不同,把作者胸怀天下、睥睨一切的非凡气度表露了出来。

新传第九章"书斋内外"中提及,苏轼乌台诗案后返京,对幼子苏过常亲自督教。叔党(苏过,字叔党)天性与父亲极为相似,对诗赋的学习极为勤奋。诗赋是当时科举的主科,又是苏门光辉的家学,苏轼手写一则《评诗人写物》给他,开导他作写物诗的诀窍:诗有写物之工,桑之未落,其叶沃若,他木殆不可以当此。林逋梅花诗:"疏影横斜水清浅,暗香浮动月黄昏。"此句若用于桃李,则绝非其诗也。皮日休白莲诗云:"无情有恨何人见,月晓风清欲堕时。"绝非红莲诗。此乃写物之工。若石曼卿红梅诗:"认桃无绿叶,辨杏有青枝。"此至陋,盖村学中语。

作者随后还记录了苏轼在听到苏过诵读《南史》片段时,对儿子说道:"王僧虔家住建康禁中里马粪巷,子孙贤实谦和,当时人称誉'马粪王家'都是长厚的人。东汉赞论李固,有句话说:'视胡广、赵戒如粪土。'粪土本是秽物,但用在王僧虔家,便是佳号;用来比胡、赵,则粪土有时而不幸。"

可见苏轼不仅重视学生子弟的文化造诣教育,更重视人格教育,两者皆不偏废。古希腊哲人赫拉克利特有一句名言:"人格决定命运",表达了人格教育的重要性。东坡善良、拼搏、乐观、豁达、大度与坚守原则的人格与精神深深地影响着他的命运，这些人格是我们后来人敬仰他的原因，也给他带来了遭人嫉恨的风雨人生，让他遭遇了人性深处的恶毒打压，但东坡始终把他不与黑暗同流合污的人生原则奉行到底，视低头弯腰、出卖朋友知己换来的富贵平安如浮云、粪土。这在苏轼童年时就有迹可循，幼时他读《范滂传》，问其母亲："轼若为滂，夫人亦许之否乎？"程夫人慨然答道："汝能为滂，吾顾不能为滂母耶？"正是有了这样的人格教育，东坡"兼济天下"，以天下兴亡为己任，有了以天下苍生为己念的广阔胸怀和强烈责任感。东坡心怀天下，勇于直言上书，痛陈时弊，受挫后仍不改初心。他通过诗词来讽喻朝政，这种思想基础，也是他个人仕途受挫、屡遭贬谪的重要原因。

这部新传中对东坡生活中趣事的记录也深深感动了我，让我对一代大家有了活生生的凡夫俗子的真切认知，苏东坡也有作为平凡人的"睚眦必报"等普通人丰满真实的性格。例如，文中提到苏轼与黄庭坚二人交往的趣事。苏轼是唐宋八大家之一，与黄庭坚、米芾、蔡襄并称"宋四家"，代表宋代书法最高成就。苏轼只比黄庭坚年长八岁，论辈分苏轼是黄庭坚的老师，黄庭坚、秦观、晁补之、张耒是"苏门四学士"，深得苏轼赏识，"如黄庭坚鲁直、晁补之无咎、秦观太虚、张耒文潜之流，皆世未之知，而轼独先知。"而其中黄庭坚的诗成就甚高，开创了著名的"江西诗派"，与苏轼并称"苏黄"。"苏黄"两人亦师亦友，知己的成分可能更多一点。新传中收录了苏轼的部分书法作品。坦白而言，这是我首次如此细致地品鉴书法。也许是受到了新传这部书的影响，激发了自己对东坡更深的了解欲。这部新传中附上的书法作品，我几乎是逐字在拿手感知笔画。东坡的书法作品给我的感受与宋徽宗的瘦金体截然不同。在我有限的认知，瘦金体似乎过于瘦骨嶙峋，而大书法家似乎也倾向这种风格。然而，东坡的字体显得饱满，有点像如今所说的"体积感十足"，但我觉得这也映照出苏轼心胸宽广，字如其胸襟，不随大流，坚守自身风骨。正因如此，在苏轼的书法中，极少看到枯笔、飞白，而是字字丰润。苏轼的所有作品，皆有此特点。如《辩才老师帖》《与董长官帖》。

元代赵孟𫖯曾评价苏轼书法如"黑熊当道，森然可怖"。当然，环肥燕瘦，远近高低各不同，每一个人喜好不同。有人会第一眼便喜欢上苏轼的书法，也有人对苏轼书法的第一观感不好。作为弟子兼好友的黄庭坚认为苏轼书法用墨过丰。在新传中，作者李一冰记录了宋代曾敏行《独醒杂志》关于二人互相评价对方书法作品的一则趣闻。轼曰："鲁直（黄庭坚字）近字虽清劲，而笔势有时太瘦，几如树梢挂蛇。"山谷（黄庭坚，号山谷道人）曰："公之字固不敢轻论，然间觉褊浅，亦甚似石压蛤蟆。"二公大笑，以为深中其病。"石压蛤蟆"的比喻固然是对苏字的一种打趣，但的确形象地刻画出了苏字的风格特点，扁平的字形与肥腴的态势是连在一起的，二者都使字的气力更加内敛紧凑。两位大文豪、书法家，用树梢挂蛇、石压蛤蟆这样生动通俗的话语来点评对方的书法，而且这八个字还上下对称，都用动物及其周边的物体来做形象的比喻，令人忍俊不禁，这可真是两个"老顽童"。

在中华文化长河中，苏东坡如璀璨星辰，为历史增辉，为文化添趣，给我们的社会注入了情感温暖。

（作者单位：成都信息工程大学）

半岭松风回涧壑，一林云气满衣裳

◎李欣芮

遇见三苏祠，邂逅风雅骨

何为"遇见"？

而又为怎样的"遇见"？

"遇见三苏祠"，又会是一种怎样的体验？

上述三个问题，是我在翻阅本书之前产生的疑惑。而正是由于产生了这样的疑惑，我才在好奇心的驱使之下翻看了这本书。

我为什么会有这样的疑惑呢？因为"遇见"一词，本身就是一个难以界定、不可名状的概念。有人认为，"遇见"就是碰面；也有人认为，只有心灵和灵魂相契相合才能被称为"遇见"。而在这本书里，在作者的笔触里，两种观点的持有者都能发掘到自己想要的答案。

或许，就像是作者在序言之中写的那样："人生不就是由这无数的遇见构成的吗？"那些看似稀松平常的碰面，谱成了你我的人生组曲，描绘了世间的人生百态。而在这本书的文字里，我们不仅能够体会到"遇见"的魅力，还能够领略宋代文学高峰的魅力，更有亭台楼阁、宋碑明钟、清风明月、千里婵娟在等待着我们与之相遇、与之邂逅、与之重逢，与之把酒言欢、与之花前月下、与之推心置腹。

《遇见三苏祠》一书，是由十分敬仰三苏文化的王晋川先生编撰，并由四川大学出版社于2021年7月首次出版的散文集。全书由三十余篇散文组成，而在书中，作者就好比是一位饱读诗书、满腹经纶的向导，带领读者朋友们跨过时间维度和空间维度来参观四川眉山的著名地标——三苏祠，在我们细细体会和用心感受古迹中的一草一木的同时，聆听那些过去发生过的故事被一桩一件地娓娓道来。

就像王晋川先生在书尾处的跋文里所写的那样，本书极大程度地受到了苏轼散文的影响，延续了东坡先生"嬉笑怒骂，皆成文章"和"常行于所当行，常止于不可不止"的写作方法与写作习惯。生于眉山，长于眉山的作者，在三苏文化的感染熏陶之下，产生了如此灵感，写出了如此文集，这又怎么算不上是一种文化的延续和一种历史的传承呢？如若泉下有知，我相信三位文豪也一定会发出一声"后生可畏"的感慨吧。

本书以第三人称全知视角叙事，带领读者探寻三苏祠的魅力所在，领略三座宋代文学高峰的底蕴之来源。恰恰是因为全书基于第三人称的叙述视角，作者才得以摆脱空间乃至时间上的多重限制，用一种更为自由、更为灵活、更能被读者接受的方式将三苏祠之美活灵活现地展现在文字中，展现在书本里。这也带给了我们一种十分别开生面的阅读体验，我们好像真的去到了三苏祠，遇见了一位像作者这样的向导，听他一字一句地讲述着这片土地上曾经发生过的一幕幕。所以说，如果你没去过眉山，没参观过三苏祠，那你一定要去拜读这本《遇见三苏祠》，因为它能让你身临其境，仿佛真的前去游玩了一圈。而如果你已经去过了眉山，参观过了三苏祠，那你更应该去拜读这本《遇见三苏祠》，因为它能让你离三苏更近一步，去更好地了解这三大文豪的雅致风骨。

　　在文章的结构安排上，也体现出了作者的巧妙心思。翻看目录，我们不难发现先生从三苏的介绍写起，在介绍清楚了三苏和眉山的渊源之后，又从三苏祠的南大门写起。之后从飨殿写到启贤堂，从披风榭写到洗砚池，从八风亭写到景苏楼。这样的写作顺序，与游客们的参观游览顺序一致。这样移步换景的写作手法，以游踪的空间顺序作为全书的写作线索，不断变换观察点，达到了"移一步，换一景"的写作效果，将三苏祠全方位地展现在了读者眼前。而在这样的阅读过程中，我们很难不发出一声"真是不虚此行啊！"的感叹。

　　在写完三苏祠中的主要建筑之后，作者又着力描绘祠中的植物。有"四壁峰山，满目清秀如画；一树擎天，圈圈点点文章"的银杏，有"自然富贵出天姿，不待金盘荐华屋"的海棠，更有"萧然风雪意，可折不可辱"的竹子和"月缺霜浓细蕊干，此花元属玉堂仙"的桂花。凡此种种，不仅体现了三苏文人的诗情雅调，更让我们在阅读的过程之中感受到那一丝一缕的花草清香。我们不禁发出感叹，这样的环境是何等的超凡脱俗啊！三苏祠就好比是一个美妙的世外桃源，在那里，我们能够远离尘世的喧嚣，细细地品味人生，静下心来倾听那文人墨客的故事和我们自己的心声。这真可谓是"此中有真意，欲辩已忘言"。

三苏祠中的如此美景，恰恰又应了《前赤壁赋》中的那一句"耳得之而为声，目遇之而成色，取之无禁，用之不竭，此造物者之无尽藏也，而吾与子之所共适"。这大致诞生于一千年前的文字，时至今日仍有回响，仍然振聋发聩。有人推测，苏轼当年与友人泛舟赤壁，主客问答的形式成就了这篇名作。不过我相信，一千年前的苏轼一定找到了他的答案，而一千年后的我们也一定能从前人的文字之中汲取力量。

在写完了这些之后，作者又将笔墨泼向了眉山，这座孕育了苏氏一族的伟大城市。寥寥数笔，便让三苏的生活环境活灵活现地呈现在纸上，让这座城市的魅力更上一层楼。究竟是怎样深厚的文化底蕴，才能诞生苏门这样的家风家训，才能铸就这样的思想与文化的高峰？读完整本书，我们便能找到这个问题的答案。一切都有章可循，一切都有据可依。正是因为眉州这座历史名城的文化熏陶，宋代文学史上才能出现"一门父子三词客，千古文章四大家"这样前不见古人，后不见来者的传世盛况。纵观历史长河，或许也就只有汉魏时期的三曹才能与之相提并论了吧。

为完成此书，作者收集并研读了大量文献资料，使这本文史类散文事事有出处、件件有依据。真可谓煞费苦心！全书内容引经据典，把三苏祠的基本样貌和立体而又丰满的三苏形象展现给了广大的读者。这样未临其境、先感其韵的阅读体验，即便对于那些博览群书的人来说都是十分难得的，更何况那些知之甚少的普罗大众。这样的作品，真的可以用新鲜二字来形容了。

阅读《遇见三苏祠》之前，三苏留给我的印象还只停留在：用《六国论》借古讽今的苏洵，官至尚书右丞、心系家国的苏辙，以及一肚子不合时宜、屡屡被贬的苏轼。可是，在阅读完了整本书后，我对三苏的了解更深了一分，对他们的敬意更进了一分，对眉州的向往也更多了一分。

我从未去过眉州，也从未到过三苏祠。不过我想，我已经和它们在书本上、在文字里见过面了。虽然我们生活在距离北宋有近一千年光阴的当代，但这也不能阻挡我们与三苏心与心的交流，灵魂与灵魂的呼应，思想与思想的碰撞。在不同的时空之中，我们仍然能够相遇，能够彼此邂逅，或许这便是文字的魅力之所在，也是这本书的魅力之所在。

写到这里，似乎我在文章开头提出的三个问题，也已经有了答案。

"遇见"不一定必须面对面地碰见，我们大可以打破时空的限制去寻找我们渴望探索的一切。浅显的遇见，每天都在发生，也时刻都在上演。而心灵与灵魂上的碰撞，人生之中又能得几回？又是怎样的缘分，让我们冥冥中遇见，让我在茫茫书海中偏偏翻阅了这本书。

阅读是一种奇特的相遇方式，是两个思想的相互交织、相互碰撞，电光石火之间擦出了绚烂璀璨的火花。这也许就是文字的力量，也是阅读的意义。阅读让我们遇见了更好的未来和更好的自己。

读《遇见三苏祠》的体验，无疑是精彩绝伦的！三位文人墨客的一生，被浓缩在一本书里，被浓缩至一方祠堂中。而我，成了寻宝的探险家，在作者的文字里窥探文化瑰宝的无穷魅力。我好像终于理解了写下"只恐夜深花睡去，故烧高烛照红妆"的东坡先生。有时，我们的肉体走得太快，而把灵魂忘在了身后。我们真的应该时不时驻足，等待一下我们的灵魂。人生虽苦短，意义乐无穷。遇见复遇见，风雅趣且多。

"半岭松风回涧壑，一林云气满衣裳"，出自清朝官员惠龄的《游三苏祠得诗二首并序》。此一联诗，乃是其拜谒三苏祠时所作，将三苏文豪的仙风道骨刻画得淋漓尽致。而在我读完《遇见三苏祠》之后，在我真正意义上"遇见三苏祠"之后，我似乎体会到了诗句更深层次的含义。人人喜爱三苏，人人敬仰三苏，却鲜有人能成为三苏。在喧嚣繁杂的现代生活里，究竟能有多少人守着自己的初心，保留着诗情雅致呢？

最后的最后，感谢缘分，感谢遇见；感谢作者，感谢眉山，感谢三苏祠。

（作者单位：四川大学）

观文化昌盛，擎传承火炬

——《三峡文物与中华文明》书评

◎周奕妤

一、叙述视角

在文化交流和历史演变的研究中，一个地区或主题的叙述视角是至关重要的。它决定了读者如何理解这段历史，以及研究者如何解读其中的信息。在这方面，《三峡文物与中华文明》（熊澄宇著，四川大学出版社2023年出版）为我们提供了一个深入研究的视角。

首先，从宏观的角度看，《三峡文物与中华文明》不仅是对三峡地区文物的描述，更是对中华文明演进的独特见证。这本书不仅仅关注了三峡地区的文物，更将这些文物置于中华文明的大背景下，展示了它们在中华文明发展中的重要地位。这种宏观的视角使得读者能够更全面地理解三峡文物的价值，以及它们与整个中华文明的紧密联系。这本书融合运用了社会学、人类学等多个学科的理论和方法。这种跨学科的研究方法使得该书能够更全面、深入地解析三峡文物与中华文明的关系,从而为读者提供了一个更为丰富和深入的视角。

再者,书中对于三峡文物的叙述并不是孤立的,而是将其置于长江流域文明的大背景下。长江流域是中华文明的发源地之一,有着深厚的历史底蕴。三峡作为长江的重要组成部分,其文物不仅仅是某一历史时期的产物,更是长江流域文明的缩影。通过引入这一背景,读者能够更深入地理解三峡文物的意义和价值。

此外,《三峡文物与中华文明》还特别强调了文物背后的文化意义和价值。对于每一件文物,书中都不只是简单地描述其外观和功能,更深入挖掘了其背后的文化内涵和象征意义。这种对于文化意义的关注,使得该书不仅仅是一本关于文物的书,更是一本关于文化和历史的书。

综上所述,《三峡文物与中华文明》一书的叙述视角是多元而深入的。它不仅从宏观和微观的角度全面解析了三峡文物与中华文明的关系,还采用了跨学科的研究方法,深入挖掘了每一件文物的文化意义和价值。这种叙述视角为我们提供了一个全新的视角来看待三峡文物和中华文明,使得我们能够更深入、更全面地理解它们的内涵和意义。

二、写作方法

《三峡文物与中华文明》一书，通过深入挖掘三峡地区的丰富文物，为我们呈现了中华文明数千年的历史脉络。这本书不仅是对一个地理区域的文明史的梳理，更是对整个中华文明的一次全面而深入的剖析。其写作方法值得我们深入研究和借鉴。

1. 宏观与微观的结合

《三峡文物与中华文明》一书在描述三峡地区文物的具体特点时，始终站在中华文明的高度进行宏观的阐述。例如，书中分析了三峡文物中反映出的不同历史时期的文化交流、民族融合等现象，并从整个中华文明的角度进行解读。这种宏观与微观的结合，使得读者不仅能够了解三峡地区的独特文化，还能从更广阔的视角理解中华文明的多样性和统一性。

2. 史论与实证的统一

《三峡文物与中华文明》一书通过论述和深入分析，为读者提供了丰富的实证材料。同时，作者在分析这些实证材料时，又能结合历史理论进行深入探讨，使得论述既有深度又有广度。这种史论与实证的统一，使得书中的论述更具说服力。

3. 文化与地理的融合

《三峡文物与中华文明》一书在写作过程中，注重将文化与地理相结合。通过对三峡地区地理环境的深入分析，揭示了该地区文化形成和发展的独特性。同时，书中也通过对不同历史时期三峡地区文化特色的比较，展现了地理环境对文化发展的影响。这种文化与地理的融合，使得书中的内容更加丰富和立体。

4. 学术性与普及性的平衡

作为一本学术著作，《三峡文物与中华文明》在写作过程中也十分注重普及性。作者采用了通俗易懂的语言，将深奥的学术观点传达给普通读者。同时，书中还配以大量的图片和表格，使得读者能够更加直观地了解书中的内容。这种学术性与普及性的平衡，使得该书不仅能够满足学术界的需求，还能吸引广大普通读者的关注。

5. 跨学科的研究方法

《三峡文物与中华文明》一书的作者采用了跨学科的研究方法，不仅涉及历史学、考古学等领域的知识，还借鉴了社会学、人类学等学科的理论和方法。这种跨学科的研究方法，使得书中的分析更加全面和深入。同时，也为其他学科的研究提供了新的思路和方法。

综上所述，《三峡文物与中华文明》的写作方法具有多个层面的特点，从宏观与微观的结合、史论与实证的统一、文化与地理的融合、学术性与普及性的平衡到跨学科的研究方法，都为我们的学术研究和写作提供了有益的启示和借鉴。

三、内容观点

《三峡文物与中华文明》通过深入挖掘三峡地区的文物和历史，为我们呈现了一幅关于中华文明的壮丽画卷。本书主要从三峡文物的角度入手，通过大量的历史资料和实地考察，详细介绍了三峡地区在不同历史时期的文化传承、社会变迁以及与中华文明的整体关系。内容涵盖了三峡地区的古代文化、历史事件以及文物遗迹等多个方面，具有很高的学术价值和历史意义。

当我们谈论中国，往往会联想到一些关键词：五千年文明史、悠久的历史传统、丰富的文化遗产等。这些词汇的背后是无数珍贵的文物和历史遗迹，而《三峡文物与中华文明》这本书为我们提供了一个独特的视角，深入探索了三峡地区丰富的文物与其在中华文明中的重要地位。

三峡地区的历史地位不可忽视。作为长江的重要部分，三峡不仅在地理上起到了阻隔和连接的作用，更在历史的长河中见证了无数的重要时刻。这个地区汇集了多个民族的文明，包括巴蜀文化、荆楚文化等，形成了丰富多元的文化交流和融合。因此，三峡地区的文物不仅仅是对某一文明的见证，更是对多种文明交融的见证。

书中详细介绍了三峡地区的众多文物，涵盖新石器时代的文化遗址、秦汉时期的墓葬群，以及唐宋元明清等不同历史时期的建筑、壁画和陶器，每一件文物都有其独特的故事。它们不仅展现了三峡地区人民的生活状态、艺术风格和科技发展水平，更是对中华文明发展史的生动诠释。而对这些文物的发现和保护，也为我们提供了宝贵的学术资料。通过这些文物，我们可以更加深入地了解古代社会的政治、经济、文化和科技等方面的情况。同时，这些文物也是我们认识和了解不同民族文化交流、融合和互动的重要证据。

在《三峡文物与中华文明》中，作者提出了许多新颖的观点和见解。首先，作者认为三峡地区作为中华文明的重要发源地之一，其文化传承和历史地位非常重要。通过对三峡文物的深入研究，可以更好地揭示中华文明的起源和发展历程。其次，作者强调了三峡地区在中华文明中的独特地位和贡献。三峡地区的历史文化和地理环境都与其他地区有着明显的差异，这种差异也使得该地区在中华文明的发展中扮演了重要的角色。

最后，作者还提出了许多关于三峡文物保护和利用的建议和思考，为未来的文化遗产保护工作提供了有益的参考。例如，随着三峡工程的建设，许多文物面临被淹没的危险。这一事实，使书中在表达对三峡地区丰富文物的赞叹之余，也对文物保护提出了深切的忧虑。这不仅仅是一个关于历史的问题，更是一个关于人类文明传承的问题。如何平衡经济发展和文物保护的关系，成为一个亟待解决的问题。在这一点上，《三峡文物与中华文明》也给出了一些建议和思路。例如，在三峡工程建设之初，就应充分考虑到文物保护的问题；在后期的管理中，也应该注重对已发掘和未发掘文物的保护和保存；此外，更应对公众进行教育和宣传，提高大家对文物保护的意识。

总的来说，《三峡文物与中华文明》不仅是一本关于三峡地区文物的书籍，更是一本关于文明、传承和未来的书籍。它提醒我们，每一个文物都是历史的见证，都值得我们去珍惜和保护。同时，也希望在未来，我们能够找到更好的方式，平衡经济发展和文物保护的关系，让这些宝贵的文物得以长久保存下去。

四、读后感

初读《三峡文物与中华文明》，我仿佛被带入了历史的洪流之中，眼前浮现出三峡地区的古往今来，感受到了这片土地所承载的厚重文化与历史。这本书不仅为我们展现了三峡地区的文物与文明，更是深入剖析了其与中华文明的相互关系，使我深受启发。

首先，这本书让我对三峡文化有了更加深入的了解。以往，我对三峡的认识仅停留在它是中国最大的水利工程所在地，而这本书则让我看到了三峡文化深厚的底蕴。从书中，我了解到三峡文化是一种兼具内敛与开放的文化，它在长江文化、中华文化中占有重要的位置。三峡地区不仅有丰富的自然景观，还有众多历史遗迹和文物，这些都是三峡文化的重要组成部分。书中对于三峡文化的内外交流进行了详细的论证，让我更加深入地理解了三峡文化的内涵和源流演变。

更为震撼的是书中对于三峡文明的剖析。书中详细探讨了三峡文明在中华文明、世界文明中的位置，让我看到了三峡文明的独特性和时代性。在中华文明中，三峡文明有着自己独特的地位和价值，它与长江文明、黄河文明等一同构成了中华文明的多元性和丰富性。同时，三峡文明也是世界文明的重要组成部分，它见证了人类文明的交流与融合，为世界文明的发展做出了贡献。这让我对三峡文明有了更加深入的了解和认识，也让我更加敬佩和珍惜这片土地所承载的悠久历史和文化。

阅读《三峡文物与中华文明》是一次非常愉悦的体验。作者以流畅的语言和生动的叙述方式，将三峡文物的历史和中华文明的发展紧密结合在一起，使得读者在了解三峡地区文化的同时，也能够对中华文明的发展历程有更深刻的认识。书中还配有大量的图片和注释，使得读者能够更加直观地了解文物的形态和历史，且充满了趣味性和可读性。

在阅读这本书的过程中，我深深地感受到了中华文明的博大精深和丰富多样。中华文明拥有着数千年的历史，它既包含着华夏民族的传统文化，也融入了其他民族的文化元素，形成了独具特色的文化体系。而三峡文明正是中华文明的重要组成部分，它以其独特的地理位置、自然环境、历史背景和文化内涵，为中华文明的丰富和发展做出了重要的贡献。这让我更加坚定了对中华文明的自信和自豪，也让我更加明白了保护和传承文化遗产的重要性。

同时，这本书也让我思考了我们如何更好地保护和传承文化遗产。文化遗产是一个国家和民族历史和文化的珍贵财富，保护和传承这些财富是我们每个人的责任。我们应该充分认识到文化遗产的重要性，增强保护意识，通过各种方式来保护和传承文化遗产。这既包括对文物古迹的保护修复、对非物质文化遗产的传承创新，也包括对历史文化的研究和教育等。只有这样，我们才能让更多的人了解和认识自己的历史和文化，让中华文明的瑰宝得以永续传承。

　　此外，这本书还给我带来了许多启示和思考。例如，书中提到三峡地区在历史上曾经是文化交流的重要通道，这让我思考了在现代社会中如何更好地发挥地区间的文化交流作用，促进文化的传播和发展。同时，书中对于三峡文明的独特性和时代性的探讨，也让我思考了如何将传统文化的精髓与现代社会的需求相结合，让传统文化在现代社会中焕发新的生机和活力。

　　总的来说，《三峡文物与中华文明》是一部非常值得一读的学术著作。它不仅深入挖掘了三峡地区的文化内涵和历史价值，也为我们提供了一个全新的视角来认识和了解中华文明的发展历程。本书的学术价值很高，对于历史学、考古学和文化学等领域的研究者具有重要的参考价值。同时，对于普通读者来说，阅读本书也能够增长知识、拓宽视野，更好地理解中华文明的博大精深。我相信这本书会成为我今后学习、工作和生活中重要的参考和指引。同时，我也希望更多的人能够通过阅读这本书,了解和认识自己的历史和文化,增强文化自信和自豪感,为中华文明的传承和发展做出自己的贡献。

参考文献

[1] 王权,李晓东. 三峡文物与中华文明 [M]. 四川大学出版社,2023.

[2] 熊澄宇. 三峡文物与中华文明导论 [J]. 中华文化研究,2022(3):1-15.

[3] 王国维. 三峡文物与中华文明 [J]. 中国文化研究,2021(4):1-10.

[4] 江凌. 三峡文物开发利用研究 [D]. 成都:四川大学,2020.

[5] 李学勤. 三峡文化与中华文明 [M]. 北京:社会科学文献出版社,2019.

[6] 曾维华. 三峡文明的演进及其与中华文明的关系 [J]. 长江流域资源与环境,2018(4):54-63.

(作者单位:西华师范大学文学院,指导教师:黎秋燕)

此生无悔入华夏

——寻访长江流域青铜时代最美三星堆

◎彭爽

1929年春，居住在四川广汉的农民燕道诚和儿子拿着锄头来到自家地头，打算挖一个深坑用于建造新的水车。在劳作中，他们发现地里埋着一块大青石板，当燕道诚父子搬开土地里的青石板，他们被眼前的景象惊呆了——石板下堆满了玉器，曾经当过衙门师爷的燕道诚知道这些美丽的玉器价值不菲，他立刻把玉器坑重新用土埋上以掩人耳目。一年之后，燕道诚才偷偷地挖开玉器坑，取出几件玉器带到省城成都的古董市场中贩卖。燕道诚带来的玉器很快在古玩市场掀起波澜，众多古董商涌向广汉，寻找更多的古玉。这些玉器同样引起了在华西大学任教的美国人类学家葛维汉的注意，葛维汉对这些玉器兴趣浓厚。1934年，葛维汉等人组成了考古队，在燕道诚的引导下，开始对燕道诚发现玉器坑的附近进行考古发掘，他们在那里找到了不少玉器、石器和陶器碎片。此地有一道半圆形、形似月牙的土台,人称"月亮湾",在"月亮湾"南边还有三个高出地面的土墩,宛若陪伴在月亮旁的三颗星星,于是人们给这个地方起了一个颇为诗意的名字——"三星伴月堆",因此,后来的发掘者们将这里发现的古文化命名为"三星堆文化"。

三星堆考古第一人

葛维汉何许人也?"葛维汉的外孙克里斯托弗·胡根戴克曾告诉作者,尽管葛维汉一生中有过多重身份,教育学家、语言学家、宗教比较学家、文化人类学家、艺术品收藏家、生物学家、考古学家,但他最初是以传教士的身份来到中国的。葛维汉出生在基督教家庭,早在惠特曼学院上大学时就决定献身基督,成为传教士。随后他进入纽约罗彻斯特神学院学习,曾影响过马丁·路德·金和图图大主教的饶申布什教授也深深地影响了他。1911年,葛维汉与妻子艾丽西娅·莫雷从旧金山乘坐蒸汽轮船抵达上海,那是一个动荡的中国,他们在跨太平洋的轮船上得知发生了辛亥革命。在经过了一年的中文学习后,他们从上海乘轮船来到四川叙府(今宜宾),自此开始了长达36年的四川生活。"

在此期间,"广汉燕家有宝玉"的消息传到了英国传教士董宜笃的耳朵里,董宜笃是剑桥大学的博士,能说一口流利的中文,对中国文化感兴趣,他从燕家要走了五件玉石器,存放于当时成都教会学校——华西协合大学的博物馆内。三年后，刚刚出任华西大学博物馆馆长的考古学家、美籍教授葛维汉在整理博物馆馆藏时看到了这些玉石器，他立刻意识到这些东西很古老，具有考古学价值，于是联系董宜笃，带着考古队去了广汉。

在当时，葛维汉的外国人身份颇为敏感，但时任广汉县县长的罗雨苍开明通达，为他争取到了挖掘许可，并派了80名士兵保护他们。他们在燕家院子期间，附近村庄发生过好几次绑架富人索要赎金的事件，于是他们白天发掘，晚上更换不同的留宿地点躲避土匪。十天的发掘工作，出土器物及残件600余件，葛维汉据此写下《汉州（广汉）发掘简报》，成为历史上第一份三星堆遗址考古发掘报告。葛维汉将出土陶器、玉石器与安阳殷墟、渑池仰韶村、奉天沙锅屯出土器物的器形、纹饰进行了比较，认为存在着一个与中原保持联系的当地文化，推测其年代约在新石器时代末至周初，约为公元前1100年，并因此提出了"广汉文化"的概念。在发掘过程中，葛维汉就发现，他们挖的每处探坑，离地表很浅的地方都发现有文化堆积层，如果继续发掘，还会有大量陶片、玉石器等器物出土，但"这些只有待未来的考古学家们去清理发掘"，葛维汉在考古简报里这样写道。

实际确实像葛维汉预言的那样。燕开建说，他小时候，也就是四五十年代时，还能在附近的田间沟渠里捡到破损的玉石器。家里堂屋中间的祭台上摆着爷爷捡来的玉琮，巨大的石璧被放在米仓地上当作谷物的防潮垫。50年代初,为了响应国家号召,爷爷把家里剩下的玉石器全部上交国家,和大哥一起将大石壁绑在鸡公车(手推车)上推到广汉市。而三星堆则在经历了1956年的地下文物普查、1963年冯汉骥发掘之后,终于在1980年迎来了全面发掘,1986年发现"祭祀坑",2012年发现"宫殿坑",由此出土大批青铜器、玉石器,成为尽人皆知的三星堆。如今在三星堆博物馆的展厅中,第一部分展品依然会是燕家院子出土的玉石器,位置排在那些著名的青铜器之前,大石壁上刻着燕家人的名字,证明着这段历史。每次讲解员说到整个三星堆的发掘时,都会从葛维汉开始讲起。

三星堆的建筑规模

三星堆遗址位于四川省广汉市,是四川盆地目前发现的最大的先秦遗址。广汉在成都的东北方向四五十公里处,虽隶属德阳市,却是个省辖县级市,有着特殊的行政级别。我们知道,三星堆遗址是一座拥有高大城墙的城址,不是一个普通聚落,很可能是古蜀国的都城。三星堆遗址经历了三个时期、三种文化,从史前新石器时代末期一直到商代晚期,经历了宝墩文化、三星堆文化和十二桥文化。史前时期,宝墩文化的三星堆聚落尽管规模很大,但可能还没有城墙,城墙是在三星堆文化兴起的过程中陆续修筑的。到了三星堆文化没落之后,随着十二桥文化中心遗址金沙的兴起,三星堆城里住的人逐渐减少，这个城市基本就被放弃了。

以青关山大型建筑为行政中心的三星堆城址，面积约3.5平方公里。它的规模与同时期的城址相比，赶不上商代早中期商王朝的首都郑州商城，只比郑州商城的内城（约3平方公里）略大一些，却小于郑州商城的外郭城；但与郑州商城和偃师商城周边的商文化城址相比，如位于湖北黄陂的盘龙城遗址和垣曲商城遗址，规模又大一些。所以，就规模而言，三星堆是介于商代中央王朝首都和地方城市之间的这样一个规模的城址。从建筑技术来看，三星堆文化与新石器时代本地的宝墩文化传统一脉相承。土筑城墙是以斜向堆土再斜向夯打的方式建造的，故城墙夯土的层里都是倾斜的，地下的基槽挖得也不是很深，跟中原地区深挖基槽、夹板平夯的夯土城墙不大一样。三星堆城的大型建筑形态与中原地区的建筑也有所不同。中原地区采用夯土的台基，青关山大型建筑则在一个很高的台的台面上直接挖基槽，有的基槽外面有柱洞，墙体采用木骨泥墙的方式。

从建筑格局来看，中原地区的建筑群呈围院式，但在三星堆遗址中，考古学家目前还没有发现很典型的院落建筑群的遗址，因此还不好判断该文化的建筑组合。不过，三星堆建筑基址还有一个特点值得注意：中原地区的宫殿建筑都是横向布置的，建筑门道的轴线方向与主体建筑垂直；而青关山的这个大型建筑是纵向的，也就是从建筑的两个山墙的方向进出这座建筑，而不是中间。这种纵向的长屋式建筑多见于南方，比如位于浙江绍兴越王允常墓（又称印山大墓）的人字坡顶状墓室建筑，这可能是一种南方建筑的风格。因此从同时期的城市和建筑上看，三星堆与其他地区的古代城址有同有异，某些特征与长江流域关联较大。不过，三星堆是一种复合的文化，其中一部分文化因素来自本地早先的宝墩文化，而宝墩文化又是从甘青地区（甘肃、青海）的马家窑文化和长江中游的史前文化（比如屈家岭文化）发展而来。三星堆文化还有不少来自中原的文化因素，因此我们现在看到的三星堆文化的面貌是多方面因素复合而成的。

目前三星堆研究一个很大的问题就是没有发现墓葬，没有发现三星堆文化的墓地。没有发现墓地，给研究三星堆城和三星堆文化制造了一定障碍。如果有成片的墓地发现和发掘，尤其是通过全面调勘能够掌握墓地的数量、每个墓地范围大小、每个墓地内墓葬数量、墓葬的等级规模、墓葬和墓地的文化异同、墓地延续使用的年代等信息，就可以对三星堆城人口的数量、人口的构成、贵族阶层和平民阶层的比例等有一些基本判断。但现在这些情况都还不清楚。而在三星堆文化之后，十二桥文化时期的墓葬就多了起来，再到后来春秋战国的巴蜀文化时期，墓葬的发现就更多了，我们对那个时期社会和历史的研究，许多信息源都来自墓地和墓葬。发现和发掘遗址的墓地和墓葬，是三星堆遗址今后工作的一个重要方面。

三星堆文明的意义

2002年,国家文物局先后公布了三批禁止出境展览文物,其中首批64件(组),第2批37件(组),第3批94件(组),共195件(组)文物。纵观195件禁止出境文物,有见证中华文明起源的红山玉龙;有因"宅兹中国"一语而对中华文明具有重大意义的何尊;有轻若烟雾、薄如蝉翼的直裾素纱蝉衣;有韩琦《行楷信札卷》、王安石《楞严经旨要》这类历史人物的唯一传世真迹;有开卷就会受损、在国内也难得一展的《千里江山图》;既有大名鼎鼎的铜奔马,也有名声不显但实则意义重大的北齐白釉绿彩长颈瓶;有工艺精巧、选材名贵的宋真珠舍利宝幢,也有乍看上去毫不起眼的"木拖鞋"——朱然墓出土的漆木屐……简而言之,这些禁止出境文物无一不具有重大历史文化意义,同时又是易损难存的宝贵孤品,是值得所有中国人永远珍惜爱护、并将之传承无穷匮的文明精华。

然而,在这些稀世珍宝中,最引人注目的、最具话题性的还当属古蜀神国的三星堆系列文物。从260.8厘米高的青铜立人像,到396厘米高的青铜神树;从内径5.29厘米、外径12.53厘米、厚0.02厘米的太阳神鸟金饰,到长143厘米、直径2.3厘米的金杖,人们终于意识到在商周时期,"不与秦塞通人烟"的四川盆地之中曾经存在着高度发达的青铜文明,创造了神秘绚烂的文明图景。

《追寻三星堆：探访长江流域的青铜文明》一书基于《三联生活周刊》2020年第39期和2021年第23期的专题内容编纂而成，并非简单的合集。本书是从记者的视角详细介绍了三星堆遗址的发掘过程，兼有对考古学家的采访等，图文并茂地展现三星堆文明的重现。作者是记者的身份很讨巧。因为记者既可以以专业角度介绍晦涩的内容，又可以用普通读者的角度解决大众的疑虑。读完本书，读者基本可以了解从安阳殷墟到广汉三星堆的晚商青铜文明，甚至会忍不住想要买张车票亲自到现场观摩一下，来感受这种来自中华文明的震撼。

　　考古解读带来新知。中国考古学以1921年仰韶文化遗址的发掘为开端，筚路蓝缕，至今已走过百年历程。殷墟甲骨的发现，让中国有考据可信的历史提前到商代；殷墟遗址的发掘，标志着中国考古学走向科学化。历史文化遗产不仅生动诉说着过去，也深刻影响着当下与未来，源远流长、博大精深的中华文明，与时代共进步，有着旺盛生命力。坚信文化自信，弘扬中华优秀传统文化，继续探索未知、揭示本源，蓬勃发展的中国考古学，必将结出更多丰硕的果实。

参考文献

　　[1] 薛芃，艾江涛.追寻三星堆 探访长江流域的青铜文明[M].北京：生活·读书·新知三联书店，2021.

　　[2] 张星云.葛维汉是谁？[J]，三联生活周刊，2020（39）：

84-87.

[3]徐成.从安阳殷墟到广汉三星堆南北辉映的晚商青铜文明[J].国家人文历史,2021(15):46-57.

[4]徐成.王朝之始开启通向夏商时代之"门"[J].国家人文历史,2022(18):17-25.

文化印记

WENHUA YINJI

文 化 印 记

WENHUA YINJI

熨平起伏的记忆，赐予生活的勇气

——《我与地坛》书评

◎罗文欣

翻开《我与地坛》，仿佛又能顺着两道车辙追到颓圮的墙边，史先生温润谦和的笑容，招招手唤我过去，娓娓道出人生的真谛。"每当立于生命固有的疑难，立于灵魂一向的祈盼，我们就回到了零度。"史铁生用笔开垦出一条新道路，重新叩问生命的意义。每每捧读《我与地坛》，我都会敬佩于史先生思想之深邃，胸怀之坦率，遣词之精准。跟随他，我们有机会看见另一种人生：一种蓬勃冲撞命运，力求过程精彩的人生。

《我与地坛》

在最狂妄的年纪忽地残废了双腿，是命运的玩笑还是苦难的必然？《我与地坛》收录了史铁生先生患疾后写下的十二篇散文，让我们得以跟随史先生追忆过去，凝视现在，眺望未来。笨重的轮椅束缚了他的肉身，却不能阻碍灵魂在思想的田野上轻盈奔跃。

该书通篇采用第一人称，像是没有刻意安排的日常随笔，篇幅长短由是否抒尽胸臆而定。史先生的文笔朴实而沉稳，不堆砌华丽的辞藻，却将满满哲思蕴含于其平实的描写、绝妙的议论和真挚的抒情之中。所谓"文以载道"，大抵如此。史先生并不以用词考究享誉文坛，而凭借其文字背后极具思辨意味的观点拨动读者心中的弦。

在该书开篇收录的散文《我与地坛》中，这种思辨和人景交融贯穿始终。"一个人，出生了，这就不再是一个可以辩论的问题，而只是上帝交给他的一个事实；上帝在交给我们这个事实的时候，已经顺便保证了它的结果，所以死是一件不必急于求成的事，死是一个必然会降临的节日。"这是史先生冥思出生和死亡后得出的结论，精辟又发人深省，却以一种灵动之姿悄然出现在一个不起眼的段落中间。它的上文是"轻巧如雾的蜂"，"寂寞如空屋的蝉蜕"，是这荒芜但并不衰败的地坛里一个无处可去的残疾青年洞见的万千角落。

那哲思出现的时机太过意外，读来又太过于震撼心灵，以至于在翻过好几页后仍在我脑海中久久回荡。读到常来地坛散步的中年情侣不觉中成了老年人，会想到"死是一个必然会降临的节日"；读到栾树下拾掇蒴果的小女孩，会想到"死是一个必然会降临的节日"；读到总上不了新闻橱窗的长跑家，会想到"死是一个必然会降临的节日"……于是惊讶地发现这道理竟然是普适的,不管相遇当下的状态如何,所求又为何,都在一天天往那"节日"靠拢。

想来这总结其实乐观而仁慈,如若死亡是节日,那此前活着的每一天都变成欢欢喜喜迎接的日子。这种宏大的视野很大程度上解构了生命伊始便浮现的巨大恐惧——对未知的恐惧。对找不到生命落点的恐惧。死亡是命定的结局,是鼓励失意者放手一搏的精神支柱,也是将自负到飘然欲仙之人拽回地面的坚实力量。无论一辈子是顺遂也好,曲折也罢,我们终将如滚滚浪潮,汇入同一片海。

史先生的文字让人觉得所读的不仅是文学,而且是哲学,也正是这种哲学性的基调造就了其文笔的独特性。他所传达的哲理不依赖思维层面的顿悟,而是萌芽于对周遭事物的细心观察,是有感情、有温度的思想。"但是太阳,它每时每刻都是夕阳,也都是旭日。当它熄灭着走下山去收尽苍凉残照之际,正是它在另一面燃烧着爬上山巅布散烈烈朝晖之时。"太阳亘古长存,而我们却总是理所当然地忽略,只在兴趣盎然之际欣赏日出日落,鲜有像史先生一般辩证地思考过太阳也是生命的隐喻:生命不会终结于某个瞬间,而以其他形式再次诞生。

史先生的道理为什么讲得透彻又不说教?因为他只是用笔温柔地哄我们留意生活中的点滴,并将他几十年的思考掰开了揉进那些琐碎。捧读这本书,字里行间流淌的温情如涓涓细流涤尽蒙尘的双眼,此后抬眼再看人生,已是另一番风景。

史先生在行文中不失机巧的写作手法也能更好地引发读者

共鸣，他将寄意于物运用得纯熟。在《合欢树》一文中，史先生抒发对母亲的深切怀念却不直言，而是话锋一转提起母亲种合欢树的往事。当时间线拉回现在，邻居提及"你母亲种的那棵合欢树今年开花了"，如一把尖刀剜开心上的旧疤，渗出温热的血，史先生对母亲的思念也尽在不言中。深情还需浅述，把浓浓的情藏在精选的意象之中，落笔含蓄委婉，读来却意蕴悠长。

在文本的布局上，史先生的句式结构错落有致，段落安排不落窠臼。在《秋天的怀念》一文中，史先生用大段长句刻画母亲在他同意外出后的雀跃："看完菊花，咱们就去'仿膳'，你小时候最爱吃那儿的豌豆黄儿。还记得那回我带你去北海吗？你偏说那杨树花是毛毛虫，跑着，一脚踩扁一个……"大量对话的还原使母亲欢欣的形象跃然纸上，也为后文走向罩上一层希望的光。然而下一段却这样交代："她出去了，就再也没回来。"短短十个字独成一段，却蕴含着让人呼吸一窒的震撼人心的力量。这十个字又分成两个短句，与前文母亲的长句形成鲜明对比，深刻揭示了他收到噩耗时内心迸发的悔恨与愧疚，所谓难言之痛，必然刻骨铭心。

史先生善用时空错位、视角错位等手法，让文本的情感更加深刻。该书中最常用的是视线错位，在《我与地坛》和《记忆与印象》中均多次出现。人与人之间的视线交互是情感联结的基础，而这种刻意为之的视线错位则是人物之间沟通失语的外化表现。当"我"好奇二姥姥的身世，和母亲"目光轻轻碰了一下,却是在离我更远的地方","我"读懂了母亲的讳莫如深,这是独属于那个年代的秘密,便不再追问。当"我"刚坐上轮椅,心情烦闷总是独自外出,母亲焦急地寻来,"她来找我又不想让我发觉,只要见我还好好地在这园子里,她就悄悄转身回去",而有时"我看见她没有找到我,却决意不喊她"。这种母子间心照不宣的无声躲藏是母亲小心翼翼地关怀和儿子莫名倔强的真实写照。情感错位往往与时间错位和空间错位并存,当母亲离世多年后,史先生想起年少的自己辜负母亲的一片真心,痛悔地感慨"我已经懂了,可我已经来不及了"。这种错位的表达具有跨越时空局限的美感,也强化了原本的情绪体验,让爱变成怀念,痛变成悲恸。

《我与地坛》是一部充满哲思和人性关怀的文学经典,史先生用刀锋般锐利的思考将切肤之苦难剖开来,并将其转化为正向的能量,他的文字是开满花朵的藤蔓,绽放着蓬勃的生命力。

"我"与"地坛"

故事的开头,一个失魂落魄的年轻人摇着轮椅进入园子,而这故事若要结尾,需等到所有人都忘却他的存在……

我一直觉得这名字取得精妙,一人一物,没有谓语,不着修辞,反倒让人想一探究竟。把全书细细读过几轮,再品这名儿,"我"与"地坛"都显出了更丰富的含义。也许是我多想,但"一千个读者,就有一千个哈姆雷特",阅读文本的再创造向来是由读者的所感所想构成。

"我"在找不到出路的迷茫和郁结中无意进了"地坛",从此便找到了逃避世界的另一个世界。那个一天到晚耗在地坛的"我"不只是依靠轮椅的残缺肉身,更是一直流淌着的情感、思绪和回忆的载体。"我"也不只是现在的我,"我"中有着过去的我的影子,同时又孕育着未来的我。"我"是一个复杂的重叠概念。

"我"是生命的体验。锣鼓喧天时朝那儿看,一张张长相迥异的脸因喜悦透出相似的红。世间纵有皮囊万千,牵住的灵魂却总有共通之处。它们唯恐浪费生的光阴,撺掇肉身追名逐利,于是我们忙不迭地读书、工作、结婚、生子。碌碌一生,一刻不敢怠慢,连追问为什么的时间也没有。等到垂垂老矣,坐在菩提树下乘凉,发现自己竟会为了拂过脸颊的一缕春风而感动,才幡然醒悟我们到底追求的是情绪上的满足。生命是一种体验,它很宽容,喜怒哀乐它都喜欢。只是太多人过于关注情绪投射的客体而变得麻木,忘了体验本身。老人为大病痊愈而欢欣,幼童为学会握笔而欢欣,这欢欣的情绪有什么两样吗?史先生在地坛里阅读、观察、想象、写作,保持心的灵敏,在生命中创造生命,进而在一生中体验百般人生的丰饶。

"我"是过往的反思。时间不是点对点的线性关系,而是一点推动数点,滚滚浪潮般蔓延开来。在未来的某时某刻,一段往事毫无征兆浮现眼前,人们会反刍般逐帧分析,用后来积累的人生经验去下定义,作总结。所以成长总是滞后的,是不自觉的。站在当下的立场去批判过往的自己多是无益之举,但以一种开放、接纳的态度去反思却很有必要。从深埋的记忆中挖出点什么,并于现在种下去,或在将来开出异艳的花。历史和历史之间有鸿沟,一个人的春天和秋天也有鸿沟,这是认知更新的保障。但正如史先生所说,"沟不是坏东西,有山有水就有沟,地球上如果都是那么平展展的,虽然希望那是良田,但很可能全是沙漠"。因此,史先生反思人性之恶、欲望的餍足、历史的变迁……他的反思是他人生命的拓展和延伸。

"地坛"是客观存在的地理场景,却又不只是地坛,也是"我"在园子里碰见的那些人和故事。他们不属于地坛,却因为彼此的人生在此处交汇,从此便在"我"的世界里与地坛紧密相连。"我"猜测路人的身份和归处,自娱自乐;"我"和其余常驻者互以微笑示意,却并不言语,没有约定的束缚,会让每一次相遇都充满惊喜。这小小的园子赐予"我"多少慰藉和庇护!连同那古殿檐头的风铃声、老头腰间的扁瓷瓶、少女裙裾的小灯笼等,都被"我"收藏进同名为"地坛"的记忆匣子里。"地坛",也是史先生十五年来在地坛的光阴。

史先生常去的地坛从此抽象成了精神图腾,正如朝圣者的耶路撒冷,是四面八方的文人墨客来北京一定要造访之处。飘摇过经年的风霜,地坛中颓圮的篱墙愈加低矮,朱红的门壁也早已暗淡无光。但地坛因曾收留过一位双腿患疾的失意青年而获得了另一条生命,以一种肃穆的方式活着。过去,轮椅上的他思考生存与死亡、一元与多元、自由与必然等人类终极问题；此后，会有千千万万人来到这里，在窸窸窣窣的虫鸣声中感受那些精妙思想如何孕育。从此，一串串脚印穿越浩渺的时空，热忱地追随那一条条遍布地坛的车辙印迹。

我们都不会忘记，所以这故事没有结局。

我与《我与地坛》

《我与地坛》常卧在我书桌一侧，过一段时间我总会拿起来再翻阅一遍。初读至今已近十年，而每次再读还是会为史先生探讨的话题而动容。

我第一次读是在小学四年级，半大的娃娃尚未窥见人生的波折，张扬得像初升的朝阳，只觉事事都应顺遂。我从小身体还算健康，记忆中去医院的次数寥寥。不曾感受过躯体伤残的痛苦，就无法体会到健康的珍贵，这便是对当时的我最贴切的写照。

我兴致勃勃和别人比谁跳的台阶数更多，全然不计较这行为本身要冒多大风险。从第六级台阶往下跳时我重心不稳，崴了右脚，当即疼得泪水直流，脚踝处也迅速肿起来，活像个胖茄子。医生检查发现韧带轻微撕裂，下了一月内少走动的审判。妈妈去邻居家借了轮椅，尽管我愤怒地拒绝使用，它还是折叠着靠在家门边，直到我痊愈。

不难察觉出同行的小伙伴故意放慢了脚步等我，但奇怪的是比感激更快滋生的情绪是愤恨和羞愧。我回家大哭一场，索性请了长假在家养病。那段时间我做什么事情都无精打采，整日坐在阳台看着天发呆，任凭乱成一锅粥的情绪和想法肆意叫嚣。

某天妈妈闪进阳台，从身后递给我一本书，又默默走开。母亲向来多话，那不寻常的沉默为书披上一层神秘的面纱，我感到好奇了，低头轻喃书名：我与地坛。

一读就是一个下午，直直翻到尾页才不舍地合上。史先生的文笔克制又温和，我却读到热泪盈眶。那些凝滞的莫名情绪被史先生说破了，原来他早已经历过我现在的一切，并斟酌词句为它们冠名，迅速抚平了我躁动而不安的心。史先生在《好运设计》中说："没有痛苦和磨难你就不能强烈地感受到幸福，那只是舒适和平庸，不是好运不是幸福"。这句话如一声惊雷在耳边炸开，我再低头看受伤的腿，心里竟涌出一股积极的、温暖的感觉。生命的意义在于创造精彩的过程，而直面生命的态度又是我们在行军漫漫人生路时指派的先遣队。印象中那是我第一次跳脱日常的琐碎，企图掀开人生舞台的幕帘。

尚未完全想明白怎么活，我就隐约窥见了死的寂寥。为什么会想为迟暮之人落泪，那种生而有之的悲悯心情从何而来，是我们敏锐地于无形之中听见死神窸窣的脚步吗？

外公住院时我也去医院陪护，听妈妈念叨愈演愈烈的病情，我却偏生想起了外公以前最爱种花，一茬一茬的，悠然顺时光流转，花开花谢。我曾以为日子会永远这样转下去，生命也会永远这样转下去。第二年除夕，阖家团聚，觥筹交错之时外公却突然说自己的身体也许撑不到明年了。大人们迅速用"长命百岁""福如东海"之类的话搪塞过去。我却刹那间呆住，在思考死亡的后果。我记起史先生写早年去世的姥爷，在记忆中是一个"虚纱、飘动的人形空白"，所以死亡必然是悔憾的空缺吗？悔的是生者，万般孝心无处可尽；憾的是死者，子孙福泽难得一窥。

外公在夏天燥热之前离开了，最终还是印证了自己的预言。哀痛像只发了狂的狗，白天追着我跑，在夜深人静时冷不防咬上一口。我又一次拿起《我与地坛》——来这儿寻求人生困顿的答案已成习惯。

史先生把生命比作四季轮回，领略过春之烂漫、夏之狂放、秋之萧瑟，老人终将走向他必然的墓地。然而"祭拜星空，生者和死者都将在那儿汇聚。写作的季节，老人听见：灵魂不死——毫无疑问"。是啊！为什么不把外公的点滴写下来呢？用最真挚的文字封存最鲜活的他，我还活着，我还记得，他的一部分就会融入我的血脉，不曾走远，生生不灭。

写作之于史先生是生命的琴弦，只有拉紧这根命运的弦，人生才能前行下去。而我也摸索着这条路，以笔为脚，走到思想的幽寂深处，用文字点亮一盏灯。我开始写随笔，写日记，读更多的书。而《我与地坛》总是我最割舍不下的一本，过一段时间就会重温一遍。故事还是那些故事，但我拥有不同的心境，因而总能品出新的意蕴。

很多次在《我二十一岁那年》中读到这句话："女人是最应该当大夫的，白大褂是她们最优雅的服装。"或许是命运的诙谐，我二十一岁那年真成了在医院见习的医学生。回望我与《我与地坛》相伴的这些岁月，它用最温和的方式启蒙我，点化我，使我成为我。接下来的岁月里，我尚感与它缘分未了，且伴我一路行一路歌。

本书末篇《想念地坛》中，史铁生写道："我已不在地坛，地坛在我。"而我想地坛却又不只在他，而扎根在所有为其文字动容的读者心中。只是每个人的地坛有大有小，以阅历和经验为砖瓦，以思想和感悟为养料，记忆的风一吹，蓊郁的柏树和着那年北海的菊花香，醉了生命倒数的又一个春天。

参考文献

[1]魏群.《我与地坛》中的错位关系与情感表达[J].语文建设，2023（21）：50-52.

（作者单位：四川大学华西口腔医学院，指导教师：林丽丽）

Let the Dust Settle

◎杨文

Dust, so fine and featherlight,

barely glimpsed within the sight.

Yet in its gentle descent,

it ends the doubts that ferment,

bringing peace after the night.

    Closing Alai's *Red Poppies*, one witnesses the collapse of the ancient Tusi system amidst the upheaval of China's modernization, Alai traversing from the vast canvas of history. He stands witness to the decay of bygone days and the dawn of anew, with a gentle sigh, he whispers: "The dust has settled."

    The story unfolds around a distinguished Tibetan chieftain, who after a night of revelry with his Han wife, unwittingly fathers an eccentric son, deemed a simpleton by all. Misunderstood and out of sync with his surroundings, this "fool" harbors a vision far ahead of his time. In that time, he audaciously opts for wheat, inadvertently triggering a crisis that brings famine and despair. Yet, it's under his unlikely guidance that his clan thrives, expanding its domain and opening the region's first border market. His return as a hero is marred by familial envy and a looming battle for succession, culminating in the collapse of the Maiqi stronghold amid the echoes of liberation. As conflicts and old vendettas fade, the remnants of a bygone era settle into dust.

Fool and Wise: Destiny's Unseen Tapestry

Sages, simpletons, and servitors—these terms might sketch the book's core, yet they barely graze the profound entwinement of its characters with a destiny both cryptic and compelling, that navigates the currents of an epoch. Within these pages, the archetype of the world-altering fool emerges in dual guises: the audacious, unyielding simpleton of Lu Xun's creation, who dismantles barriers heedless of the aftermath; and in stark contrast, Alai's ingenuous Young Lord, guided by an unveiled heart and the faint whispers of fate, his choices imbued with deep import yet shadowed by the caprice of chance.

Lost in a maze of self, he awakens to questions of identity, place, and purpose, embarking on "doing what needs to be done", yet inadvertently performing the smartest deeds under heaven. He foresees the future, matches the pace of the times, yet paradoxically summons death to end his own life. Admirable is the author's choice to place the burden of transitioning history from ancient to modern times upon the shoulders of a fool. This not only alleviates the pain brought by societal upheaval and the tearing apart of traditional inertia but also adds a layer of dramatic irony. Through his foolishly lucid perspective, the author captures and critiques the rise and fall of the Tusi family, and the warmth and the coldness of human relations.

The author artfully sets his narrative in the secluded southwest, using it as a lens to explore the profound transformations within modern Chinese society. Here, a web of conflicts entangles the characters—struggles over identity, wealth, and power ripple through relationships defined by family, love, loyalty, and rivalry. This realm is a paradox, blending innocence with cunning complexity, civilization with untamed wilderness, where the protagonist drifts between naivety and keen insight. Closing the book, one is left with a sense of the relentless march of history and a poignant sense of loss, as the age-old Tusi society dissolves amidst tumult and turmoil. Who could imagine that such a tranquil, forsaken valley was once the stage for a history so rich, so vibrant with the full spectrum of human emotion?

Clarity in Complexity: The Art of Alai's Narrative

Diving into this book is like a breath of fresh air, reminiscent of the crisp, effortless beauty in "Notes from the Clouds". Alai's writing is refreshingly clear, devoid of pretense, and infused with a distinctive personal touch, occasionally veering into the realm of the fantastical. His narrative is a delicate dance of poetic elegance and philosophical insight.

With a painter's touch, Alai sketches scenes of sorrow: "I wander to the balcony, my eyes caressing the distant hills veiled in the newborn light of dawn, their outlines as fleeting as the sorrow that wells up within me." On the subject of time, he reflects, "Time often stretches out, endlessly. From dawn's first light, we await the cloak of night, from the first stirrings of spring, we anticipate the harvest, our vast lands stretching time into infinity."

This lyrical prose is not just a feast for the senses but also establishes a distinct voice for the entire narrative. When one speaks of the untamed, Mo Yan comes to mind; when elegance is mentioned, Wang Anyi is recalled; but when the conversation turns to the "fool", Alai stands unparalleled.

Through his unique narrative voice, Alai molds the "fool" with a deft hand, defining him through the perceptions of others, "In the domain of the Maiqi Tusi, who isn't aware of the Tusi's second wife's son, marked as the fool?" This emphasis on the "foolish" identity serves a twofold purpose: it offers a narrative perspective that is both detached and introspective, piquing the reader's curiosity, while subtly disguising the narrator's innate poetic and philosophical essence—a gentle echo of Alai's own character.

Alai's prose, rich and aesthetically pleasing, carries the narrative forward while fulfilling the reader's longing for beauty. His choice of language, both poetic and reflective, casts a dreamlike veil over the story, mirroring the "fool" narrator's bewildered and introspective inner world. Consider, "My greatest fear is waking from a dream where I'm falling yet feel as if I'm flying. If fear is a prerequisite for life, then this is mine." This paradox, "falling yet feel as if flying" presents a captivating riddle, wrapped in the ambiguity of dreams, adding depth and mystery.

This aligns seamlessly with the persona of the "fool"— In his foolishness lies a sage's foresight and a philosopher's inquiry into identity, capable of sharply critiquing the so-called wise while exhibiting traits that border on the supernatural, such as an eerie tolerance for pain or the ability to perceive his own blood's hue post-mortem.

Shadows and Light: The Complexity of Alai's Characters

In the realm of Western narratives, authors often seek to decode the mysteries of existence, piecing together the puzzle, forming overarching theories. In stark conrtrast, Chinese literature owns a fascination with the unpredictability and the ungovernable nature of life, akin to the phenomenon of the black swan—rare, unexpected, and history-altering.

In Alai's world, characters come alive with intense emotions or fade away like mist, making the "fool" sometimes feel distant, sometimes deeply relatable. The "fool" yearns for love with a depth that stirs complex whirlpools of feeling within. His beloved Tana, forced into his arms by the cold hands of political fate, speaks a truth both stark and poignant: "You are not the one my heart yearns for, you cannot capture my soul, nor can you anchor my fidelity. Yet now, I am yours." This declaration doesn't bring him to a dance of joy but plunges him into a bittersweet contemplation of love's imperfections and life's inherent flaws.

This "fool" isn't fulfilled by mere physical union; he's haunted by an acute sense of something missing, a pang that elevates his longing to a realm of pain. It's a dual agony, born from empathy with Tana's own reluctant surrender and a personal lament for unrequited love. This mirrors the existential solitude found in "The Unbearable Lightness of Being" where intimacy's aftermath leaves a craving for solitude. Deep down, both characters share a common yearning for a love that transcends the physical, seeking a union of soul and flesh.

This solitude and longing may well be an unspoken whisper of Alai's inner reflections on cultural identity. When Alai lowers his guard, the "fool" morphs into a more tangible, empathetic figure, adorned with the hues of raw emotion and intricate complexity. Yet, in moments of unchecked narrative, the "fool" shifts into an elusive entity, a ghostly presence or a cultural apparition, his essence dimming, starkly contrasting with the vibrant emotional landscape he crafts in the realm of love.

Alai, in his narrative, endeavors to convey the reflections of a Tibetan author. However, his musings, shrouded in poetic and philosophical language, often emerge as obscured. This could very well be a deliberate choice, adding layers of depth and inviting readers to delve deeper into his contemplations.

Echoes of Emptiness: Alai's Reflection on Cultural Transience

Before the Tusi, this land was a mosaic of chieftains; after their fall, they vanished like smoke. What rose from the Tusi's ashes? I saw nothing but a storm of dust, settling to reveal a barren void, not even a trace of wildlife. This silence speaks volumes, echoing the end of an era, yet through the "fool" s' eyes, Alai whispers, "I saw nothing."

Alai's gaze upon these monumental shifts is detached, serene, devoid of grief or joy. He doesn't mourn the loss of the Tusi system or the fading traditions; he merely notes the emptiness left behind. Perhaps beneath his calm exterior lies a storm of emotions, deliberately muted to maintain the narrative's elegance. After all, too much passion might blur the artistry. Alai's portrayal of Tibetan culture doesn't romanticize; it's stark, sometimes bleak, revealing the dark underbelly without overt judgment or overt sympathy. The "fool" remains an observer, emotionally detached yet central to the story, embodying Alai's own distant stance towards the historical upheaval that reshaped Tibet.

This neutrality might be Alai's Achilles' heel, presenting culture and weaving tales without diving deep into the emotional currents beneath. The narrative lays bare the ugliness of the Tusi regime but offers no clear critique or empathy, leaving readers questioning Alai's stance on the cultural and political intricacies he describes. George Eliot once hoped her writing would foster empathy, encouraging readers to feel the lives of others. However, *Red Poppies* challenges this connection, rendering its characters, steeped in Tibetan culture, as mere echoes of history, distant and difficult to grasp.

In Alai's *Red Poppies*, it's challenging to connect with the characters, each marked by the indelible ink of Tibetan culture yet seemingly crafted without the author's empathy. They, like the Tusi system and other cultural motifs, are mere whispers of history. For example, the portrayal of women occasionally fixates on their physicality, overshadowing their agency, as seen in descriptions fixated on the female form. The narrative culminates in an outbreak of syphilis, casting a shadow of moral decay over the characters.

As the story nears its end, Alai's poetic and philosophical style can't mask his intent to dismantle the characters he's built. His repeated phrase, "After the dust settles, nothing is seen" carries a chilling detachment. With the author himself seemingly indifferent, where does that leave the reader's capacity for empathy?

Reflecting Modernity Through the Ancient: Alai's Lyrical Inquiry

Red Poppies stands as a monumental work of New Historicism, imbued with magical realism and rooted in the literature of diverse ethnic landscapes, echoing the rural narratives of the early 20th century. At first glance, the book appears to chronicle history, yet it profoundly addresses the present, earning scholarly acclaim for its critique of "modernity's counter-modernity". Indeed, the novel invites ample reflection on the catastrophes modernity has wrought upon regional communities. While it deeply contemplates these consequences, it doesn't outright reject modernity, acknowledging that none can truly swim against the current of time.

Alai's writing embodies a lucid awareness, more a cautionary stance than a critique, embodying a distinctly modern perspective. It prompts us to question the poppy-like aspects of our current era, those that may not manifest as opium or syphilis but as the information crises of the digital age, the void and anger in the online world, environmental degradation, or the loss of humanity's warmth and kindness amidst progress.

Moreover, the novel scrutinizes power through the lens of the "fool" making its exposure and critique of authority all the more stark. We see the "fool" despite his simplicity, naturally drawn to power, and the shifting dynamics between him, his brother, and the old Tusi vividly illustrate power's terrifying essence—raw and bloody.

Furthermore, the book delves into politics, narrating not just the political history of a nation but the intricate political relationships that weave through human society. The constant calculations of power, status, wealth, alliances, and emotions among the Tusi reveal the endless, often daunting, nature of politics—a realm I find myself disenchanted with.

History's relentless tide carries us like dust swirling in a storm, swirling us in endless circles, dispersing us in a tumult of uncertainty. We dance to the unpredictable tune of destiny, our journeys intertwining and then parting, until we finally settle back into the earth's gentle hold. The tangible and the elusive, the random and the predestined, the vital and the inconsequential—all slip beyond our grasp.

Conclusion

We often perceive existence as a perpetual skirmish, where the notion of absolute safety is a mere fantasy. Yet, the grim reality of warfare extends far beyond our daily confrontations. In the echoes of Alai's narrative, we are reminded that the past is not merely a backdrop but the very foundation from which we envision our futures. As the dust settles on the stories of old, we find ourselves at a crossroads, gazing into the horizon of what's to come, armed with the wisdom and the wounds of history. It is in this reflective pause that we realize the true essence of Alai's tale: a call to embrace the fleeting moments, to find beauty amidst the ruins, and to carry forward the legacy of those who walked before us into the dawn of a new era.

参考文献

[1] Alai.Red Poppies [M]. Boston: Houghton Mifflin Company, 2002.

[2] Kundera M.The Unbearable Lightness of Being [M]. New York: Harper Perennial, 1991.

[3] 阿来. 尘埃落定 [M]. 北京：人民文学出版社，2023.

[4] 解玺璋, 阿来. 关于《尘埃落定》的对话 [N]. 北京晚报，1984-3-15（4）.

[5] 宋剑华.《尘埃落定》中的"疯癫"与"文明" [J]. 民族文学研究，2011（1）:113-123.

[6] 王俊. 民间、偶然与荒诞——论《尘埃落定》的历史书写 [J]. 西安文理学院学报（社会科学版），2018，21（6）:1-4.

（作者单位：四川大学，指导教师：刘佳）

回顾与前瞻：
文论教材的风格化写法及其意义

——评王一川《文学理论九讲》

◎高懿

叶朗先生在《美学原理》的开篇写道："美学这门学科有一个特点，就是它的许多基本理论问题同时也是本学科的前沿研究课题。"[①]确乎，以基础研究为主要内容的人文史论学科，都有这样的特点。一部好的教材，应该在综合学界已经取得共识的理论成果基础之上，力图将学者富于个性化的发现融入其中，使学术"公器化"的同时饱含"风格化"特色。黄侃的《文字声韵训诂笔记》、朱光潜的《诗论》、程千帆的《文论十笺》，无不可做此观。非如此，人文学的研究与推进并不需要如此众多的"教材"。恰是因为教材中蕴含着编者的深意，如同鲁迅评价选本，要紧的"往往并非作者的特色，倒是

---

① 叶朗：《美学原理》，北京：北京大学出版社，2009年版，第1页。

选者的眼光"①，这才使教材也有了新意，使不同教师的"同课异构"有了通向各自独特建树的可能。

王一川先生的《文学理论九讲》（以下简称《九讲》），便是这样一部教材。它发端于2004年前后出版的《文学理论讲演录》（广西师范大学出版社），保有教师授课时的"实录"式精彩，又采纳其后北京师范大学出版社出版的《大学从游：王一川文学批评讲稿》，突出批评与网络时代的新趋势。而作为其理论框架与学术基础的，则是王一川先生的著作《文学理论》，该书奠定了其作为当代重要文论家的地位。这部教材最初于2003年由四川人民出版社出版，后来又于2011年在北京大学出版社出了修订版。这部著作标举了王氏独特的"兴辞批评"论说，构建了一整套带有鲜明个人色彩与普遍学术关怀的理论体系与话语体系。用作者自己的话说，就是——"我编写的教材不应单纯参照过去套路或西方路子，而应当注意按中国现代文论自己的逻辑演进，在此基点上激活古典传统。"②这种尝试，在文论传统的学理积淀上顺理成章地延续出"现代文论需要新传统"或"新传统现代文论"观③，集中体现于2019年王一川先生主编的"中国现代文论史"丛书，尤其第一卷《中国现代文论传统》之中，使续写或重写文论史有了新的台

---

① 鲁迅：《"题未定"草》，载《鲁迅全集》（第六卷），北京：人民文学出版社，2005年版，第436页。
② 王一川：《文学理论》，成都：四川人民出版社2003年版，第453页。
③ 王一川：《文学理论（修订版）》，北京：北京大学出版社2011年版，第5页。

阶[1]；而在普及性的论述中，《九讲》作为教材，恰是这一体系的课堂化、对话型与"近思录"[2]。

作为一部教材，《九讲》在今天这样一个智能互联时代中，是独特的，也是亲切的。它用一种课堂实录的方式，昭示着作者始终在呼唤的"杂语沟通"和"诗意启蒙"，从中也能看到近二十年来的文学与人文理论的演变趋势和坚实立场。

逆媒介：情感、距离与修辞观的重建

米勒在《全球化时代文学研究还会继续存在吗？》的开头引述德里达《明信片》中耸人听闻的一段话来阐发其文学"终结论"的观点："在特定的电信技术王国中（从这个意义上说，政治的影响倒在其次），整个的所谓文学的时代（即使不是全部）将不复存在。哲学、精神分析学都在劫难逃，甚至情书也不能幸免……"[3]在历经媒介融合与变革的今天，电子

---

[1] 相较于"感兴修辞"论，"现代文论传统"作为一种史学意义上的学理判断，主要增加了"我他关系"（中西关系）的涵濡知识构型论述，其另一理论支撑是作者于2009年在北京大学出版社出版的《中国现代学引论》，参见王一川：《中国现代文论传统》，北京：北京师范大学出版社2019年版，第345页。其实，还可以提及的是作者2017年在中国大百科全书出版社出版的《跨文化艺术美学》，同样对这一论述有精彩的印证。

[2] 除教材外，兴辞文论的另一种普及性著作是作者把自己的专著和大块头文章截取成"零星碎片"，结成"文化随笔"，而目的是贴近"一般读者"，参见王一川：《兴辞诗学片语》，济南：山东友谊出版社2005年版，第286页。

[3] J.希利斯·米勒：《全球化时代文学研究还会继续存在吗？》，国荣译，《文学评论》2001年第1期。

媒介以特有的表达方式改变了人们对事物的感知，使得图像艺术取代文学成为艺术的主导类型，"文学性"逐渐让位于"媒介感"——后者指的就是感官技术高度彰显，取代了文学的想象。思考与知觉被放逐，感官与感受被放大。这是作者自2003年标举"感兴修辞"以来，文化场域发生的最大变化，即"感兴"随处可见，"修辞"则愈发稀有。那种基于文字和印刷媒介所产生的独特审美快感，字里行间蕴藏无限意趣，一种包含理解、对话、质疑、反思的深度阐释自由滋长的话语环境已经消失了。

而在《九讲》中，它又得到了重建。《九讲》把课堂实录转化为文字，在保有讲述者激情的氛围中重新凸显文字本身的魅力，在今天这个算法时代中，实在可谓是一种"逆媒介"的教育尝试。这一"逆媒介"特色至少包括以下三个层次：

一是实录体带来的情感链接。《九讲》不仅对"什么是文学"以及"什么是文学理论"等形成了学术方向性的引导，使读者获得更具自主性和探究性的思考；更延续了以导学关系为纽带的师徒共同体连接，以师生对话的方式开展一场关于文学理论的辨析。这在王一川先生的"从游式教学"论中一直是重要特征[1]。

二是实录体带回的文学距离。课堂实录讲求深入浅出，

---

[1] 如作者编撰文学批评教材，就在每章背后附上"学生习作"，参见王一川主编：《批评理论与实践教程》，北京：高等教育出版社2005年版。

这消解了读者与文学理论间的距离，可是，理论话语的课堂转化为文字之后，又坚守着作为文学存在的前提条件——"距离"[①]。与听课的学生不同，《九讲》的读者将通过独立阅读，从被动的知识接受转向主动的知识探究，从而"去发现那些矛盾的、不一致的、奇怪的东西，去发现那些无法用作品特点的主题性描述来解释的东西，去发现那些没有被以往的批评家所强调和重视的东西"[②]。

三是文字化内在的自反意识。作者多次指出，"理论要经常反对自己、颠覆自己、反省自己"。其实，在所有符号当中，诉诸知觉的文字最有自反性。作者建构的"感兴修辞"论，本身就是自反的结果。这在本书第二讲中有着鲜明的呈现。特别是他提出以属性论取代本质论的创新观点，使"修辞观"得到了重建。可以说，整本书都是在不断"消解自己的普遍性"的过程中，用融合古典感兴传统与现代修辞实践的理论框架，完成对"体验美学""修辞论美学"的融会与超越，充分体现出王一川先生一贯的汇通式学术建构。这种建构对读者来说，是难得的典范解析。他们可以在近距离对学术运思的拆解中，体会到理论的魅力。

[①] "文学即距离"说，即文学依赖于语言传达和阅读，恰恰是以"距离"为必要前提的。对于文学而言，语言是传达的唯一工具，它与对象世界之间永远存在着距离，正是这种距离使得文学充满了神秘与魔力。参见：赖大仁：《文学"终结论"与"距离说"：兼谈当前文学的危机》，《学术月刊》，2005年第5期。
[②] J.希利斯·米勒：《为什么我要选择文学（在中国的演讲）》，《社会科学报》，2004年7月1日。

沟通性：跨媒介、跨文化与批评的理论化

"沟通"是算法时代人文学的重要指向。近年来，数字沟通、可沟通城市等话题逐渐为学界所关注。而早在三十年前，王一川先生就根据当时审美文化的"分化"境遇和"话语疏隔"问题，指出"面对这种话语疏隔或分化，不宜满足于仅仅哀叹人文精神的'失落'，而需要从事话语沟通"[①]。可以说，在整个中国人文学界，王一川先生是最早将"沟通"视为人文精神新面貌的学者，他深刻地超越了当时方兴未艾的电子媒介（如电视）环境。这一指向是《九讲》的又一特色。

在作者的视野中，"沟通"的前提是"承认疏离"，而目标则是"寻求融通，使原本疏离的两方或多方相互贯通"。[②] 这种异中求同、同中见异的思路，无疑是具有时代特色的文论底色和学术理念。《九讲》中，沟通性有两种表现：

一是跨媒介。在电子媒介时代，文学与电影、电视等多种媒介共存，尤为需要在差异中融合、在融合中发现差异的"异趣沟通"。这种异趣沟通不能只停留在感官趣味的共同娱乐之上，而是要在沟通中找到媒介自身特性，从而体会"跨"之本体意义。事实上，在"跨界"于当今学界成为热门议题之

---

① 王一川：《从启蒙到沟通——90代审美文化与人文精神转化论纲》，《文艺争鸣》，1994年第5期。
② 王一川：《文学理论九讲》，北京：商务印书馆，2022年版，第206页。

前，王一川先生也是最早在中国讨论"跨"的重要学者之一。他于20世纪末就深刻指出，"在消解了统一的或一体化的文化权威以后，即在统一的文体强制崩溃以后应当选择何种文体以安置新的生存体验？"这一问题。在他看来，答案就是"跨体"。它远非早先海外新儒家所主张的"超越"，"跨越不同于超越或超过，而是横跨，即是正在进行的似乎没有终结的横向跨越，表示把原来互有边界的彼此缺少联系的东西通串起来。"①不得不说，王一川先生在文化趋势的观察上极富远见。

而正是受这样的思想影响，《九讲》在章节安排和内容架构上体现出独特的跨媒介沟通视野。譬如，他指出电影不是文学的"终结者"，文学与电影能够在"异趣沟通"中相得益彰。本书第四讲援引《黑骏马》的小说和电影文本，用一系列的师生对话来探讨从印刷媒介到电影媒介所发生的意义转化，认为"跳出文学"的目的是"回到文学"，找到"重新阅读文学"的必要性；第五讲也插入了"从无声挽歌到视觉动画"这一话题，将研究中心转移到对小说与电影、杂志媒介与电影媒介的比较分析，思考不同的媒介和文化形态如何表现人的生存体验，并从跨媒介的角度诠释"异趣沟通"的可能性与可行性。

---

① 王一川：《倾听跨体文学潮》，《山花》1999年第1期。另可参见何锐主编：《批评的趋势》，北京：北京图书馆出版社，2001年版，第171、177页。

二是跨文化。王一川先生在跨文化领域的重要建树，是将"涵濡"概念引入文论之中，进而提出"美美异和"的文化理想。[①]而作为这一理论发现的前导，是具体的文本批评。这种批评与理论的互证，完全吻合他所主张的"批评理论化"与"理论批评化"趋势。在《九讲》中，可以引为例证的是作者在第七讲"大海与海的跨文化对话"中作的批评示范——他以兴辞批评为方法，深刻且富于雄辩地解析了韩东的诗歌文本《你见过大海》，从文本中看到"涵濡"的毛细血管。

在进入具体的文本，对其展开细读之前，王一川先生创新性地引入"跨文化对话"的视角，审视文本与它所处特定文化语境之间的互赖关系。他先是回溯了中国古典文学传统中的"海"，明确"海是中国传统文化意义系统的组成部分"；接着分析西方文学传统中对"大海"的描绘，并对西方诗歌文本中作为"现代性象征物"的大海形象的跨文化影响力给予肯定；再延伸到中国现代文学的"大海"形象，指出其经历了从现代中国地缘政治到审美形象的跨文化变迁，成为中国文学现代性的典范象征；最后回归到对诗歌《你见过大海》的分析，在文学文本与文化语境的关联上展开一系列的兴辞批评，透过大海形象反思中国文学现代性问题。

---

① 可以参见王一川先生在《文艺争鸣》上发表的两篇文章，分别是王一川：《层累涵濡的现代性：中国现代文艺理论的发生与演变》，《文艺争鸣》2013年第7期；王一川：《多元自明人、美美异和与共同性幻象》，《文艺争鸣》2022年第8期。

这种大开大合、高举低落，既有脉络又富反思的批评范式，显示出作者高迈的学术视野和文化胸襟，更生动表达了一位人文学者对文之变迁的深切关怀：他的所有理论建构，都立足于深远的现代化进程与中西文论的当代沟通之上。

如何种"咱们的园地"？

伏尔泰小说《老实人》中有一句并不著名的话，王一川先生多次引用："说得很妙，可是种咱们的园地要紧。"[1]以文学为代表的文艺，始终是他关切的"咱们的园地"。这一"园地"应该如何耕种呢？《九讲》以课堂实录的方式娓娓道来，堪称"说得很妙"。而落实至"种园地"上，除了作者风格化的"兴辞批评"论之外，本文提出的两个特征可以看作是作者对"如何种"的回答。

"逆媒介"是一种回顾。面对纷繁复杂的智能互联网时代，以及移动手机原住民"Z世代"迥异于印刷媒介时代的审美趣味[2]，王一川先生在重编《九讲》时，并没有把他对艺术公赏力、文艺高峰、流溯影像、心性现实主义等新现象的新思考编入其中，而是一反"前沿意识"地"端"出二十年前的旧论。其用心良苦，恐怕正是要抵抗二十年来文化形态日趋媒介

---

[1] 王一川：《文学理论九讲》，北京：商务印书馆，2022年版，第316页。
[2] 林玮：《"算法一代"的诞生：美育复兴的媒介前提》，《教育研究》2021年第7期。

化的弊端。他始终以一位前行者的姿态，回望中国审美精神的演变，同时坚定地相信要紧的是人生意义，而诗不颤抖。

"沟通性"是一种前瞻。直至今日，"沟通"取代"传播"仍是远未达成的文化理想，而王一川先生早于时代发展二十余年便从"中心消解"的后现代语境中观察到"杂语喧哗"并提出"药方"，着实令人钦佩。联系作者从文学"沟通"到艺术，从理论"沟通"到批评，又从这种"沟通"中生长出自身独特的理论体系及其宏大建树，本身就是一部难得的文艺学人成长"教材"。就此而言，无论是文学的初学者，还是试图理解中国文化近二三十年进程的研究者，抑或力图在"咱们的园地"中耕耘出一番天地的后来者，都应重视并细读《九讲》。它是教材，但不只是"文学理论"或"文学概论"课程上所使用的"教材"。

（作者单位：浙江大学传媒与国际文化学院）

用心观照世间

——《万物相爱》读后感

◎尹子仪

  安宁的最新散文集《万物相爱》在2023年7月由人民文学出版社出版，收录了其着重描写对自然风物感悟的同名散文《万物相爱》和《山河沉醉》《四季歌》《落在巴丹吉林的每一粒沙》；以陪女儿阿尔姗娜到赛马场骑马为引子，对常被忽视的"生灵意义上的赛马"进行灵魂书写的《赛马场》；对自己认识但又未曾有过深入交往的小人物内心探寻与悲悯的《众生》；对行走于内蒙古大地上所见所感记录的《行走在苍茫的大地上》和《在黄昏的呼伦贝尔草原上》；着重于书写旅居城市中人们内心世界的《觅食者》；对柬埔寨采风活动详实记录的《烈日之下》；对于回忆生育痛感和欣喜的《生死之门》；以及对于今昔所经历事件不断反刍的《星辰》。相比于安宁的"乡村四部曲"（《我们正在消失的乡村生活》《遗忘在乡下的植物》《乡野闲人》《寂静人间》），《万物相爱》中的印象式书写更为减少，转而为一种绵远悠长、富有韵味的书写，从乡村散文转而向自然散文转变。"乡村散文"和"自然散文"的概念毫无疑问是存在差异的，前者的书写对象集中于作为聚落形态、相对来说显得自给自足的乡村，体现出与城市相对的特征，是城市的来源或是城市反过来影响乡村，而安宁笔下的乡村显然是记忆中的乡村。到了《万物相爱》中那一篇篇着重写自然的散文，即使其中存在着城市意象，但安宁依旧是用与"自然"的内涵相应的笔调去书写城市，体现出一种返璞归真的记忆感。

安宁的散文笔调大体分为两种：一种是偏于幽默诙谐的纪行体笔调，读来轻松，让人不禁捧腹大笑，在《万物相爱》这个集子里，集中体现在《烈日之下》；另一种则是以平视目光看待世间万物的笔调，充满悲悯之感，但这种悲悯之感并不是居高临下俯视苍生的悲悯，而是投身于自然万物与芸芸众生中带有亲历性质的悲悯，与笔下的生灵同呼吸共命运。

不论是哪一种笔调，尤其是在描写世间群像的时候，安宁喜欢用类似中国传统绘画中皴染的手法来勾勒，较少情感渲染，保持克制，如果不统摄全篇，似乎作为作者的安宁与笔下的万物有疏离之感，但其实这只是安宁的一种写作策略。安宁不太喜欢在场式的投入性写作，而是喜欢追忆，因而显得像是有距离，甚至带有一种冷清之感；而细读完毕后，这种"冷清感"并不是因为作者本人写作散文之时不够投入，而是因为她运用记忆作为写作策略所给读者带来的观感，因而感情显得不那么炽烈。

从散文文体本身来看，在其中投入过于炽烈的感情似乎并不是成熟作家的写作方式，更多像是一腔热血无处释放的初学者的写作方式。安宁《万物相爱》散文集中的"记忆感"书写策略不可避免地会带来"不在场感"，但成熟散文的书写并不等同于小说。小说很多时候需要在场感，这是两种文体写到成熟之境的不同表现方式。正如王国维在《人间词话》中所提出的"有我之境"和"无我之境"，而非存在优劣等级划分的"隔"与"不隔"。

这主要体现在安宁《万物相爱》中以悲悯视角书写万物的散文篇章之上，其中体现的"亲历"是回忆中的亲历，"疏离的冷清感"是类似繁华落尽见真淳的心灵相通，这种心灵相通是与作者和文本中生灵是否具有贴肤之感无关的。

安宁用自己的一颗真心观照世间万物，这颗真心并不是热情洋溢、嘘寒问暖的真心，而在于一种跨越时空的陪伴。在我们因为琐事而烦扰的时候，她一直在默默地注视和陪伴着我们。她笔下的人、事、物继续着它们的生命轨迹，而安宁只是在默默记录，以待书籍付梓之日将往事钩沉。

不得不说，安宁的这颗心才更加符合著名思想家李贽所提出的"真心"一说。"就是在这里，我忽然间意识到，一个写作者应该对人类栖居的这片大地，报以敬畏，给予尊重。作家全部的写作意义，不过是让读者认识到生命的意义，给予读者以人与自然万物应该平等对话的启示。"（安宁《万物相爱》

自序）安宁用一棵树、一株草，以小见大，来表达万物平等的意识。这种以小见大是带有万物共性的表达方式，安宁的这种敏锐的观察力、感受力简直不是以小见大可以表达的，甚至是见微知著，从荣枯衰败的自然规律和喜怒哀乐的情感起伏中窥破那种令全人类为之惊颤动容的东西。安宁在《万物相爱》这本散文集中一直行走于全国各地，足迹甚至到了柬埔寨。但在书写不同地域中的人们和各种生灵之时，却惊讶地发现全人类情感中那些共通的东西。这种共通的东西很难用几个概念概括，因而需要反复书写，不断充盈，唯一不变的是那颗真诚明亮的心。正因安宁用心写作，方能将地域意识与整体意识贯通。而那些不同地方之间的风俗态貌描写只是表象，只是用来支撑散文精神内核的骨架，重要的是写人，写所有人的幸福与哀伤，以及以一种润物细无声的方式将作者自身的态度传递给读者，使得读者在欢笑和眼泪中体悟生命的真谛。

安宁的写作带有鲜明的责任意识，她在文中坦言自己是一名严肃的写作者，因而绝对不是像鸳鸯蝴蝶派那样游戏文章，给人消遣的。当然，作为严肃的写作者并不意味着要为自己的使命扣上"教化读者"这样一个冷冰冰、似乎不近人情的帽子。安宁写看到的生灵，也将自身的经历写了进去。她从来不像指挥家一样超然物外，而是和我们所有的人一样在生活的洪流中起伏。只是说，她经历了太多，想得也更多，心态也更加超然，因而在事情过后总会以一种回顾的笔调去书写自己当时的矛盾和挣扎。例如，在《觅食者》《生死之门》和《星辰》

中反复书写的她不幸的童年、与母亲的紧张关系,以至于到目前为止三年没有联系,她好友流产时对无辜生命流逝的通感,以及自己生育时过程的艰辛与初当母亲的喜悦。安宁从来不是旁观者,她也是亲历者,她也无法在面对生活变故的第一时间以第一反应表现出达观的态度。她也有超乎常人的七情六欲。只是,在事后,在书写这本散文集之时,她会不断反刍记忆,会不断思索,会不断调整自己的心态,最终落笔之时,已然释怀。

正是因为作者已经释怀,她才能写出这样悲悯的文字而不至于歇斯底里,而对于心中的隐痛和不堪回首的回忆,比如她和母亲至今未曾达到和解,她的笔尖也会有溢出悲悯之外的时刻抛开记录者的作家身份,那种二次经历的痛苦依然存在。其实有些时候,对于有些尤其是一生的创痛,安宁虽然极力说服自己、克制情绪,但她依然没有想明白,也不知道该如何向读者阐明,于是在这些段落,就会有些含糊其词而欲言又止的感觉,但是这种感觉并不是《万物相爱》的缺点,它让我们明白,安宁本身也是一个人,她也有她解不开的困境。她不是像智者一样教导我们,而是真正与读者说出她的真心话,将自己内心深处最隐秘的东西抽丝剥茧,展现在读者面前,她是有血有肉的。

在着重描写自然风物的散文《万物相爱》《山河沉醉》《四季歌》和《落在巴丹吉林的每一粒沙》中,安宁除了在个别地方沿用了她在"乡村四部曲"中惯用的儿童视角之外,还展现出她博物学家的一面。她的爱、眷恋和哀愁是和笔下的物象深深结合在一起的,将英雄和平凡、萧瑟和蓬勃、放逐和坚守、付出与回报、幸福和哀伤、游走和停留、动与静、南方和北方、失神与思维游走、背景与凸显、投入与默默退出、瞬间与永恒、冷清的心和火焰的温度、被人忽视和敏锐捕捉、亲人和陌生人、疲惫与清醒、死亡与再生、肉身与灵魂等意义对立的概念转换成具有她独特哲思的概念。因而,安宁的心不仅仅是滚烫之心,还是哲思之心。她善于将司空见惯的凡间总总拔高成为形而上的层面,由此来探寻人生的真谛。只有在小学的课堂上,老师才会讲反义词,那是非黑即白的一种对立,是对词语的武断划分,而到了文学写作中,非黑即白的反义词会转化成为对应词,其中更是有一种哲学意义上的对应概念,而这些看似风马牛不相及的对应概念,其实正是哲学史上哲学家们反复言说而没有定论的命题。其中还有一些对应的概念既具有哲学的思辨,又具有文学的空灵之感,而安宁敏锐地抓住了它们。安宁散文中那独特的悲悯而又疏离的气质,正是在于这一点。她由此打通了时间和空间的界限,使得散文具有大开大合的特点。

这是和同样作为女作家书写的90年代的小女人散文最大的不同之处。"提到当代女性散文,必须提到三十多年前的'小女人散文'。20世纪90年代,'小女人散文'异军突起,女作家们以轻松活泼的笔调书写都市里的日常,深受普通读者的喜爱和批评家的关注……三十年过去,中国女性散文发生了什么样的变化？在何种意义和何种维度上，我们将之命名为新的女性散文写作？"（张莉编选《我们在不同的温度沸腾》序言）在当时，褒扬者认为小女人散文写日常，泼辣、爽快，看得过瘾，但批评者则认为她们未曾直面生活现实写作，即态度不够严肃，不够真诚。反观安宁的散文写作，尤其是在她的《万物相爱》《寂静人间》《草原十年》等散文集或长篇散文中，没有一丝当时"小女人散文"中的小家子气，写的是一种具有宽阔胸襟气度的大散文。

当然，熟练运用上述对应概念写作大散文并不意味着安宁的散文是一种概念先行的写作，对应概念本就具有宏阔的特征。安宁写作的着眼点永远在世间万物，从小处着手，将对应概念融汇于其中。而对于前者，安宁永远都是用谦卑悲悯的态度来看待、书写，并将自己与书中的人物融汇在一起，同呼吸、共命运，而对于宏阔的对应概念，安宁并不是去将日常小事依附于它们，或是简单割裂地生拉硬凑。相反，她是在一点点将抽象的概念具象化，将具象小事中超拔的一面挖掘出来。甚至我们可以这么说，安宁将处于社会上层学者坐而论道的高深哲学概念文学化，用自己炽热的内心将概念柔化、世俗化，使得二者水乳交融。

这是需要功力的，两方面都得并驾齐驱：即将日常超拔化的一面和概念世俗化的一面在到达文学表达最佳临界点的那一瞬间，依靠自己充满感性的心灵使得文字在笔尖喷薄而出。如果没有安宁的那一颗真心，这种技术层面的超拔将失去血肉，概念世俗化将变成机械地解构概念，那个临界点永远找不到，文字就会出现断层，就更不要提给读者带来感动了。

而且概念终归是从散文文本中提炼出来的，安宁的散文，无论是乡村散文还是自然散文，归根到底都是生命散文，而对于一种写作姿态意义上的概念来讲，都是生命写作。安宁自己也曾在多种场合提到生命写作这一话题，评论家称她的写作是生命写作，她自己也这么认为。生命写作是个厚重的话题，远不像小女人写作这样轻松愉悦，安宁肩负生命写作的重担，在她《万物相爱》的很多散文中，除了《烈日之下》较为轻松，她一直在绷紧一根弦写作。当然，这并不是说她的散文不够收放自如，而是能看到她力图为生民乃至生灵代言的责任，这种责任已经远远超过了简单的个人生活感悟，安宁的那颗真心早已跳脱自我的小世界，迈向更辽阔的天地。

安宁对生命的自然荣枯处之泰然，但在《觅食者》《生死之门》和《星辰》中，对于母女关系和生育问题的书写却显露出深邃而充满张力的矛盾褶皱。如果说，对于前者的叙述更偏向于描写，就像苏轼对王维诗画的评价："味摩诘之诗，诗中有画；观摩诘之画，画中有诗"。"描写"本就是将文字与其他媒介打通的最好方式，安宁便用了大量笔墨来做这一功课，就像是将客观的距离与命运联系，将淡泊与自然和人们内在的蠢蠢欲动相联系，在失神中思维游走，书写婴儿和普通人，最终导向生命的进取；但对于后者，我们能看出安宁试图做到这一点，但因为心灵的伤痛过于刻骨铭心，因而迸裂的感情超过了静观的悲悯，显现出与前些篇章写作态度相矛盾的心理。

这种矛盾更能凸显她作为作家、女儿、母亲，以及血肉之躯的复杂之处。在这三个篇章中，安宁一直在告诫自己冷静而悲悯，想拼命压制自己最原初的身体和情绪带来的最为歇斯底里的东西，但却没有成功，因而能看出纠结和反抗。这种反抗有的时候成功了，因而从文字本身来看似乎平静无波，但有的时候反抗失败了，痛感因为拼命的压制喷薄而出，更为炽烈，更为触目惊心。就像是她自述和母亲之间的纠葛："没有，因为我彻底放下了，我知道我所有的努力，都对这种关系的修复于事无补。我们是完全不同的两代人，对生命有着迥异的认知。母亲认为她生了我，我就要一切听命于她，稍有违逆，她就骂我是畜生，猪狗不如。"（安宁《觅食者》）从这句话中，我们能看出安宁的矛盾心理，她说自己已经彻底放下了，却在文字中流溢出如此触目惊心的感情。同样的，还有在《生死之门》中那个年幼的瑟缩的因为害怕母亲生妹妹时死亡的小安宁，面临生与死的焦灼、父亲不讲情理的狂暴、出于生理本能的近乎无望的母爱，她面临着精神的高度紧张、恍惚甚至近于崩溃的时刻。过了这么多年，安宁回溯往事，情感依旧高亢，似乎无法喘息。这就表明她力图与自己和解只是表象，在她的生命深处的骨髓里，这已经成为她不能抹去的伤痛，只是她难以言说，不断压制，不愿意承认。

这是极具感情张力的表现方式，比一味地控诉或冷冰冰地置身事外更能打动读者。读者若深入阅读，会为安宁的"言不由衷"揪心不已。这从技法上来看,她将感情宣泄的尺度掌握得非常高明,不至于因为感情泛滥而无休无止,以至于成为一部控诉之作。而从感情上来看,这何尝不是一颗最为平凡、同时也是最为纯洁的真心呢?

真正优秀的散文无需刻意运用技巧,只需随心而动,真正理解自己的心在想什么,本身就是一种最为高明而无可替代的技巧。自然是世外桃源和灵魂栖息之地,但安宁并未将"城市"和"自然"两个概念割裂,而是隐隐向我们传达"城市也有自然"理念。可以诗意地生活在城市中,即使是如黑玫瑰和小月亮这样的马匹亦是如此:"他们发现了生而为人的全部意义:流浪、勇猛、开拓、独立不羁、生死不惧。"(安宁《赛马场》)不论是像郎塔一样的小狗,还是如残疾的牧歌、苦命的小陈、阿宇老师、女友禅、波伦、波尔皮西、老陈、阿芳这样不同身份地位的人物,他们有自己的悲欢离合和人生经历,哭过笑过之后,总是还要继续生活。于是形而上的命题最终归于日常:从日常出发,历经世间百态,复归日常。正像安宁所说:"人与人的真正相聚,不在饭局,不在言不由衷的会议,人们擦肩而过,还是有对灵魂和一餐一饭的需求,仿佛我们活着的所有意义,都是为了这一粥一饭。"(安宁《觅食者》)

像郎塔一样年老的小狗,它平日性情温和,对主人依赖,但面对一群恶狗没有道理的撕咬的时候,它的雄性与激情被彻底激发,进行了忍无可忍的激烈反抗,这何尝不是作为动物的生命张力？诚然，这种生命张力的迸发是个极其壮烈的悲剧，但从郎塔身上，是否可以看出作为人类的我们一直被压抑的原初性的东西？安宁在这里向我们传达了在动物身上很多时候都折射出在人类身上久久未能展现出的闪光点，那种高光时刻和平日因为金钱而庸庸碌碌的我们形成了鲜明对比；而在身患先天残疾的小女孩牧歌身上，则体现出安宁把握当下的意识。苦难与死亡在所难免，安宁无力提出解救的药方，唯一能改变的就是心态，那种尽人事、顺从自然规律的心态。即使有太多遗憾，但这似乎是唯一可以疗救我们心灵的折中方案。即使精神世界极为孤独，没人愿意跟她玩耍，仅有的生年极不完满，但也要积极地乐天知命。在苦命的理发师小陈身上，家庭不幸、感情坎坷、过分善良的她屡遭男性欺骗，但依旧在一个人默默抽泣过后继续自己的生活，顽强面对生活的风霜，这是安宁极为赞赏的东西。而在好友禅身上，她自述母亲到死都不能与自己和解，引发了安宁思索自己与母亲的坎坷关系，但两相对比之下，自己总还是幸运一些。在对于亲历好友阿芳流产的叙述中，同样和自己的生育对比，安宁感受到了生育的多面性。同样，在于与阿宇老师、波伦、波尔皮西、老陈等人生命轨迹的交汇中，安宁的人生经历得到了极大丰富，她的那颗真心也愈加丰盈、圆润，渗透到文字上，灵动而闪闪发亮。

  由此看来，静观与将自己和笔下人物的对比也是安宁的写作策略之一，但就像前文所言，再多的写作策略在真心面前都会显得黯淡无光。我们有理由好好阅读，并且珍视安宁用真心和心血为读者奉上的散文集《万物相爱》。

（作者单位：南昌大学人文学院，指导教师：袁萍）

给岁月以文明

——《文化苦旅》中的浮华与沉寂

◎李晗喆

翻开书本,《道士塔》带着大漠孤烟和驼铃阵阵来了而又隐去;合上书本,《天人对话》的撼世奇问仍言犹在耳。踏过黄沙,渡过汨罗,游过三峡……阳关雪后是青青江南,从千年前的《都江堰》到千年后的《酒公墓》。文化的风雨飘摇、浮华沉寂,全都无言地深深流淌在这一段苦旅里。这是一个旅人用自己的掌心去真实地感受中华文明的脉搏,温柔地摩挲着她的辉煌与落寞,并用笔替它流沉默的泪水、问无声的诘问。

《文化苦旅》是由作家余秋雨创作的散文集,成书于20世纪80年代,于1992年由东方出版中心(原上海知识出版社)首次出版,是作者的第一部文化散文集。在当代文坛上,余秋雨是一位独具匠心的散文家。他开创了当代"文化散文"的潮流,极大地扩展了现代散文的表现领域。《文化苦旅》不仅是他个人的代表作,更是中国文学史上的经典之作。在这部作品中，余秋雨以细腻的笔触，通过描述一个个鲜活的人物和事件，深入地探讨了中国文人的内心世界和精神追求。每一处风景、每一座牌坊、每一座土墩，都在他的笔下化作了一段段感人至深的传奇。这些不仅仅是关于中国文化的传奇，更是关于中国文人灵魂的传奇。

《文化苦旅》犹如一部绚烂多彩的记游画卷，每一篇章都洒落着余秋雨先生漫游的足迹，除了《笔墨祭》《藏书忧》《腊梅》等几篇佳作外。在这些篇章中，我们不难窥见先生"探幽觅胜"的初心。他在《文化苦旅·自序》中坦言，羡慕苏东坡的"老夫聊发少年狂"，也对纽约大学著名教授理查德·罗蒂（Richard Rorty）的冒险、童趣与狂放精神心生向往，这促使他勇敢踏上"游历"的征程，并为自己即将成为一名"靠卖艺闯荡江湖的流浪艺人"而满怀期待与喜悦。他边走边思考，历经风霜洗礼，逐渐褪去了少年的青涩，伏在异乡的小桌上奋笔疾书，向过路者询问邮筒的位置，将内心的感悟寄往远方。走过一段路程，便寄出一篇佳作，即使身处国外，亦不改其志。这些篇章汇聚成《收获》杂志上的专栏，也成就了眼前的这部传世之作。尽管书名为"文化苦旅"，但书中所展现的远不止文化的苦涩与沉重，更多的是先生的"痴行"——对行走的热爱，对"探幽觅胜"的执着；流连忘返于荒漠、青山、清泉、溪流；阵阵呢喃的牌坊、藏书、腊梅、航船，是他对中华千年文脉的深情探寻。他以一颗敬畏的心，怀抱着痴行者的精神，去触摸那些被时光遗忘的文化印记。

《文化苦旅》中那些精妙绝伦的修辞使得余秋雨笔下的

那些山水景色，千古风流都跃然纸上，个个都有着深藏着的故事要和读者娓娓道来。当多种修辞以巧妙的方式被组合在一起，就构成了《文化苦旅》的一大特色。如《洞庭一角》中，"一楼何奇，范希文两字关情，杜少陵五言绝唱，吕纯阳三过必醉，滕子京百废俱兴。儒耶？诗耶？仙耶？史耶？前不见古人，使余独怆然而涕下。请诸君试看，扬子江北通巫峡，洞庭湖南极潇湘，岳州城东道岩疆，巴陵山西来爽气。流者，潴者，镇者，峙者。个中有真意谁能领会得来？"如此对仗，如此排比，如何不工整细腻又不失气势磅礴？细细研读，《文化苦旅》中，相较于其他学者在历史人物分析和深厚文化底蕴表达上所采用的常规方法，余秋雨则选择了一条与众不同的道路。他用新颖的笔触挖掘历史背后的深层含义，从而呈现出一种全新的文化解读。这种创作手法不仅为读者带来了强烈的视觉和思维冲击，更重要的是，它启发人们深入反思文化的本质和价值。其运用大量的修辞，洗刷去历史那厚厚的浮尘，反而徒增一种轻松愉悦、沁人心脾之感。《沙原隐泉》中对那一汪清泉的描述，让我阅读时由衷地发出感慨："原来感受可以如此鲜活地被展现在薄薄的纸页上。"形式多样的表达方式构成《文化苦旅》独有的语言特点，交错的修辞汇成赏心悦目的阅读感。

中国古代文人深深沉醉于一种独特而深远的文化情怀，这种情怀如同璀璨的明珠，在历史长河中熠熠生辉。他们的生活充满了诗意，无论是"流觞曲水"间的微醺畅饮，还是吟诗作赋中的激昂文字，抑或是相互唱和中流淌的情感，都是他们情感世界的真实写照。他们在皓首穷经的追求中，不断磨砺自我，提升精神境界，宛如行者般踏遍万里山河，寻幽探胜，以此砥砺品质。"姑苏城外寒山寺，夜半钟声到客船。"这句诗恰如其分地描绘了他们在游学路上的情景：一盏孤灯，一叶扁舟，在寂静的夜晚，远处传来寒山寺的钟声，伴随着他们的家国情怀和羁旅愁思，化作一首首千古传世的诗篇。这些诗篇，如同一颗颗星辰点缀在中华文化的浩渺星空之中。毫无疑问，余秋雨无疑是这一中国文化传统的传承者和弘扬者。在他的《文化苦旅》中，我们可以清晰地看到那些传统美学意境的影子：小桥流水静谧，古道西风苍茫，大漠孤月寂寥，江上烟波浩渺，荒山古庙沧桑……这些元素共同构筑了一个丰富多彩、深邃厚重的文化世界，让人在其中沉醉不已。而沿袭中又有创新，余秋雨将他对传统文化的深层理解和感悟，与现代社会的世情与人生相对接。

《文化苦旅》挣脱了沉溺于自我格局的局限，放情怀于文脉。余秋雨的散文，如断墙残垣中的历史回响，更多聚焦于山水间的文化遗痕。他笔下的西湖之雨、三峡传说、庐山文人雅集，乃至莫高窟的藏经洞、骆宾王墓前的沉思，皆是他长久驻足、深究历史符号的见证。这些故事，在他笔下更添传奇色彩，为他的散文增添了厚重与沧桑。他"从文化历史的画卷中展示文化人格的深度，开拓想象的新天地"，赋予他的山水之作以"仙气"，使之更具灵动与韵味。"我发现自己特别想去的地方，总是古代文化和文人留下较深脚印的所在,说明我心底的山水并不完全是自然山水,而是一种'人文山水'"。作者一路走来,每一脚都踏在山水与中国文化的切合点上。余秋雨走过许多废墟,拂去莫高窟的积尘,恨敦煌文化七零八落;掬起都江堰的流水,敬李冰英灵慈爱清澈;捧起天一阁的藏书,叹昔日宝阁满目疮痍……这些或喜或忧的慨叹,渐渐描摹出中华文脉的千年岁月。我们有过失去:道士塔前文献被换成铜臭,天一阁中古籍屡遭损毁。我们有过收获:柳侯东坡在逆境中显出的文人风骨,牌坊庙宇在时代下孕育的书声朗朗。百感交集,正是文脉中缓缓流淌着的喜怒哀乐,这一段旅程跨越千山万水,穿越时空,向我们诉说着那些寂寥与感动。

《文化苦旅》也从未空谈历史家国,而是落脚于宏大时代中的个人,以人生之境遇反问文化之境遇。余秋雨赋予上海人徐光启上海文化的风度,他"开通、好学、随和、机灵,传统文化也学得会,社会现实也周旋得开,却把心灵的门户向着世界文明洞开,敢将不久前还十分陌生的新知识吸纳进来,并自然而然地汇入人生",正是上海文化的生动内涵。他写新旧时代观念的交替,就落笔于小小青山中的牌坊和庙宇,尼姑和尚们携手共同托起孩子的未来。"两道灯光,犹如黑海渔火",照亮着教育的前路。"与笔端相比,我更看重脚步;与文章相比,我更关注生命;与精细相比,我更倾情糙粝。"坚守文化之光的信念,令作者得以摆脱案牍之劳形,决然转身,推开书房之门,化身为旅人,追寻文化的踪迹。翻开书页,只见余秋雨蹒跚于山水之间，徜徉于街巷老屋之中。字里行间，仿佛能倾听到他的悠悠叹息，以及他与古人、古迹间那超越时空的天人对话。

"一提笔就感到徒增年岁，不管是春温秋肃，还是大喜大悲，最后总得要闭一闭眼睛，平一平心绪，回归于历史的冷漠，理性的严峻。"余秋雨先生希望自己笔下的文字是苦涩中有回味，焦灼后而会心，苍老后又年轻的。《文化苦旅》正是如此，看过文化的浮华与沉寂后，眼前仍有一抹新绿的希望。苦旅之苦，苦中回甘，苦之有益。在回顾中华文化的霜雪千年之后，作者不忘将眼光放在当下——结束了一段旅程，总归还是要生活的。余秋雨在《文化苦旅》中巧妙地将文化遗产与现代社会相联系。在书中，他不断推进着历史与现代的对话：通过描述古代文化遗产，引发读者对这些历史背景的兴趣和思考。他常常将古代的故事与现代的社会现象进行明暗中的对比，使读者能够在古今之间找到共鸣，从而理解文化遗产在现代社会中的意义。他也重新审视了文化遗产的价值：文化遗产不仅是历史的见证，也是现代社会的宝贵资源。他鼓励人们重新审视和评估文化遗产的价值，将其视为一种可以借鉴和学习的财富，而不仅仅是过去的遗留物。《道士塔》中，余秋雨远眺大漠孤烟尽头的血色残阳，在心中呼号敦煌文化的刺痛——在过去，敦煌的古文献可以被换成一袋沉甸甸的铜臭银圆，被撕裂、分割，拉去异国。在今天，敦煌的学者通过学术研究与国际合作，逐步推动了国际学界对中国作为敦煌文化起源地的认同。道士塔只是静静地在历史的尘烟里矗立着，但人们对文化遗产的价值评估正在转变。

合上书本,抿一口香茗,顿感回味无穷。《文化苦旅》正如一盏好茶,读时见我中华文脉栉风沐雨,苦涩而又醇厚,回看时感我中华文化凤凰涅槃,清新而又甘甜。余秋雨先生以其深邃的目光,穿透山水之间的迷雾,洞察人文百态的纷繁,追溯历史变迁的脉络,展现了坚忍不拔、勇于思辨的学者风范。他对中华文化的灵魂构成、历史负载及其走向有着深刻的洞察力,建构着主体理性而又热切、律动着生命脉搏的理性思维。这正是余秋雨先生作为文学家的独特魅力所在,为我以及广大的读者在今后悠悠的人生里带来深沉如潭水的哲思。

参考文献

[1]余秋雨.余秋雨散文精选[M].桂林:漓江出版社,2001.

[2]余秋雨.出走十五年[M].昆明:云南人民出版社,2002.

[3]梁九义.在痴行中书写"传奇"——论余秋雨《文化苦旅》的艺术特色[J].甘肃开放大学学报,2022,32(4):64-68.

(作者单位:西华师范大学政治与行政学院,指导教师:杨宪苓)

被埋葬的童年回忆与永恒的情感回响

——《在细雨中呼喊》书评

◎陈李赜旖

书籍简介

《在细雨中呼喊》（后称《细雨》）是作家余华于1991年完成并首版的长篇小说。该书以孩童孙光林的视角讲述了其对童年生活的地方——南门与孙荡的回忆。该作品是余华先锋小说创作与现实主义创作的分水岭，其先锋性的叙述结构与现实性的笔触碰撞出冷寂而绚烂的火花，将读者引入心底埋葬童年回忆的那片墓地。

余华将童年视作此后人生体验的基础，认为"我们今后对世界的感受，对世界的想象力，无非是像电脑中的软件升级一样，其基础是不会变的"。那么，他在首次创作长篇时，以孩童回忆的角度入手，把自己最熟悉也最"基础"的生活经验融入笔下抒发出来，是否是在以"半自传体小说"的形式简化创作过程呢？结合余华自述："这部小说中涉及他自己的部分并不比《许三观卖血记》或《活着》中多多少。"可知，在理解其内容时读者不能简单地将它看作作者对过去回忆的加工。

余华究竟在小说中融入了多少自身的经历并不是本文论述的重点，对这一点的讨论只是为了提醒读者在阅读时将孙光林与余华分置在两边，但又不能忽视作者为作品搭建的框架与其中人性铺就的细节。郜元宝提出除了讨论先锋小说"怎么写"的问题，还应当关注其写了什么[1]。内容或者说剧情确实是大众读者最关注的部分，而这部小说中值得关注的是：余华蕴藏在段落背后汹涌流动的情感来自他面对世界的感受与反思，而这些情感包括了他在童年的感受与成年后的回望。由于每个读者都经历过童年，余华通过叙述技巧与结构编排，使孙光林的情感或多或少能引发读者的长久共鸣。

何为细雨？

细雨，是回忆，是心理活动，是梦。

余华在最开头为读者创造了一个进入"细雨"般的回忆的情境：

"一个孩子开始了对黑夜不可名状的恐惧""使我此刻回想中的童年的我颤抖不已"[2]。

从"一个孩子"到"我"与"童年的我"，叙述者在翻页间发生了转变，完成了从"我看到了自己"变化为"我"的魔术。孙光林变成了回忆中的"孙光林",一层细雨已经蒙在叙述故事的"我"和回忆中的"我"之间了。而读者所见的是更遥远的那个"孙光林"。回忆本就不可靠,更何况是他人对于回忆的叙述?就是在这样不可靠的背景中,"孙光林"已经开始自顾自地讲故事了。当然,这是重读时才容易被注意到的叙述花招,在读者已经跟随孙光林品味了一番酸甜苦辣后,他转过头来问:

"我所说即为真么?"

这部小说被称为"心理自传",很大程度上是因为第一人称的叙述视角以及篇幅极大的心理描写。孙光林眼中的事物是相当天马行空的,余华对于孙光林不谙世事的"冷酷"把握得很准确,孙光林的种种心理活动与幽默诙谐的语言糅合在一起,更加深了其天真的残酷性,如细雨浸湿衣衫,让人后知后觉地感到寒冷。

"她吐瓜子时的放肆劲,仿佛她已经儿女成群""王家嫂子像喂鸡一样将篮中的食物倒向围上去的孩子""刚刚吞没了一个生命的河流却显得若无其事"……如果说这些更像是余华借孙光林之口描绘的世间百态,那么第11章祖父挥舞"僵尸"大战当铺伙计的一段中,孙光林若即若离的隐身才终于使其细雨阴冷之处显露了出来。

祖父孙有元年轻时穷困潦倒,大年初一搬着他的父亲的尸体想送去当铺换钱。然而掌柜"捂着鼻子连连挥手",伙计"伸手将我曾祖父推了下去"还"一股冷水浇在了我祖父头上"。祖父奋力反击,"勇敢的孙有元得到父亲遗体的有力支持,将那几个伙计打得惊慌失措",直到曾祖父的脑袋被打歪,祖父才终于意识到自己作孽了,扛着曾祖父蹿了出去。

这一段描写跌宕起伏、精彩至极。几乎像是香港喜剧片中主角左支右绌却又能逢凶化吉的动作场面。然而,"孙有元就像一个孝子一样痛哭流涕了",读者也开始为刚才的快乐而感到羞愧了。孙有元祖上是修建石桥的,到他这一辈时已无桥可修了。尽管他也曾渴望重振祖上荣光,带着一班"满怀过时理想"的石匠外出打拼,最后却只能"携带着贫困回到了贫困的家中"。孙有元被逼至绝境时,他终于无奈地上演了这一出喜剧,换来读者的哈哈大笑,却终究没讨到一分钱。一个稚嫩的童音讲述着这个故事,他的祖父的故事,而他并不清楚这个故事里的残酷,只记得那是一场欢乐的闹剧。

这一切都发生在孙光林的叙述中,他有跟别的朋友说过这些吗?读者不得而知,于是这个故事成为共享的一个秘密,它如细雨一样无声而如附骨之疽。

除去叙述本身,其跳跃性的叙述顺序也是值得品味的一个设计。一个人在跟朋友讲述自己的故事时,不正是想到哪说哪吗?所以读者会不会是孙光林的朋友呢?或者说这是孙光林的一个梦呢?这就由读者自己决定了。叙述顺序及故事结构对主题表现有不言而喻的重要性。回忆的一大特点就是碎片化以及由触发物联想而来。孙光林的回忆具有明显的主线,却没有直接的触发物，显得章节之间有一些不连贯，增加了一定的阅读门槛。然而，这种割裂性给碎片回忆增添了一层似梦境的轻纱，使其现实性的情节中增加了一丝荒诞的意味，也为帮助读者联想到自己的童年回忆提供了不小的帮助。

南门与回到南门，第一章恰是最后一章之后发生的故事。这个结尾和《盗梦空间》最后悬而未决的陀螺一样，给读者留下了大梦初醒却仍似在梦中的感受。读者回到生活中，是否又会开始另一个孙光林的故事呢？于是细雨就使呼喊的声音凸显出来，却也使人愈发无法寻找到呼喊的来源。

何为呼喊？

《细雨》特殊的孩童视角所反映出的儿童成长问题、普遍而隐秘的心理状态时至今日也值得探究。无论在什么时代，孩童都是弱势群体。爱护幼小本身就是因为幼小没有保护自己的能力。以自己为中心和命运全受他人主宰是集中在孩童身上的双重矛盾。

电子书阅读过程中，本人获赞最多的是对"我避开了内心越来越依恋的朋友苏宇"的评价：

"自卑于没有达成心目中的完美主义，索性逃离想象中的完美"。

这是对性进行了最初探索的孙光林疏远自己最好的朋友苏宇时的内心独白。苏宇比他年龄较长，两人通过同样孤独地走在街道两侧而相熟。穿越重重雨幕，读者所见到的孙光林反映了太多孩童可能经历过的复杂情绪：性的压抑和渴望、自我意识过剩而又在意别人的看法、逃避而期盼着被理解。这些问题自然产生于人类交往过程中，在童年时期植根，如若不控制其发展就愈发牢固地隐藏在成年人的本能之中。

最初读到这些可能发生的问题出现在一个孩童身上时，成年读者想必会下意识地与之保持距离，将其视作一个批判的对象。然而在黑夜中下决心改变自己、默默在心中疏远好友、幻想完美伴侣、高估自己的影响力……青少年时期孙光林对自己的心理全部剖白出来，并不是想让听众评价他，而是如一面镜子映照出埋藏在人们心底的那个孩子。

正如最后一章回到南门故事的最开始，书评最后也回望第一章：

"我成年以后回顾往事时，总要长久地停留在这个地方，惊诧自己当初为何会将这哗哗的衣服声响，理解成是对那个女人黑夜雨中呼喊的回答。"这或许正是余华对这部作品所有的注解，这部小说就是在追忆童年里那些孤独的时刻，然而即使是作者本人也早已搞不清童年时的自己究竟经历着怎样的痛苦和思考了。只是，每个人都不应忘记这一点，而滥用作为成年人的权利。

余华将童年视作往后人生体验的基础，这对于所有的生命来说都是适用的。童年、青少年时期是一个新生儿到成年人的过渡期。人在挫折中坚持下去就会变得成熟，但那些纠结、破碎与重组的回忆不会消失，只是成年人学会各种各样的排解方式，或释然一笑，或置之不理，甚至没有一个仪式就将它们通通埋葬起来。但是那些情感时不时会呼喊着，让人去重读自己的过往，而当时的情感会成为此后永恒的共鸣。

结语

阅读过程中我几欲泪流，最终却都化为心间的沉闷。我从不掩饰自己容易被苦难煽情的特质，然而，面对这一部真正触及我自己的回忆与感情的作品，我却因为过去几年甚至十几年对痛苦的消化，无法再流下一滴泪。《苏宇的死》是全篇中我最喜欢的章节，短短三页将一个孩子的死亡写得既漫长又短暂，充满了梦幻、无奈、遗憾。我没有经历过身边亲友的死亡，但我拥有过无数段从亲密无间到再也不会联系的关系。我的童年，想起你我仍然眼眶湿润，一个孩子能走到现在，真的好了不起！

《细雨》对儿童群体的关注与刻画是"新时期小说"中独树一帜的，也是当下文艺创作中值得重视的主题。2020年，《坏小孩》改编的电视剧《隐秘的角落》大获成功，正是因为这部作品关注到了孩童复杂的心理，聚焦于他们面对庞大繁复的世界时内心那个精彩细腻却又震荡不安的小宇宙。《细雨》是一部值得反复品味、从不同角度理解的作品，即使距初次出版已有二十多年了，它表现出的童年的模糊的回忆仍然对于读者更加清晰地理解自己有着极大的帮助。

参考文献

［1］ 郜元宝.先锋作家的童年记忆——重读余华《在细雨中呼喊》［J］.当代文坛，2019（4）:36-40.

［2］余华.在细雨中呼喊［M］.海口：南海出版公司，1999.

（作者单位：四川大学）

Love, Death and Faith

—Book Review of *The Last Quarter of the Moon*

◎刘奕霏

Background introduction

The Last Quarter of the Moon is a novel written by Chi Zijian and was first published in 2005. This novel tells the compelling story of a woman, the last chief of the Ewenki nationality, who is nearly a hundred years old. It depicts her family's tenacious struggle with fate and their gripping love. It is not only a story full of vitality but also a cultural chronicle, which shows the life changes of the Ewenki people on the forestland on the right bank of the Erguna River, as well as the close relationship between them and nature.

Unique narrative perspective

In terms of its unique narrative perspective, this novel is narrated in the first person. Chi Zijian ingeniously chooses the woman of the last Ewenki chieftain as the narrator to reflect the historical development and cultural inheritance of Ewenki through her perspective. This choice of perspective makes the story more authentic and believable. Besides, it also showcases the narrator's more emotional and subjective feelings. Readers can see the living conditions of Ewenki people through her eyes, resonate with their awe and love for nature, and perceive their helplessness and desperation in the face of the invasion of foreign civilization. There's no denying that her narration is full of nostalgia for the past and anxiety for the future, which enables readers to have a deeper understanding of the inner world of the Ewenki people and their spiritual alive.

Superb writing technique

The author uses a variety of writing techniques in *The Last Quarter of the Moon*, which makes the novel full of artistry. First of all, vivid language and delicate brushstrokes are used when describing the natural environment, depicting the natural elements such as forests, rivers, and wild animals, making readers feel as if they are in that primitive and mysterious land. This description of the natural environment on the one hand enhances the readability of the novel, on the other hand, reflects the harmonious symbiosis between the Ewenki people and nature.

Secondly, Chi Zijian also displays her superb writing skills in shaping the characters. Through the comprehensive description of human's appearances, characters and behaviors, she successfully creates a group of three-dimensional and vivid Ewenki images. These characters not only have distinct personality characteristics, but also carry the author's deep understanding and humanistic care for this nation.

In addition, Chi Zijian is also quite proficient in narrative techniques. She adopts diverse narrative techniques such as sequential narration, flashback narration and interjection to make the story more intriguing. At the same time, she also skillfully uses metaphors, symbols and other rhetorical devices to enhance the metaphorical and symbolic meaning of the novel.

Deep content and opinion

The Last Quarter of the Moon contains many profound views. To begin with, the work appeals to people to respect nature and protect the environment by showing the lifestyle of the Ewenki people. Nowadays, people tend to ignore the connection with and dependence on nature, but the Ewenki people have always maintained the reverence and love for nature. This attitude to life has important implications for our society today.

Meanwhile, the work reveals the issue of civilization conflicts and cultural integrations through the description of the historical changes of the Ewenki nationality. Under the impact of modern civilization, the traditional lifestyle and cultural inheritance of Ewenki people are confronted with great challenges. However, they do not blindly resist foreign civilizations; instead, they absorb the excellent elements of foreign civilizations while maintaining their own cultural traditions. This attitude towards cultural integration has enlightening value for us to understand the communications and interactions between different cultures.

Faith—if I may venture to interpret it, I think it should be called salvation—is to settle the body and mind. Throwing my mind back to the scenario of *The Last Quarter of the Moon*, this time I think I can look at the story of "death" more peacefully, as the book says, "There is nothing to do." Because everyone dies. However, behind the "death", there is also a topic related to it, which cannot be circumvented—"faith". On that cold and vast land, there is a breeding of nature-worshipping and reindeer herding nomadic people.

Shaman, a kind of mysterious practitioner having the ability to communicate with the spirit world, which they believe in, venerates nature and believes that all things have spirits. Shaman with divine power eliminates disasters for people or animals by dancing for God, but at the expense of losing relatives or reindeer. Shaman Nihao in the book will lose a child every time she saves a person, she knows, she is also heartbroken, but she will choose to save, even if the person is hated by everyone, just because she is a shaman. Ah, how can she not save! Perhaps in that primitive and simple forest, far from the civilized society of science and information, it is the shaman with such divine power and great love that is worthy to link them with the god of nature, and it is this faith that gives them the strength and courage to live stubbornly in a difficult environment.

Finally, the work expresses the reflections on the meaning of life and death through the description of the fate of the characters. As is said in this book, "People are born much the same, but they die in different ways." After reading the sequel to the book "Dusk", I suddenly found that death is actually one of the main themes of this book, (that) a work spanning nearly a hundred years will inevitably witness the replacement of tribal personnel, and there will be a display of human death. In the life of the Ewenki people, life is precious and sacred. They respect the existence and value of every life, and face the difficulties and challenges of life with love and care.

This reverence and respect for life make the life of Ewenki people full of meaning and value.

This leads to the observation that shamans exemplify how "man's superstitions are deeply embodied in man's reason" — that only man would try to use religion to understand what his science and technology could not explain, to find connections in the laws of coincidence. Only humans will pursue a definitive explanation — you are not disrespectful to the mountain god. All these reflect that human beings have been constantly exploring the nature of the world since ancient times, but the means and methods adopted are different.

Personal impression

After reading this book, I have a deeper understanding and sentiment on this classical topic of love. True love is not only the one of "small family" for a person's children and relatives, but the one given to others. We should love others' children and relatives so as to achieve the highest state of love —"great love without frontiers". This is reflected in Nidu shaman. After Nihao became a shaman, she shouldered the mission and resolutely decided to sacrifice the lives of her children to save sentient beings in the pain and sadness, which means "one life for one life". What moved me most was that she was willing to sacrifice the life of the child who was nine months pregnant and had not even seen the world to save people. What a merciful, decisive, and holy woman she is! She still has a mother's love for her unborn child, but this mother's love is transferred to the person who is being eyed by death in the tears when she "dances for God". The Ewenki people are always kind and pure, and their love has been nurtured by the wind, washed by the rain, purified by the snow and is noble and holy.

When the sound of wood-cutting replaced the birdsong, the smoke replaced the clouds, the Ewenki also began to die out. In the flood of the times, they were forced to integrate into modern civilization, but are they really happy? They could no longer see the stars as they looked up at the Pillar of Hilen when they slept, and the reindeer could no longer graze on fresh moss in the jungle, and they withered like flowers torn from the rich earth. We live in the city and when we feel depressed, we can only vent, shout, sing in the bright and stifling house. This scene is about people who have been crushed by the rolling wheels of modern civilization, and who are confused and suffering pain for this! Only those who have lost a rich inner life can present such a state of life.

When I read this book, I often wondered what kind of person could write such a beautiful, innocent and profound work; that beauty is the unpolished beauty of nature, revealed in the lines. Then I watched a lot of interviews with the writer Chi Zijian. It was the land where she grew up that cultivated her literary seed with great energy. She did not need to deliberately exaggerate, but she expressed the nature and innocence of the land where she once lived. After reading this book, different from my previous feelings, my mind become peaceful and quiet. She makes me understand the fragility and transience of life, and I have more reverence for nature, and more tolerance and peace for life.

Conclusion

The Last Quarter of the Moon is a work full of love, vitality and depth. It not only shows the life style and cultural tradition of the Ewenki people, but also reveals the phenomenon of civilization conflicts and cultural integrations and the reflections on the meaning of life. Chi Zijian's exquisite writing techniques and unique narrative perspective make this work full of artistic charm and appeal. After reading this work, I am deeply shocked and moved. I am encouraged to cherish the connection with and interdependence on nature, respect for life and cultural diversity. Therefore, I think *The Last Quarter of the Moon* is an excellent work with extraordinary literary value and humanistic significance, worth reading again and again.

(作者单位：成都信息工程大学，指导教师：邓文英)

《青春之歌》与启蒙叙事的血缘谱系

◎汤畅飞 刘燕燕

一、前言

《青春之歌》是一部展现青年学子确认主体价值的奋斗历程,也是一代知识分子精神探索的求索之歌。小说以1931年"九一八"事变为起点、1935年"一二·九"运动为高潮的历史时段为背景,再现了青年林道静的成长历程和思想蜕变。阅读这部小说,不仅可以让我们窥见青年知识分子的成长与蜕变,而且从知识分子书写的历史进程来看,《青春之歌》有着极为重要的文学史意义:它上承五四,对启蒙叙事进行了应有的续接,也对1930年代的革命书写进行了丰富的补充。

二、情节化用:脱胎换骨的艺术创造

小说主人公林道静从出生到出走的这段生命历程,有着鲜明的时代烙印。林道静虽出生于旧式地主家庭,但她实为"黑骨头和白骨头的组合"。母亲秀妮是穷苦的佃户，父亲林伯唐却是一个骄奢淫逸、胡作非为的地主。母亲被父亲强占为姨太太后生下林道静，旋即在屈辱中被抛弃，并在屈辱绝望中结束生命。虽然林道静带有剥削阶级的血缘，但她幼年却没有优渥幸福的日子，自小的挨饿受冻、歧视凌虐，让她深切地感受到了旧式家庭伦理面纱下的虚伪和残忍。当养母徐凤英要将其纳入包办婚姻的枷锁时，她爆发出了像无数五四青年一样至为果敢、激烈的抗争："我宁可死了，也不能做他们那些军阀官僚的玩物！"林道静追求婚恋自由、人格独立的精神，直接赓续了"五四"的时代精神，更是让读者听到了《伤逝》中子君"我是我自己的，他们谁也没有干涉我的权利"的凛然回响。正是为了追求婚恋自由、个性解放与生命尊严，林道静最终挣脱"父权"家庭的束缚，延续了《终身大事》《隔绝》《伤逝》等作品中"娜拉出走"的叙事。

鲁迅曾在《娜拉走后怎样》中就女性的反抗人生沉重地感慨："从事理上推想起来，娜拉或者也实在只有两条路：不是堕落，就是回来。"《伤逝》中子君虽曾勇敢地与涓生结合，但最终走向了"连墓碑都没有的坟墓"。《棘心》中醒秋负笈海外，追求个性解放和人格独立，但最终囿于孝道而委身包办婚姻。而在《青春之歌》中，爱情追求有了新的蜕变和突破。林道静的经历和遭际与子君有着近似之处，都经历了与爱人的相爱与隔膜。为了追求恋爱自由、婚姻自主，林道静从传统父权的掌控中出走，这是续接了"娜拉出走"的时代叙事。而

《青春之歌》又在此模式上有所创造。林道静从旧式家庭中反叛出来后，在北戴河杨庄小学投亲未果。孤苦无依的她万念俱灰，选择投海自尽，恰巧被青年学生于永泽救了起来。作者杨沫通过设置永泽救助林道静的情节，突破了传统"才子佳人小说"的情欲叙事窠臼，还有意识地颠覆和推翻了传统文学对浪漫爱情的看法，使两人的感情并非一见钟情的见色起意，而是建立在恩义的情感基础和日久生情的客观条件下。同样对文学艺术的热爱、人格独立和人身自由的追求，让两颗年轻的心灵很快泛起了青春的喜悦和情感的涟漪，正如主人公所说，是一种"绝处逢生的欣幸"。随着情节的推进，两人在结合后不久就出现了矛盾和隔膜。浅层的表现是于永泽渴望与道静长相厮守，经营日常的生活，而林道静却热切关注着社会的变化，渴望投身于时代发展的洪流之中，二人的成长路向出现了背离。然而林道静并没有像《伤逝》中的"子君"那样，在成为妻子后就恪守妇道、相夫教子。林道静并未将人生的价值局限于爱情，而是持续追寻更广阔的社会意义。她不仅积极学习新的社会理论、投身爱国进步活动，更在矛盾中果敢抉择。

由此来看，林道静不仅摆脱了性别角色的规约，而且有着更博大的志向，她不只"要独立生活，要到社会去做一个自由的人"，更要走向社会，确认自我的社会角色，开拓更为广阔和坚实的人生版图。也正因如此，她不仅收获了心灵契合的爱情，而且在自觉的人格建构中走出了至为关键的一步。简而言之，作家杨沫深受五四文学的启发，以女性的"离家出走——

价值寻找"为叙事模式,又有意识地突破了启蒙叙事中将"婚恋自主"作为唯一追求的时代限制,爱情仅仅作为人生价值的一部分,并随着人生轨迹的展开而生发、成长。

三、价值更新:人物形象的独特意义

不仅如此,若重新审视《青春之歌》在塑造人物形象方面的创造性,会发现作者对"知识分子—民众、启蒙者—被启蒙者"的关系结构进行了重构。在既往知识分子叙事中,知识分子有着思想的光环和身份的优越,总是与民众有着紧张的对峙关系,民众的愚昧麻木、社会的黑暗残忍固然让觉醒者觉得无可救药,但也有觉醒者对现实的复杂认识不够的原因。他们或是脆弱敏感、彷徨沉郁的魏连殳,或是在现实生活中未真正反省、拓新进路的涓生。而在《青春之歌》中,林道静虽然有着启蒙者的觉识和追求,但并未陷入自我固化、身份自豪。与此同时,她还有着现代知识分子少有的谦卑和自省的精神特质;她在有着引领者、倡导者身份的同时,也有着学习者、践行者的努力。她有过伤感和失落,也有过彷徨与苦闷,但她始终以均衡、正常、进取的心态接触丰富广阔的社会现实,吸收更为先进科学的革命思想,并在现实生活和具体革命中去践行。于是,她不断突破自我,从爱情和自我的狭隘生活圈中突破,从于永泽身边走向卢嘉川、江华,从启蒙主义和个人主义走向马克思主义理论和中国社会实践相结合。在科学和光明的理论指导下，在农村和监狱的巨大考验中，林道静终于从苦闷和彷徨的中突围而出，以学习者，践行者、抗争者的角色，丰富了现代知识分子的形象。

林道静接受了马克思主义理论后，产生了加入红军或共产党的思想飞跃。而小资产阶级知识分子要成长为一个成熟的革命者、一名真正的共产党员，并非仅凭幻想和向往就可完成，而必须经历思想精神的觉醒，更要经受血与火的斗争锻造与洗礼。只有这样，人物精神和心理的转换才有现实的生活基础和内在逻辑。巧妙的是，作者并未直接让林道静在卢嘉川的直接引领下完成这种转变，而是在卢嘉川缺席的情形下，让她独立面临更为丰富而残酷、开阔而复杂的生活，去经历反对与挫折、痛苦与牺牲等多重的考验与锻炼。

于是，林道静的生活界面有了全面的打开，她对爱情和事业的不断追求，既是生命自主的选择，也是生命确证的实存。她对爱情的选择不仅满足个体情感需求，更在革命实践中实现了社会价值的升华与超越。她爱的对象，让她能够在追求爱情的同时获得对于革命的向往和追求，让两者共生谐振；她对爱情的追求，不仅满足个体的情感需要，而且能让自己社会性值获得拓展和增值。甚至可以说，她的爱情让其革命具有更为生动真实的生活内容，卢嘉川的牺牲、江华的受伤、郑德富的冷漠、戴愉的背叛、北大工作的不顺……生活的复杂和丰富，残酷和紧张，这些革命叙事因爱情的融入而更为具体可感。两者互生互发，既可让爱情避免单调平庸，让其具有更为丰富和充实的内涵；也可让革命与个人具体的情感生活形成互补，避免概念化和抽象化，而"革命""恋爱"两种叙述话语交织在一起，水乳交融。

透过林道静的成长，我们可以看到《青春之歌》改变了五四以来知识分子书写狭小消沉的格调，变而呈现出乐观昂扬、开阔厚实的风貌。单纯追求个性解放、婚恋自由，只会陷入平庸自私；泛滥的激情冲动和不切实际的想象，必然会遭受挫折与失败。只有与工农结合，接受血与火的洗礼，将个体投身于阶级斗争和民族解放的伟大事业中，个体的生命价值才能得到确证，个人的价值才会有着永恒的价值和意义。林道静的生活轨迹与精神蜕变，既是个人成长史，也是共产党人引领下的时代寓言。它积极进取的精神、丰富开阔的场景、丰富多样的形象以及激情洋溢的语言风格，重塑了五四以来知识分子叙事的伤感与彷徨的艺术风格，且让中国新青年坚确实干、乐观昂扬的形象屹立在大地上……

（作者单位：湖南省益阳市高桥镇小山湾学校）

问渠哪得清如许，为有源头活水来

——《花花朵朵　坛坛罐罐：沈从文谈艺术与文物》书评

◎周无忧

谈到沈从文先生，人们大多会想到他笔下神秘的湘西，想到美丽动人的翠翠，抑或是想到他与张兆和女士的爱情故事，却很少有人能记起沈从文先生在文物研究上的卓越贡献。"生命在发展中，变化是常态，矛盾是常态，毁灭是常态。生命本身不能凝固，凝固即接近于死亡或真正死亡。"沈从文先生大概是因着这样的思想觉悟才会在艰苦的日子里写下一篇篇摄人心魄的文物故事。

在1949年之前，沈从文先生是写抒情小说和优美散文的边城作家。自1949年到中国历史博物馆工作后，他告别作家身份，潜心投入文物研究。但失之东隅，收之桑榆，从写小说到改治文物，沈从文先生不论在哪个领域都取得了非凡的成就，为中国的繁荣发展出了一份力。

《花花朵朵　坛坛罐罐：沈从文谈艺术与文物》包含汪

曾祺先生所作的代序以及沈从文先生所著的四十几篇笔记、随笔、讲稿和学术文章等，涉及器物、织锦、服饰、书画等类，还谈及一些民俗文化，这些都是沈从文先生鉴赏文物的心得和对艺术的感悟。书中的每一个故事都围绕着一个特定的物品展开，这些物品虽然微不足道，但却承载着人们的情感和记忆。通过这些物品的串联，整部作品呈现出一幅丰富多彩的生活画卷，在阅读过程中不断产生共鸣。图文并茂的形式使我们对中华文化有了更深层次的了解，从中不仅可以饱览丰富多彩的文物考古艺术，也可寻觅沈从文先生离开文学圈后的生命轨迹，亦可拓宽眼界，感受中华文化的博大精深。整本书风格朴实无华，沈从文先生采用了贴近生活的文字来表达自己的思想和情感。

古人云"千里之行始于足下"，沈从文先生历史博物馆的陈列室里做了十年讲解员，学到了许多知识，积累了深厚的文化功底。也正是这在别人眼中无聊且落魄的十年，为他后来的历史研究打下了扎实的基础，获得了许多专家学者不具备的"常识"。他这样描述当年的经历："事实上，我就在午门楼上和两廊转了十年，一切常识就是那么通过实践学来的，有些问题比较专门，而且是国内过去研究中的空白点，也还是从实践学来的。"不断地学习，不断地积累，不断地思考，将自己已有的知识不断地翻新再重组，最后得到属于自己的心得。"问渠哪得清如许，为有源头活水来"的精髓之处也应如此。

务实也务虚

沈从文先生在研究器物时，提出《红楼梦》的注者务实与务虚通通不够。何出此言？注者在《红楼梦》第四十一回中对妙玉递与宝钗、黛玉和宝玉的三只茶盏做了批注，但沈从文先生研究后认为，在务实方面，结合三只茶盏与写作时代，原注对茶盏的形态描绘有误，并非"近似瓜类形状"；而原注所言"王恺珍玩"，若是注者务实通透，则不会写出"这是一件极其珍贵的古玩"。在务虚方面，注者未联系书本内容，全书对妙玉的性格均秉持讽刺批评态度，因此妙玉拿给宝钗和黛玉所用的茶盏应从谐声和会意两方面理解。这类含沙射影的名字，在《红楼梦》全书均有体现，就像打灯谜一样，虽然取名隐晦，但若能结合不同人物的脾性，大抵也不难理解。

沈从文先生的务实之处在于文物与文史相结合。他说："时常听人谈起艺术中的民族形式问题，始终像是在绕圈子，碰不到实际。原因就是谈它的人并没有肯老实具体下点功夫，在艺术各部门好好地摸一个底。"而这样的研究态度也导致了一系列让人啼笑皆非的事故，比如将唐代黑脸飞天作装饰图案，将汉画像石中马车图案搬到建筑屋顶上作为主要装饰物，孤立地把商周铜器上一些夔龙纹放到裙子上和荧幕上去。

最可怕的事情就是有影响力的传播者不负责任、不务实，将错误的理念传递下去。如文中提到的《屈原》一戏演出时，三足爵模型几乎以假乱真，但若编剧结合史实考证，结合时代来看，便会发现战国时期饮酒器具以羽觞、樽为主，而非三足爵。

"采菊东篱下，悠然见南山"，当年学习此诗时，老师多讲陶渊明"不为五斗米折腰"，表现出他从容不迫的生活态度，老师讲到这两句是写实，在东篱下采菊，一抬头就能看见南山。然而沈从文先生在研究相关时代的文物后，提出了一个新的见解："原来陶渊明所说的'南山'，是想起隐居南山的那四位辅政老人，并没有真见什么南山。"这就是务实与务虚相结合，对文史作品进行分析，最后能得出不一样的结果。

以此可见，在从事研究和教学工作时，都必须将文物和文史相结合，若单一研究某一部分，就会引发一系列问题。不断吸取前人经验，不断改进前人看法，取其精华，去其糟粕，"问渠那得清如许，为有源头活水来"。

苟日新，日日新，又日新

作为中国四大名绣之一，广绣工艺自成一格。它针法多变，针步均匀，能巧妙运用针法丝理表现物像的肌理；题材广泛，色彩丰富，注重光和影的和谐运用；不仅讲究刺绣的针法技术，更加注重绣品的艺术效果，讲求"功"为"艺"用。人物绣与花鸟绣等是广绣的特色产品。

沈从文先生提到："明标年月保存于故宫博物院中的许多衣饰绣件，花纹图案之巧，设色之富丽，直到现在看来还十分动人。"沈从文先生对广绣极为推崇，且衷心地希望这一项技艺能够打破传统的用途，不只拘泥于当作纯赏玩品，应该有更多更广的应用范围。"求新的广绣能做到经济实用美观三方兼顾中取得良好进展，改良新的美术设计，加强新的美术研究，并好好学习刺绣各部门优秀遗产，加以充分利用，应当是这部门生产当前和明天的一个主要环节。"沈从文老师的殷切希望在如今这个飞速发展的社会中得以实现。

广绣第五代传承人梁秀玲凭着对广绣的热爱与执着追求，带领团队先后与红旗汽车、汉尚华莲、奥拉星游戏等建立合作关系，以更加灵动、创新的方式与消费者互动，让非遗品牌的创新成果可用、可感、可见。"90后"广绣传承人梁晓曼利用立体刺绣工艺制作出胸针、吊坠等日常饰品，将现代设计理念与传统技艺相融合，让广绣"飞出"画框，与屏风、靠垫、背景墙等家居设计相结合。还有设计师将广绣与汉服形制相结合，既保留传统工艺又融入现代审美。越来越多的手艺人加入广绣这个大家庭，为未来广绣的发展添砖加瓦。在互联网飞速发展的今天，通过短视频让大众了解到广绣的前世今生，不断有新的想法融入到广绣中。相信通过我们不断创新、不断推广，旧事物与新思想不断碰撞，在未来某一天，便如沈从文先生所言，经济、美观、实用三者兼得。

纸上得来终觉浅

沈从文先生提到的皮球花，它的应用非常广泛。这种不规则的美丽小团花图案，在棉布、描金漆器以及丝绸印染刺绣等物件上较为常见，或加一些花鸟蝴蝶相衬，或单一花样，但凡是需要装饰图案处都可以对皮球花加以利用。皮球花由来已久，早在商周时期的青铜器和白陶器中，便能发现类似团花纹样的雏形。

"即以皮球花而言，基本式样虽不出小团花图案范围，但具有高度创造热情和艺术巧思的设计打样工师，却能在小小圆圈内，加以多种不同的处理，形成各种不同的反映，再由这种小团花三三两两相聚，或花朵大小不等，或花朵色调不一，彼此相互浸润影响，因此，突破了一般团花的格式，产生出一种活泼的节奏感。基本花式虽极简单，应用起来却变化无穷。"当时那个年代，想要突破一般技术水平，得到独特的花样，就得放开眼光，扩大学习范围，端正学习态度，从万千种好花样中吸取营养。敢想、敢做、敢学，才能让古为今用变成现实。手艺人需要了解前辈对皮球花这一小小花样的应用，在不同的器具上加以不同的大小、不同的色彩以及不同的组合，最后形成一个独特的作品。前人留下的财富是无穷的，但不同时代的审美是不一样的，只有结合实际情况，加以不同的创新，实实在在做一个样式出来，得到反响后不断改进，这样才会成为一个对后人有贡献的前人。

沈从文先生的个人经历无疑充满传奇色彩,他对人生的积极态度令人钦佩,"十年磨一剑"是对沈从文先生最好的概括。从这本书中我能感受到各种文物在沈从文先生的文字中所展现出的生命力,每一个故事都能看出来他在其中倾注的心血。很多文章现实意义重大,不只能感受到字里行间的温暖,更能感受到对文物研究者的教育意义。他希望下一代人能够成为那一批不怕困难的有心人,积极投身于考古工作中,对中国文物研究做出贡献;希望文物研究者能够务实也务虚,将文物与文史结合,写出一些不误导群众的建设性文章;希望珍贵的刺绣作品能够走进大众视野,出现在大家的日常生活当中,而不是仅仅被当成玩赏物品;希望手艺人能够不断改良,不断将现实与历史碰撞,擦出创新的火花,同时不断实践,而非纸上谈兵。这些期望都在逐步实现。

在阅读的过程中,我深深地被沈从文先生所描绘的世界所吸引。每一个故事都让我感受到了生活中的美好与温暖,充满了对生活的热爱和敬畏。我认为这本书不仅具有很高的文学价值,更是一本能够让我们重新审视生活和人性的好书。当今生活节奏很快,人们往往急于求成,追求物质利益而忽略了生活的本质。这本书提醒我们,生活的意义不仅仅是物质上的追求,也要注重心灵的修炼。我们应该关注和珍惜生活中的小细节,感受生命中的美好或苦难,理解不同的人有不同的脾性,这样才能活出自己的价值。

在平时学习中，也需要沈从文先生这种"世上无难事，只怕有心人"的精神。致力于提升自己各方面的素养，让自己能变成那个"有心人"。不断地查漏补缺，不断地洗涤心灵，不断地提升自我，徜徉在知识的海洋，享受人格的升华。"问渠那得清如许，为有源头活水来"，只有不断学习，才能不断进步，才能为国家的繁荣发展尽一份力。

本书是一部充满诗意和哲理的作品，在繁忙的现代生活中，我们往往容易被各种琐碎的事物所包围，而忽视了其中的美好与诗意，不妨一读此书，虽人不到博物馆，但眼界已如置身博物馆，相信它会给你带来不一样的阅读体验和人生感悟。

参考文献

［1］刘霄，广绣："飞出"画框，拥抱时代变迁［N］.中国文化报，2023-08-03（8）.

［2］曹武，孟雪迪.广绣图样元素在丝绸文创产品中的设计［J］.丝网印刷，2023（2）：1-4.

［3］刘翠，刘石."四皓"、"南山"与陶渊明［J］.文艺研究，2010（11）:65-71.

（作者单位：西南科技大学，指导教师：周金治）

人生满是苦难，活着即最大的幸福

◎龙月

"最初我们来到这个世界上，是因为不得不来；最终我们离开这个世界，是因为不得不走。"——余华

余华《活着》，我读过很多遍，但是每次都有不同的感受。这是一本能让我静下心来去思考人生、思考生命的书。小说以主人公福贵的视角讲述了自己从富裕到贫穷，最后孤独终老的一生的故事。

在书中，福贵经历了从内战、三反五反、"大跃进"到"文化大革命"等社会变革的起伏，他也见证了家庭从富裕到温饱、从温饱到贫穷的过程。虽然他也经历了很多磨难和不幸，但是他始终对生活充满希望和勇气。他说："我知道自己在做什么，我也知道自己在说什么。我每天都在数着日子过，日子像是在熬粥，米粒渐少，香气却愈浓。"

福贵年轻时的生活很富裕，但是他却败光了家产，回到了

乡下。而这一次的打击，让他开始明白，原来生活就是这样，苦和累才是绵长人生的主旋律。为了活着，为了孩子、老婆、父母，他在苦难中寻找希望。

人生如戏，戏如人生

福贵的一生，经历了太多的苦难和不幸，而他始终没有被生活压垮，始终对生活充满希望和勇气。当他的女儿凤霞难产失血过多，离开人世时，他没有被命运压倒；当他的儿子有庆被抽干了血，离开人世时，他没有被命运压倒；当他的妻子家珍得了软骨病，离开人世时，他没有被命运压垮；当他的外孙苦根极度饥饿吃豆子太撑，离开人世时，他也没有被命运压垮。福贵也曾对自己说："我是有时候想想伤心，有时候想想又很踏实，家里人全是我送的葬，全是我亲手埋的，到了有一天我腿一伸，也不用担心谁了。"但最终，在家人都离他而去时，只剩下他一个人孤零零地活着，他也只能无可奈何地唱道："少年去游荡，中年想掘藏，老年当和尚。"

福贵的一生迷茫过，后悔过，努力过，痛苦过，经历过，也曾忍受过。余华笔下的福贵，人生如戏，戏如人生。可人生就是一场戏，生活也是一场戏。然而当我们自己要演绎出精彩的人生时，总会遇到各种各样的困难和挫折。我们必须去面对这些困难和挫折，去解决这些困难和挫折，让自己的人生更加精彩。

有人说这是一场悲剧，而我并不同意这个观点。正因为有了痛苦和磨难，才让人更加懂得珍惜生命中的每一天。虽然你不能左右天气，但可以改变心情；即使你不能改变容貌，仍可以展现微笑；虽然你不能控制他人，但可以掌握自己；即使你不能预知明天，仍可以把握今天；即使你不能样样胜利，但仍可以事事尽心。要知道每个人都有自己的路要走，每个人都有自己的困难要解决。当我们遇到困难时不要气馁，要勇敢地去面对它。要相信我们的每一次努力都是为了更好的明天。即使明天还有很多未知的棘手的事情等着我们去解决，但只要我们努力了就没有什么好后悔的。即使拿到的人生剧本是悲剧，我也要演成喜剧的结局。

双线叙事，剖析生命的苦难与伟大

《活着》用最朴实的语言讲述了一个悲情故事，主人公福贵一次次面对身边亲人的死亡与离去，他也许知道活着本身也是一种艰难，但也正因为如此，活着在此刻具象化了，最后人世间却只留下了福贵与一头名叫"福贵"的老牛。福贵经历了一次次亲人的死亡，最后依然坚强地活着，表现出来一种淡泊而坚毅的力量，也许这就是余华通过《活着》这部小说想要传达给我们的现实意义：人生怎么在艰难困顿之中，寻找活下去的力量。

小说运用双层叙事结构，小说的第一叙述层是去下乡的

"我"听"福贵"讲述故事,里面的"我"是一个故事倾听者,而这第二叙述层是"福贵"的讲述,他是故事的亲历者与讲述者。小说用双层叙事结构很好地搭建了故事。

"我"在小说中虽然是第一人称,但更像是处于第三人称视角,是故事发生的旁观者,与读者处于同一个视角地位,"我"和读者在这里都是充当着一个倾听者的角色,静静地倾听着"福贵"老人所讲述的故事,其中偶尔穿插一下评论和感慨,使得故事增添了更加真实可靠的成分,"我"的参与使叙述故事更具有真情实感。

小说中的"我"不仅是故事的倾听者,还是情节的引导者,"我"不断引导"福贵"去讲述他的故事,"我"成叙事的引入者,这样的处理避免了小说以福贵为第一人称叙事方式的单调性。虽然小说表面上是福贵讲述他亲身经历的故事,但整个故事的剧情掌控者其实是"我","我"不仅掌握着小说的走向,也掌握着小说叙述的节奏。

小说中的福贵是故事的真正讲述者,也是小说的叙述主体。福贵老人在"我"的引导下,心平气和地讲述了自己的故事,讲述他身边亲人一个个离开自己的惨痛故事,福贵老人的讲述看似平静絮叨,波澜不惊,但其实在文字背后的悲痛和哀伤却早已感染了读者,震撼了读者的心灵深处。

余华在《活着》中以两线平行的方式呈现双层叙事结构,这样不仅打破了单一叙述视角的传统,也使故事的层次更加丰满,人物的形象也更加立体真实。两条叙述线相互交叉,高度和谐统一，增加了小说的语言层次，使人物的形象也得到了更加生动形象的呈现。

《活着》虽然讲述的是一个哀伤惨痛的故事，从表面上看似乎通过"我"这个第三人称视角的介入，这种直接的冲击得到了缓冲，但其让读者震撼的效果却更加持久，有种余音袅袅的韵味，蕴含着理性思考和情感体验，有一种蓄势待发的力量。

福贵出生于一个草木茂盛的村庄里远近闻名的大地主家——徐家。他爹虽是败家子，却仍给福贵留下了百亩良田和祖传大宅。本是含着金汤匙出生，攥着一副好牌，可年少轻狂的他傲慢不逊，将牌一步步打烂。

可苦难似乎并没有把福贵打垮，他毅然坚韧地活着，与苦难作坚定的抗争，活着成为福贵心中的唯一意念，活着就是希望。

在中国的一句成语：千钧一发。其大意就是让一根头发去承受三万斤的压力，它却没有断。我们不能确定自己的一生能否一帆风顺，也不能确定自己能否走出已经或即将遇到的苦难，但是我们应该能确定：我们比一根头发丝坚强。

面对自己所经历的苦难，福贵毅然选择深沉地承受，用黝黑的脊梁承载着苦难所带来的痛苦和人生悲惨的际遇，直至生命的尽头。

人死像熟透的梨，离树而落，梨者，离也。

人生满是苦难，活着本身就是幸福

《活着》中，余华以福贵一生中七次面对亲人的去世，告诉人们活着的艰辛和困难。福贵曾经富贵过，儿女双全，妻子勤俭持家、孝顺公婆、敬爱丈夫。儿子懂事，女儿乖巧，女婿和女儿感情极深，外孙聪明伶俐。这一切，都曾给福贵带来难得的欢乐时刻。不过跟他有关的亲人们都一一去世了。

在生死的交替中，凤霞难产离世，有庆失血死亡，家珍含恨而逝，二喜也因为意外身亡，只留下祖孙俩相依为命。年幼的苦根早早体会到生活的艰辛，也因为外祖父怜惜的一盆青豆活活撑死。从此，福贵与一头老牛相依为命，开启了他的孤独之旅。

其实每个人的一生都是在与苦难相处，当我们能够安然地与苦难相处时，我们才能真正懂得人生的真谛。也许我们每个人遇到的生命中的苦难，它会成为我们人生中最宝贵的财富。《活着》让我明白了珍惜当下，珍惜眼前人的重要性。人生就像一场旅程，它充满了苦难与欢乐，只要你能学会与苦难相处，学会珍惜眼前人，就不会再害怕那前方未知的道路。

生活是一段旅程，你无法决定生命的长度，但可以决定它的宽度。也许当我们老去的时候，会发现这段旅程充满了艰辛，但在我们老去的时候会觉得这段旅程也充满了幸福。

生活从来都不容易，但不能因为生活的艰难就放弃了活着的希望。人在面临生活的困难时，往往会产生逃避的想法，甚至会觉得活着已经没有意义。但在生活中，我们也要看到一些"小确幸"，去发现一些小美好。我们要相信自己可以越过苦难，之后就是美好。

这是一个关于活着的故事，也是一个关于爱与幸福的故事。我们不要去质疑活着的意义，人生苦短，请善待自己。

我想用余华在小说《活着》中的一句话来作为我这篇读后感的结尾："活着就是为了活着本身而活着，而不是为了活着之外的任何事物而活着。"

我想这才是这本书所要传达给我们的思想和精神吧。

（作者单位：吉利学院，指导教师：龙腾）

忘不了的声音，回不去的乡关

——读《巨流河》有感

◎陈珍珍

合上齐邦媛的《巨流河》，已是深秋了。瑟瑟的秋风摇动着一树将落未落的梧桐，夕照的残影中，漂浮的尘埃裹挟着万叶秋声，仿佛也在诉说那些将远未远的岁月。

岁月，那一代人的岁月，在乡关的涛声中，兀自静默。

很少有人这样写历史，小人物的悲欢离合、颠沛流离，演绎着大时代的悲壮与苍凉。这是一个人的回忆录，作者细细地记录下自己的一生，从一个女性的视角写时代浮沉中的半生流亡。这是一个时代的缩影，纵贯百年、横跨两岸，苦难交缠的生离死别成为刻骨铭心的血泪抗争。"生者不言，死者默默。"一本迟来六十年的书，以刻满弹痕的心再现那个埋藏巨大悲伤的世纪。

跨不过的巨流河，那滚滚涛声中，夹杂着多少壮怀激烈、惊天动地、最终归于平静的声音。当"湮没和遗忘"尚未彻底覆盖,《巨流河》以"我在"的生命笔触为那个尚未远去的时代发声,牧草中的哭泣,江水上的呜咽,凄厉的警报,千人的合唱,不辍的弦歌,故人的心跳,前进的鼓点,故乡的呼唤……那些褪了色的声音,以鲜活的纪念为来自"巨流河"的两代人做个见证。

一、涛声:"我来自北兮,回北方"

巨流河,是辽宁百姓的母亲河,在东北那片沃野千里的黑土地上,所有被严寒封冻的憾恨,在涛声中不甘地静默。

涛声也曾酝酿过改变东北命运的壮举。在齐邦媛的回忆中,父亲齐世英是个温和的君子,但骨子里是个真正不驯服的东北人,在他的身上,齐邦媛得以在生命之初感悟何为民族苦难,何为血泪抗争。从德国留学归来的齐世英作为民初东北的精英分子,却另有青年抱负。郭松龄将军因愤慨于日俄入侵及东北军阀混战,决定倒戈"反奉"(反对张作霖)。年轻的齐世英怀济苍生之念慨然加入,然而巨流河一战功败垂成,几乎一夜之间烟消云散,郭松龄夫妇殉身,齐世英亦被迫流亡。曾经震动山河的壮举而今成了人间的一场戏,渡不过的巨流河,在书的开篇即以惊心动魄的涛声吼出那段被冰封的历史。

然而,一个家族的流亡,一个民族的流亡,却就此开始。

一生漂泊,回不去的乡关永远在歌声中。幼年母亲幽怨地哼唱《苏武牧羊》,流离的泥泞路上飘荡着凄凉的《长城谣》，九一八事变后仍记得哭声里的《松花江上》，中山中学的师生共唱命运写照的校歌"我来自北兮，回北方"……北方，在多少人的远徙与悲歌中，从此成了回不去的故乡。

一路流亡，路上所闻皆是人间苦难之声。凄厉的哭声在不寐的长夜震荡，逃难者的落水声已无人知晓，尖锐的鸣笛后是爆裂的炸弹，以及盖家小兄弟稚嫩的疑惑："不知为什么我爸爸的头挂在城门楼上"，北方人、中国人、流亡者，到底将归向何方？在山河破碎、人民失所的时代背景下，民族身份意识在"国将不国"的局势中越发深刻：地理空间的不断辗转与时间线的艰难延展，奠定了全书叙写苦难的惆怅基调。"殉国者的鲜血，流亡者的热泪"，在巨流河的滚滚涛声中，北方，那片地理意义上的土地，已不仅仅是齐邦媛回不去的乡关，更是那一辈人故土沦丧的隐喻和共同的命运写照。

万千世界的苦难之声，在生命之初便将残酷的现实赤裸裸地展现在齐邦媛面前，被战争置换了的大好青春，过早地使她体认生命的痛感与无力。炮火声中悲悯底色，也奠定作者一生的生命基调。

二、弦歌声："中国不亡，有我！"

办校五十多年来，流亡与搬迁频仍，外侮与内忧并存，国难以种种面貌接连而至，南开大学张伯苓校长却一直在鼓舞学生的志气："中国不亡，有我！"这是一群怎样的"我"呢？

或弦歌不辍，或学成从军，作者笔下，他们虽以不同的方式与那个命如蝼蚁的时代顽强地抗争，却同样传达出一种自尊与自立的精神。

弦歌不辍，作者以平淡的笔墨追忆流离中的读书生涯，展现了一代知识分子在苦难中的情怀。从南京到四川千里流亡，孟志荪老师教杜甫诗时何以声泪俱下？在南迁乐山的一方斗室中，朱光潜老师念到华兹华斯的《玛格丽特的悲苦》何以泪湿双颊，留下满室愕然？在炸弹与警报之下，学生何以仍带着课本随时准备上课？在市中心被炸毁的废墟上，千人合唱何以能迸发出震撼云霄的力量？读了这本书才终于明白，在战火燃烧的岁月，我们为什么需要知识分子。张伯苓校长身上的传统精神与现代视野，朱光潜先生的"静穆"与背后的隐忧，孟志荪老师动情之深的现实忧患，知识分子的情怀，现代教育的力量，让未经世事的少年"在恶劣的环境中端正地成长"，让国人在精神层面超越战争的局促与不安。当生命在死亡边游走，他们站在脚下最后一片暂栖的土地，为苦难的中国积蓄希望的火种。正如齐邦媛所言："人生没有绝路，任何情况下，'弦歌不辍'是我活着的最大依靠。"

学成从军，作者笔下的张大飞短暂的一生给出了"中国何以不亡"的另一种答案。张大飞的父亲因协助东北抗日义勇军而被日本宪兵在广场上浇汽油烧死，从小家破人亡的他逃入关内进入中山中学，也因此结识了齐家。七七事变后加入中国空军，在上百次与死神擦肩而过的战斗中，最终在河南信阳空战中殉职,年仅26岁,而此时距离抗战胜利仅剩一年。一封封浅蓝的航空信纸诉说着压抑的牵挂,在宗教般的宁静与平和中,齐邦媛与张大飞之间有着难以言说的情愫,这种情愫不同于范孙楼下隔着军装如鼓的心跳,而是在死亡荫翳下两个年轻人至诚的精神信托,纯粹的洁净,高贵的灿烂,字字句句都透着血泪的圣洁。

无论是地上的三尺讲台还是空中的殊死激战,无论是弦歌不辍还是学成从军,那一代人以昂扬的姿态在千疮百孔的山河间呐喊:"中国不亡,有我!"

三、鼓声:"一字一句地往上攀登"

相比于前半生大起大落式的英雄叙事和苦难遭际,在台湾开启的另一种人生看似平和得多。从波澜壮阔的巨流河到波澜不惊的哑口海,从南开少女到为人妻、为人母,作为一个女性,尽管在追求知识的路上遭遇重重阻碍,但她的一生,"一直在一本一本的书叠起的石梯上,一字一句地往上攀登,从未止步"。

在生活琐屑与知识追求的夹缝中,作为那一代的女性,齐先生有着太多身不由己的无奈。她生命中渡不过的"巨流河"是作为贤妻良母的守则,是日复一日的生活琐屑。她因秉持"不能让丈夫耽误公事"的观念,谢绝了"国际文教处"的工作邀请;她为了随夫迁移,向台大提交了辞呈,令同事惊讶不已；她出国作留学交换的年月，她深感"离开家庭的罪恶"，竟在校园山坡草地上哭泣许久；当硕士学位即将完成时，她却因家庭责任不得不放弃学术深造……

然而，"功败垂成"的无奈却并没有使齐邦媛困守河岸，对知识的渴求从未使她放弃追求学问的理想。她"从菜场、煤炉、奶瓶、尿布中'偷'得这几个小时，重拾自己珍爱的知识"；她在印大不顾性命地修了六门主课，拿到4.0的高绩点不肯虚度一日；她奔波于台中与台北之间，为中兴大学外文系的建立倾尽心血；她编纂英译台湾文学，推动国文教科书改革，身处漩涡中心甚至有灭顶的危机……身为女性，齐先生与加在身上的桎梏不断斗争，在有限的喘息空间中追求自己的学术理想，正如王德威先生所说，这种"艰难处未必亚于一次战役、一场政争"。

教学、评论、翻译、做交流工作，齐先生也曾想过"半生为他人作嫁衣"所为何来？但每当她停下来，"总会听到一些鼓声"，远远近近的鼓声似在召她前去，就如童年时的她用细瘦的手臂敲击游行的大鼓。这份学术的良知与担当，使她不曾停下脚步。在或紧或密的鼓声中，齐先生为台湾文化教育事业的发展贡献了一位知识女性难能可贵的力量。

四、回声：不能不说出故事就离开

从巨流河到哑口海，从惊天动地到寂天寞地，《巨流河》

是一本"惆怅之书",但我却并没有读出太多生离死别、抛家流亡的深哀剧痛,相反,这种"惆怅"是一种隔着面纱的哀伤,齐先生为黏稠的情感加入时间的冲释,情至深处,也已是时过境迁的沧桑,犹如历史空谷中那震颤的回声。也只有一个过来人,才有这样的勇气写下历史细节处被大时代风云湮没的血肉真情,那些呐喊过、歌唱过、哭泣过、踌躇过的人们,以不同于教科书中的面貌鲜活地生存,让我们真实地触摸那段不平凡的、被遗忘了细节的百年历史。

齐先生在人生的最后一间书房,说出这些迟来的故事。她无意于谱写英雄的赞歌,然而巨流河的涛声却承载了一代志士洁净的情操与憾恨;她无意于宣扬爱国主义精神,然而烽火下弦歌却无处不承载着对华夏之邦的憧憬与希望;她无意于怀恋青春的爱情,然而航空信纸上平静的追忆中却成了不可亵渎的圣洁与浪漫;她无意于为生命价值作标榜,然而鼓声中的召唤却成了那一代知识女性实现追求的见证……

涛声依旧,弦歌不辍,鼓声激荡,回声碰撞。

走过这一生的喧嚣,曲终音了,齐先生安详地写下全书的最后一句话:

"一切归于永恒的平静。"

参考文献

[1]王德威."如此悲伤,如此愉悦,如此独特"——齐邦媛与《巨流河》[J].当代作家评论,2012(1):159-166.

[2]傅小平.《巨流河》是我一生的皈依[N].文学报,2011-07-07(4).

(作者单位:南昌大学人文学院,指导教师:张国功)

"立言"无以"立命"：守望乡土

——评《一个人的村庄》

◎周宇航

里尔克曾在《杜伊诺哀歌》中预言："大地会注定变得看不见，从有形世界到无形世界的嬗变业已开始。"

而刘亮程则在书的最后感慨："写作是一个不断丢失的过程……最后这段生活将隐去，我的文字留下来……一个被文字记住的村庄也许更不幸。"或许作者可以用文字记录下这样一个消失在时间中了无痕迹的村庄，为曾经黄土上的存在立言，却无以为这些世代劳碌的人们立命，留住那些通人性的老狗、倔驴、瘦马，远去的炊烟、屋顶、麦场。

何其悲哉。

如费孝通所言："中国人的基层生活是乡土性的。"我以为想要理解当代中国的文化根脉以及发展进程，探求中国人骨子里的那种"温良"，则须向乡土之中追溯求索。过度饱和的城市生活正在向我们灌注一种集体的失落感，或许唯有重新与真真切切的乡土取得连接,才能找回春种秋收、四季变迁的节律感,乃至曲水流觞、放浪形骸的自在感。

作者刘亮程被誉为"20世纪中国最后一位散文家"与"乡村哲学家"。正如他自己所言:"在我二三十岁的最寂寞的时光里,我糊里糊涂写出了一部好书。那时的我听懂风声,可以对花微笑,我信仰万物有灵。"

这是独属于他一个人的村庄,是独属于他的一次苦旅。

本书以名为刘二的我的第一人称视角记叙了黄沙梁的过去生活。"我"是这个古村落的一分子,更是一个"闲人",因为"在一年四季盯着春种秋收、锅里碗里的一村人中,应该有一双眼睛看到这一切之外的更远处",所以"我"不仅是一个农民,也是一个旁观者与思考者,从而上升为一种独立的存在,让黄沙梁成为"我"一个人的村庄。在《冯四》中,他写道:"我投生到僻远荒凉的黄沙梁,来得如此匆忙,就是为了从头到尾看完一村人漫长一生的寂寞演出。我是唯一的旁观者,我坐在更荒远处。"有人觉得,黄沙梁对于书中的"我",就像卡夫卡笔下的城堡,主人公K渴望进入它,但从始至终都未走入,这种孤独的困境也在"我"的身上体现。

笔者以为,这本散文集可以用两个词贯通——"泥土气"与"孤独感"。

书中的泥土气是费孝通笔下的"乡土性"的集中体现,生于斯长于斯的黄沙梁人在新疆深厚的壤土上扎根、生长、衰老,直到自己融为这黄土的一部分,等待着一个结束的借口。

在《我改变的事物》中，"我"常背着一把铁锨转悠，"把一个跟我毫无关系的土包铲平"，而"就因为那几锨，这片荒野的一个部位发生变化了，每个夏天都落到土包上的雨，从此再也找不到这个土包"。作者喜欢将自己的行为自然融入整个环境，而非作为简单的动作，放宽时间和空间的限制来思考自己的劳动在这片黄土上存在的意义。

劳动从来都不只是劳动，劳动是人类主观能动性的体现，是千百年来的中国农耕文明的沉淀，无形地渗透进我们的文化中，构成我们民族朴素厚实的底色。正如《乡土中国》中所写："一直在某一块土地上劳动，一个人就会熟悉这块土地，这也是对土地产生个人感情的原因……如果说人们的土地就是他们人格整体的一部分，并不是什么夸张。"只有体会理解了这种深厚的民族情感，我们才能溯流而上，探其渊薮，找到文化的立命之处。

向来，中华民族都提倡"道法自然""万物有灵""多识于鸟兽草木之名"，我们与自然和谐相处，生生相息。而在黄沙梁，独行的老狗，通人性的驴，逃跑的马，寂寞的鸟，都在刘亮程的笔下变得立体起来。《狗这一辈子》中的老狗，在众狗猖猖的夜晚默不作声，"它在一个村庄转悠到老，是村庄的一部分，眼里满是人们多年前的陈事旧影"。狗一直都是忠诚勇敢、善解人意的形象，而刘亮程赋予了它们人的思想：懂得逆来顺受，熬过漫长岁月，将所见所闻吞入腹中守口如瓶，度过它的一辈子。而成为坐骑的马，它们生于这个世界应该是自由的，从不属于谁，人们借助它的速度想摆脱过去，却同样向着最终的归宿步步靠近。

五年前初读《老鼠应该有个好收成》这一短篇，当时让我感慨颇深。今人乃至古人对老鼠多有误解。依稀记得一首诗中，作者将贪官比作窝寄粮仓的老鼠，其憎恶之情可见一斑。"老鼠靠草籽和草秆为生，过着富足安逸的日子。我们烧掉蒿草和灌木，毁掉老鼠洞，把地翻一翻种上麦。"原因一目了然：是人类将草粒换作麦粒，无论他们作何感想，开垦即为一种侵略。青海旅行时，我曾在一处山脊遭遇堵车，下车远眺，惊奇地发现小土包上无数的鼠洞错落如蜂巢，俨然一座迷你的莫高窟，令人称奇。这就是作者笔下的鼠洞。绿草如茵，一路延展至山沟，继而伸向山尖，这是老鼠们的桃花源，铁制的围栏保护着它们的领土。

新时代"绿水青山就是金山银山"的理念深入人心，无数中外的环境保护主义者曾振臂高呼：蕾切尔·卡森在《寂静的春天》中勇敢揭露DDT（双对氯苯基三氯乙烷）的危害；王开岭则在《古典之殇》中痛陈工业文明对自然的侵蚀，"原配的世界"正逐渐消逝。

但读罢这些批判性极强的文字，抑或"悼文"，我们平复下来再去读刘亮程那些平淡的篇章，这种反差感是极大的。这是他作为"乡村哲学家"的巧思所在，柔软的文字却有着尖锐的力量，触动我们心中那根乡愁的弦，对即将消逝的乡土的守望，让我们理性思考当下工业化城市化与乡村的关系。

或许过去的黄沙梁已经成为废墟。

但木心曾言:"现代,不会成为'废墟',褒贬只此一句。"废墟的存在是对其价值的肯定。

书中的孤独感又让我想起米兰·昆德拉的文字,简单、明澈的文字饱含哲学性与文学性,从现实中层层剥离出事物的真相,生命的本质。在《不能承受的生命之轻》中,有一段非常经典关于永恒轮回的论述:"最沉重的负担压迫着我们,让我们屈服于它,把我们压在地上","负担越重,我们的生命就越贴近大地,它就越真切实在。相反,当负担完全缺失,人就会变得比空气还轻,就会飘起来,就会远离大地和地上的生命"。我们做的每个决定都是不可更改的,因为生命的无限重复,而黄沙梁的消逝也是不可挽回的,似影子一般,无论它先前是怎样的美丽,亦无意义。人们常说,文学要承载大地上所有苦难和沉重,又让人能抬头仰望天空,可除此之外,文学又是如此乏力。某种意义上,我们只能主观记录,却无法以身入局去赋予拯救的使命。

时代浪潮推动下的现代化进程中,我们活于当下的无数个瞬间,所有曾经做出的选择都指引我们走向愈发劳碌充实的生活,我们是风中的树,愈发错综繁茂的枝叶伸向天空,也愈发容易随风而动,"树欲静而风不止"。昆德拉在《慢》中问道:"慢的乐趣怎么失传了呢?古时候闲荡的人到哪里去啦?……他们随着乡间小道、草原、林间空地和大自然一起消失了吗?"

书中有很多这样的"慢人":《野地上的麦子》中的刘榆

木，是一个谁也使唤不动的懒汉，整日蹲在墙头上无所事事，"原本我们都认为，一个人没事干就会荒芜掉"，然而却发现"荒草从未到他的脚跟"，反而是我们这些所谓忙人"没种好最远的荒地"，即我们的心地。这已经超出了一种乡村生活的感悟，而是一种朴素的哲学观念，某种程度上，刘亮程的这些观念是在替农民们发声，说出这些可爱的人们由心而生、源于乡土、却未能表达的富有辩证性的观念。

我常常问自己："乡土情结在中国文化中扮演着怎样一种角色？"这是一种源于农耕文明却远高于此的一种存在。我们由土而生，我们祭祀土地，我们始终不愿离开故土，在电影中的毁灭危机降临时也想带着地球一起去流浪。我品读《一个人的村庄》时常常联想到《乡土中国》中的论述："只有直接有赖于泥土的生活才会像植物一般的在一个地方生下根，这些生了根在一个小地方的人，才能在悠长的时间中，从容地去摸熟每个人的生活，像母亲对于她的儿女一般。"

费孝通曾调侃自己："人家是少壮东南走，我是老马西北行。哪儿穷，就到哪里去，越是穷的地方越是要去。"而刘亮程也将自己的根深深扎在了新疆的黄土之中，汲取着时间沉积的养分，生长出独特的乡土文学，让我们仿若置身于大西北的乡村中，成为黄沙梁的一阵风。

檐角风过如割，窗外笛声呜咽。

（作者单位：四川大学高分子科学与工程学院）

无从驯服的艺术、文学与生活

——读《花花朵朵 坛坛罐罐：沈从文谈艺术与文物》

◎刘涵

读不同的书，适宜不同的天气。读《花花朵朵坛坛罐罐：沈从文谈艺术与文物》，适宜暮春晴朗的午后。

戴蒙德在《枪炮、病菌与钢铁》里分析动物的驯化，并提出了"安娜·卡列尼娜原则"。在他的理论中，斑马因为自身的性格难以被驯化，而沈从文自比为斑马。在《无从驯服的斑马》一文中，沈从文写到："特别是坛坛罐罐花花朵朵，为正统专家学人始终不屑过问的。"无从驯服的斑马在人生的后半段，于他人不屑过问的微末间，找到了灵魂的栖居之处，这其实也是一种微妙的必然。正是这些微末，成为这本书明朗清亮的名字。

尽管早已预知了沈先生的一生，但开篇汪曾祺的代序《沈从文转业之谜》仍然让人觉得石破天惊。从这本有关艺术与文物的书籍中，我们窥探到的不仅只有沈从文的研究成果，还有他经年累月的思索与感悟。在为人所熟知的作家身份之外，作为历史文物研究者的沈从文同样鲜活。

一、他是艺术的

在天气和暖、闲来无事的春日下午翻开这本书，信手翻过《鱼的艺术》，看到里面精美的插画，一尾尾灵动自然的小金鱼傲然游于纸上。流畅的线条里，艺术之美似乎成为主旋律，一切过往仿佛都值得被原谅。

目录中工整排列的标题里，"艺术"二字无疑是高频词。从《古代镜子的艺术》到《谈瓷器的艺术》，从《湘西苗族的艺术》到《龙凤艺术》，作为凝结着沈从文后半生智慧的作品，书中集中展现了他对于艺术与文物的理解与研究。

沈从文在艺术与文物研究上拥有着独特的视角和别样的执着，在《文史研究必须结合文物》一文里他就相当直白地表明了自己的研究观念，彰显了作为历史文物研究者的学术眼光。他推崇"文物研究必须实物和文献互证"，他的作品中随处可见大量的考据与分析。他将大量的精力投入在中国古代服饰的研究中，《花花朵朵坛坛罐罐》这本书里就收录了许多与服饰研究有关的文章：《谈广绣》《江陵楚墓出土的丝织品》《蜀中锦》《织金锦》《明织金锦问题》《清代花锦》《宋元时装》，不同的朝代特点、各异的丝织技艺被娓娓道来。

他常常提及自己的《中国古代服饰研究》，这是他受周恩来总理委托而完成的著作，这本书旁征博引、资料翔实，研究的内容也绝不仅限于服饰。在沈从文的代表作之列，这本书已与《边城》并列。在那个并不时兴研究文物的年代，他选择投身艺术与文物，除却复杂的历史现实原因，热爱也是其中不可或缺的因素。

　　沈从文自述自己是"一个很迷信文物的人"。他在《学历史的地方》一文中用轻快而平淡的笔调追忆着自己与文物研究结缘的开始。他学习历史的地方并非明亮的学堂，他在治军有方的统领官身边做书记，领着每月九元的薪饷。在他寂寥的生活中，重复着取书、抄录、登记旧画与古董的动作，因为急电或公文的牵绊，他似乎无法逃开这个屋子，于是古籍旧画就这样自然而然地成为生活的一部分。但他说，这是一个转机，使他得了一个从容机会去认识、去接近各历史各时代各方面的光辉。

　　流浪途中，迫于生计，在川军中做书记官，却成为沈从文后半生文物研究的起点。艺术的种子，播撒得突然而隐蔽。

二、他是文学的

　　绝大多数人认识作为作家的沈从文先于认识作为历史文物研究者的沈从文。甚至许多人津津乐道他与张兆和的爱情故事，读过他"我走过许多地方的路，行过许多地方的桥，看过许多次数的云，喝过许多种类的酒，却只爱过一个正当最好年龄的人"的深情告白，却仍然不曾听闻他的文物研究。

沈从文无疑是文学的，文学是他一生的底色，长久浸润着他的艺术与生活。

初读《我为什么始终不离开历史博物馆》，不禁潸然泪下。这是一篇检查稿，沈从文曾经请求将来有机会转给中央"文革"小组，但是最终可能未能如愿。在这篇文章里，他说对"做作家"也少妄想。此文写作于1968年12月，当时的沈从文已经年过花甲，他在而立之年就写下了感动无数人的《边城》，却在三十年后对于自己作家的身份产生了这样深重的怀疑。他曾经的好友都成为名流大家，丁玲、茅盾、郑振铎、巴金、老舍，一个个名字都熠熠生辉。他长久留在历史博物馆，觉得"也无羡慕或自觉委屈处"。即使是在人生的后半段，他将文物研究作为自己的主责主业，但他的字里行间，作家的自觉与特点却从未消失。

尽管"文本诞生，作者已死"，但是作者总是爱惜自己作品的。在一段时间里，沈从文的多部小说被扣，被删改，甚至被毁去，那时作为作者的他该是怎样的痛苦，以至于让他写下"前后写了六十本小说，总不可能全部是毒草"。被误解是表达者的宿命，但表达者仍旧在表达。

沈从文在失眠、高血压、心脏痛、短暂失明中坚持着研究与写作，他笔下的文字或许不再是小说，不再充满着绮丽的想象与浪漫，而是拥有了历史与时间的深沉与厚重。生理性的痛苦始终无法摧毁高贵的精神，沈从文用自己的方式在岁月中坚守。

1980年，沈从文在美国圣约翰大学的演讲中回忆自己30年代时"文字比较成熟"的作品，评价说"都早已过时了"，这篇演讲稿的题目叫作"从新文学转到历史文物"。但是一百年后，他的《边城》被选入了语文课本，成为中学生的必读篇目。翠翠和傩送的故事依旧在传诵，这又何尝不是一种历久弥新。

如今，历史又翻过了四十余年，再没有人会质疑他作家的身份。

三、他是生活的

全书的后半部分收录有两篇文章：《春游颐和园》和《北京是个大型建筑博物馆》。看完后觉得有些遗憾，遗憾没有早些读到这篇文章，错过了沈从文给出的游玩导览。去年春天，我也去了颐和园，那天日暖却风疾，昆明湖上的游船因此停航。我和朋友长久停留在湖边的柳树下，胡乱争论着一些没有意义的文学话题，某一个瞬间里，我的脑海中确实就闪过了沈从文的身影。

沈从文在书中回忆着历史博物馆的岁月，尽管他半路出家、基础不好，尽管他面对着上司与同事有意无意的刁难，尽管他经受着昔日好友煊赫扬名的落差，但是他仍然保持着从容而稳定的生活模式，日复一日地在北京城中穿行。他总是天不亮就出门，会去买烤白薯来暖手，然后坐着电车去到天安门开启一天的工作。晚上回家时如果遇见倾盆大雨，就随手披个破麻袋，走过风风雨雨。

此时的沈从文不再写小说，但在他的作品中，仍泛着和暖的生活气息。在《过节和观灯》中，他用散文化的笔触，写端午的龙舟、云南的跑马节以及灯节的灯。年轻的赶马女孩唱起山歌，戴胜鸟、云雀也随之一展歌喉，一应一和间竟然有了呼朋引伴的意味。"十年难逢金满斗"，金满斗会上，乡村男女老幼齐齐围坐，连唱三天，欢快的歌谣似乎即将在读者的耳边响起。

他写下，西南是诗歌的故乡。我们都知道，湘西是沈从文的故乡。当他回忆起故乡，他说当地人民最容易保留到记忆中的是两件事：爱美和热情。故乡的女性身着鲜艳的衣裳，尽管只是土布，但是她们用杂彩美丽的花边、别出心裁的刺绣创造出无与伦比的美丽。她们围着有风格的绣花围裙，系着手工织成的花腰带，戴着银匠打造的精美首饰，在青山绿水间成为无数人对于湘西美丽的想象。

故乡的热情大多表现在歌声中，而歌声是季节敬祖祭神的各种神歌、婚丧大事的庆贺悼慰之歌、生产劳作时随心所欲响起的动人歌谣以及恋爱时千千万万的好听山歌。萍水相逢时，对话或许词难达意，但一切都在歌词中押韵合腔。即使听不懂祭祀时的歌词，尽管不能亲眼目睹庄严热闹的场面，但是歌声拥有着超越历史的力量。沈从文由此想象到了屈原在湘西听到的那个歌声，屈原的《九歌》似乎就从古代酬神歌曲中衍化，浸润了无数的灵魂。古老的神曲，至今仍在传唱。

美丽与热情构成了沈从文对于故乡的回忆，也同样成为他对于生活的注脚。

后来，沈从文长眠在家乡凤凰县沱江畔的听涛山上，五彩石的正面镌刻着他的十六字箴言：照我思索，能理解"我"；照我思索，可认识"人"。背面则是张充和题写的对联："不折不从，星斗其文；亦慈亦让，赤子其人。""从文让人"的评价被永远地刻在了五彩石上。

他曾执如椽大笔，写下载入文学史的篇章；也曾选择转身跃入时间的洪流，在花花朵朵坛坛罐罐之中安静地擦拭着历史的尘埃。他在艺术、文学与生活间游走，身如斑马，无从驯服。

（作者单位：浙江师范大学）

从西方，看中国

——读《中国人的德行》有感

◎（格鲁吉亚）王丽洛

每一种文明都有独特的风貌与气质。即使是初次见面，陌生人之间往往能通过细微的特征判断彼此的民族背景。虽然这样的观察不一定全对，事实上往往是偏颇的，但"他者"的视角往往能够带来新颖而有趣的观察。明恩溥先生的著作《中国人的德行》便是这样。透过这位"老外"的笔触，我们得以了解百年前西方人眼中的中国人，理解何谓"五味杂陈的中国人"。

作为一名来自格鲁吉亚的留学生，我目前正在四川大学学习汉语。这种背景让我对跨文化交流与误解有了更深的体会，也让我更加理解像明恩溥这样的西方作者为何会以不同的视角来观察中国。这种视角虽难免夹杂偏见，却也能带给读者意想不到的启发。

勤劳的中国人

关于中国人的品性，明恩溥对勤劳这一特质尤为推崇。他指出，中国人鲜少有懒惰之徒，劳动仿佛融入了日常生活的每一个角落。他在书中举例提到，中国农民的工作如同永无止境的家务；店铺总是早早开门、深夜才关门；甚至连位高权重的皇帝也不例外，"当中国皇帝上早朝时，欧洲的国王可能还在酣睡中"。这些在中国人看来理所当然的事情，在西方人眼中却充满了惊叹。

然而，勤劳与富裕并未画上等号。明恩溥注意到，在当时动荡的社会环境下，百姓辛勤劳作却往往得不到应有的回报。贫穷与战乱使他们难以实现安居乐业，而这一问题在现代社会中依然存在。这无疑是一个值得深思的命题。

"吃"与贫穷的智慧

在饮食方面，明恩溥对中国人有限的食材种类以及精湛的烹饪技艺大加赞赏。他惊叹于中国人能够将极为普通甚至劣质的食材烹饪得令人垂涎欲滴。我在读到这些描述时，不禁联想到：中国人的精湛厨艺是否与古代的贫穷直接相关？例如，古代杀一头猪可能要吃半年，为防止肉类腐败，人们发明了各种保存方法，如腌制、加糖、加辣等。中国人在长期的农业文明实践中发展出丰富的食材处理和调味技术，最终使中餐成为全球菜品体系中最为丰富的一种。

"貌"与异族效应

明恩溥认为中国人的外貌大多相似，仿佛是"同一个模子刻出来的"。这一观点让我感到颇为意外，因为与我的观察大相径庭。这种误解可能源于"异族效应"，即人们在短时间内更容易辨识与自己同种族的个体，而难以区分异族个体之间的差异。同样，中国人也常觉得外国人"长得都差不多"。作为一名来自格鲁吉亚的外国人，我在中国也时常被误认为"某位认识的外国朋友"，这种认知偏差充分说明了文化和生理经验对观察结果的深刻影响。

中国人的"绕弯子"

最令我感触的是明恩溥对中国人"绕弯子"特质的描述。他写道："熟悉中国人的外国人都会发现，仅仅听中国人讲话，几乎无法知道他们的真实想法。"即使这个外国人中文流利，对俗语和方言了如指掌，也难以完全理解中国人的内心世界。

这一点让我深有同感。与中国人交流时，语言知识固然重要，但文化知识尤为关键。语言并非仅是发声的工具，它承载着历史与文化。学习语言的过程本质上是学习一种文化，而对"绕弯子"这类中国式表达的理解不足，往往会导致沟通中的误解。

关于"绕弯子"，我曾有一段有趣的经历。刚学中文时，一位中国朋友对我说"改天请你吃饭"。我以为这是一次正式邀约，于是次日主动确认行程安排，结果朋友却轻描淡写地回了句"改天"。后来我才明白，"改天"在中文中通常并不具有确定性，更像是一种礼节性的表达。对于习惯直来直往的外国人而言，这种委婉表达方式确实令人费解。实际上，"绕弯子"在中国是一种表达技巧，可能源于对"面子"的重视。直接表达可能令人难堪，而委婉措辞则既保护了对方的感受，也维护了自己的体面。

书中的价值与局限

《中国人的德行》内容丰富，通过鲜活的事例为我们展示了清末民初中国社会的生活图景。关于"面子"等主题，书中也有详尽描述，感兴趣的读者可以从这一角度切入，深入了解明恩溥眼中的中国。然而，我们需要认识到，书中对中国人性的许多描述受限于特定的历史背景，甚至带有作者个人的文化偏见。对于中国本民族的人而言，要全面了解自身尚且困难重重，更遑论身处异国的西方人。

尽管如此，明恩溥仍以他的文字提供了观察中国人的独特角度，仿佛一台记录真实生活的摄像机，为我们展现了一百多年前中国社会的影像。他的笔触虽不完美，却为后人解读历史与文化提供了宝贵的镜鉴。作为一名身在中国的外国学生，我认为，从外部视角观察中国，虽然不免有偏差，但却是理解中国文化的一种有效方式，也让我更加珍惜在四川大学学习汉语的这段经历，去感受一个多元而丰富的中国。

（作者单位：四川大学，指导教师：汪惠彦）